本书为国家社科基金一般项目"习近平总书记关于党的政治建设重要论述的理论创新及其重要价值研究"（项目号 21BDJ002）的结项成果

中国特色社会主义发展进程研究

ZHONGGUO TESE SHEHUIZHUYI
FAZHAN JINCHENG YANJIU

李心记◎著

人民出版社

责任编辑：王怡石

图书在版编目（CIP）数据

中国特色社会主义发展进程研究 / 李心记著. -- 北京 ：人民出版社，2024. 9. -- ISBN 978－7－01－026655－8

Ⅰ. F279. 23

中国国家版本馆 CIP 数据核字第 2024BS5372 号

中国特色社会主义发展进程研究

ZHONGGUO TESE SHEHUIZHUYI FAZHAN JINCHENG YANJIU

李心记　著

人民出版社 出版发行

（100706　北京市东城区隆福寺街 99 号）

北京汇林印务有限公司印刷　新华书店经销

2024 年 9 月第 1 版　2024 年 9 月北京第 1 次印刷
开本：710 毫米×1000 毫米 1/16　印张：17.5
字数：252 千字

ISBN 978－7－01－026655－8　定价：99.00 元

邮购地址 100706　北京市东城区隆福寺街 99 号
人民东方图书销售中心　电话（010）65250042　65289539

目　录

中篇　摸着石头过河：中国特色社会主义的探索

下篇　进入新的历史方位：中国特色
社会主义主体性的彰显

引　言

时代是思想之母,实践是理论之源。伟大时代呼唤伟大理论,伟大时代孕育伟大理论。中国特色社会主义在中国改革开放的历史新时期应运而生,并在中国共产党人治国理政实践中得以丰富发展。改革开放以来,在"摸着石头过河"的发展进程中,中国特色社会主义经历了从开创、发展到主体性确立的历史性转变。

在旧中国这样一个经济文化比较落后的国家,如何探索走向现代化的途径、如何寻求民族复兴的道路,是异常艰巨的历史重任。社会主义制度确立后,为了寻找到一条能够让人民大众彻底摆脱剥削压迫并过上好日子的社会主义道路,毛泽东展开了殚精竭虑的辛苦探索。尽管毛泽东的社会主义探索并没有完全达到预期目标,但是它却为开创中国特色社会主义提供了物质基础、理论准备和宝贵经验。

在毛泽东艰辛探索的基础上,邓小平带领全党总结社会主义探索的历史经验,以实事求是的改革精神和解放思想的理论勇气,廓清了笼罩在社会主义本质问题上的迷雾,创造性地提出了有中国特色的社会主义理论,摸索出了适合中国社会主义发展实际状况的社会主义道路,丰富完善了具有中国特色的社会主义制度体系,在改革开放的历史进程中,使中国特色社会主义得以成功开创。

邓小平开创的中国特色社会主义,实现了社会主义在道路、理论和制度层面的有机统一,指明了中国实现现代化和走向民族复兴的现实路径、思想基础和基本遵循。之后,以江泽民同志为主要代表的中国共产党人在成功应对各种风险考验和严峻挑战的基础上,使社会主义中国在 21 世纪依然焕发出勃勃生机。新的发展阶段,以胡锦涛同志为主要代表的中国共产党人在积极应对国内外复杂形势的过程中,使中国特色社会主义得到较好的坚持和发展。

新时代,以习近平同志为核心的党中央,直面各种复杂严峻的风险考验,坚持以人民为中心的根本立场,深刻阐释了发展中国特色社会主义面临的新问题、新矛盾,在推动社会主要矛盾发生历史性转变的基础上把中国特色社会主义事业推进到新的历史方位,创立了习近平新时代中国特色社会主义思想,这一吸纳时代精华的重要思想是在中国特色社会主义进入新时代、科学社会主义迈向新阶段、当今世界经历新变局、我们党执政面临新考验的历史条件下形成和发展起来的,这一伟大思想的形成有其丰富的现实逻辑和宏大的实践逻辑。中国特色社会主义的新时代是我们国家在大国博弈和国际竞争中从跟跑、并跑开始走向领跑的时代,这一时代我们在弘扬"天下大同,心忧天下"等中华优秀传统文化核心理念的过程中,积极地为人类面临的共同问题谋划中国方案、贡献中国智慧。

上　篇

走自己的路：
中国特色社会主义的开创

历史长河奔流不息，尽管她向着既定目标始终不渝，但迂回曲折亦是常态，社会主义在中国的发展也难以做到不落窠臼。新中国成立后，毛泽东又一次创造性地发展了马克思主义，找到了一条曾被马克思主义革命导师充分肯定而又尚未被前人付诸实践的社会主义改造道路，成功地引领一穷二白的新中国走上了社会主义道路。社会主义制度的快速确立，激发了以毛泽东思想为精神支柱的中国人民的极大热情，全国各行各业得到了蓬勃发展，我们国家的社会主义建设事业呈现出欣欣向荣的局面。

与此同时，全国上下掀起了跑步进入共产主义的建设高潮。当时的人们认为，共产主义在中国的实现已经指日可待，美好的生活正在向我们走来。然而，客观规律并不会以人的意志而转移，违背客观规律的人们必将遭受一定的挫折和失利。虚夸农作物产量和经济指标的"大跃进"运动严重背离了中国当时的生产力发展水平。靠行政命令推动的人民公社化运动大大超越了中国当时应有的生产关系状况。可想而知，在此情况下我们遭受挫折和惩罚必定是在所难免的。浮夸风遭遇自然灾害，我们的社会主义建设遭受重大挫折。此后，反右派斗争扩大化和"文化大革命"不仅中止了我们党对"大跃进"和人民公社化运动的纠正与反思，而且极大地破坏了我们国家的民主和法制，使中国人民遭遇了严重的历史浩劫。

天若有情天亦老，人间正道是沧桑。探索适合中国国情的社会主义建设道路，是中国共产党人笃行不息的初心和使命，我们党绝不会半途而废，而是要在接续奋斗的历史进程中一往无前。"文化大革命"结束后，在思想混乱、社会动荡的历史关头，面临中国前途命运的历史抉择，邓小平带领全党、全国人民打破错误思想的禁锢，顺应全国人民的期待，以敢为天下先的理论勇气和政治担当引领中国人民重新确立了解放思想、实事求是的思想路线，做出了实行改革开放的重大决策，具有中国特色的社会主义道路便由此得以开创。

第一章　中国特色社会主义开创的时代背景

　　任何科学理论、社会制度和发展道路都不会轻而易举地得以生成,都需要有孕育其产生发展的时代背景和一定的社会环境,中国特色社会主义的开创也经历了一个筚路蓝缕的艰辛历程。科学社会主义理论阐明了人类社会的价值追求、发展阶段和发展趋势,是我们认识社会主义和发展社会主义的思想基础和理论源泉。显然,与单纯的理论构想显著不同的是,任何政治力量要想在人类社会实现社会主义与发展马克思主义必然需要在很多方面攻坚克难并扫除一切障碍。能否认清社会主义的历史方位和实际发展阶段,是决定社会主义在这一国家兴衰成败的重要前提。正如习近平总书记所指出,"中国特色社会主义,是科学社会主义理论逻辑和中国社会发展历史逻辑的辩证统一,是根植于中国大地、反映中国人民意愿、适应中国和时代发展进步要求的科学社会主义,是全面建成小康社会、加快推进社会主义现代化、实现中华民族伟大复兴的必由之路"①。

　　中国特色社会主义不是从天上掉下来的,而是在中国人民的实践探索之中得以逐步形成发展的。新中国成立后,为了实现从新民主主义社会向社会主义社会的历史转变,我们党成功地探索出了具有中国特色的社会主义改造道路,在推进马克思主义丰富发展的基础上使愿景美好而又被中国人民认可的社会主义制度在华夏大地变成现实。然而,在之后的社会主义建设探索过程中,人们可能是被社会主义制度的快速建立冲昏了头脑抑或是实现共产主义的愿望过于迫切,急于求成、急躁冒进之风在中国社会蔓延。"大跃进"运动忽视了社会生产力发展水平、人民公社化运动严重超越了生产关系现状,这些脱离实际的浮夸风、共产风使我们国家在遭遇自然灾害时异常脆弱,人民生命财产遭受重大损

---

① 《习近平谈治国理政》第一卷,外文出版社 2018 年版,第 21 页。

失。此后的"文化大革命"对民主法治的破坏使我们国家的经济社会发展更是举步维艰。党的十一届三中全会之后,邓小平带领全党顺应经济全球化的世界潮流,勇于解放思想,坚持实事求是,大力开展拨乱反正,具有鲜明中国特色的社会主义伴随着改革开放的推进在华夏大地应运而生。

一、中国社会主义在曲折中前进

对于秉持马克思主义坚定信仰的中国共产党人来说,结束半殖民地半封建社会旧中国一盘散沙的混乱局面,建立独立富强的社会主义新中国无疑是其矢志践行的初心和使命。当然,在积贫积弱的近代中国实现社会主义绝非坦途,必然要经历一个艰难困苦、玉汝于成的曲折过程。众所周知,在中国的社会主义探索过程中,毛泽东无疑是伟大的先驱者。新中国成立后,毛泽东以心忧天下的人民情怀和巨大的理论勇气找到了一条适合中国国情的社会主义改造道路,顺利地引领新中国实现了从新民主主义到社会主义的历史转变。社会主义改造得以创造性地快速实现,使中国开启了社会主义全面建设的新征程。就像世界上没有两片完全相同的树叶一样,历史也不会绝对的重复,但也并不能由此否认社会发展有时会出现一个非常相似的过程。就像我们党在新民主主义革命初期没有革命经验一样,在社会主义建设开展的初期,我们一样是摸着石头过河。因此,我们党就像过去革命年代一样以苏联为榜样,并照抄照搬了苏联的一些做法和经验。不过,毛泽东很快就觉察到照抄照搬苏联做法的种种弊端,开始在实践中探索适合我们国家自身国情的社会主义建设道路。如果从社会主义制度确立开始算起,到毛泽东逝世为止,这一艰辛探索持续了整整二十年时间。我们党在这一时期的探索说不上非常成功,甚至还犯了一些急躁冒进的全局性错误,但这并不能影响我们党对"什么是社会主义以及如何建设社会主义"根本问题形成初步认识并积累宝贵经验。令人惋惜的是,由于我们党认识上的局限和偏差,再加上客观历史条件的制约,我们国家在这一阶段过高估计了国际形势的严峻程度和生产积极性以及生产关系对生产力提升的反作用力度,这才导致我们国家的社会主义建设事业出现失误。值得庆幸的是我们国家的社会主义事业并没有终结,而是在曲折中继续前进。

（一）"三大改造"确立了社会主义基本制度

在推进从新民主主义社会向社会主义社会过渡和社会主义制度的确立过程中,社会主义改造发挥了关键性作用。早在1952年9月的中共中央书记处会议上,毛泽东就提出了向社会主义过渡的问题,他主张用10年到15年的时间完成从新民主主义到社会主义的过渡。1953年6月,毛泽东结合自己的长期思考和当时的社会实际正式提出了我们党在过渡时期的总路线,即"从中华人民共和国成立,到社会主义改造基本完成,这是一个过渡时期。党在这个过渡时期的总路线和总任务,是要在一个相当长的时期内,逐步实现国家的社会主义工业化,并逐步实现国家对农业、对手工业和对资本主义工商业的社会主义改造"①。从党的总路线中我们不难发现,实现国家工业化是我们国家社会主义改造的主要任务,无论是对农业、手工业还是对资本主义工商业的改造,都要以社会主义工业化为引领并为其创造充足的物质条件,提供全方位的保障。党在过渡时期的总路线,一方面反映了中国共产党和中国人民实现国家富强、改变国家贫穷落后面貌的强烈愿望;另一方面反映了中国共产党统筹兼顾的政治智慧和走社会主义道路的坚定决心和意志。

中国是一个农民人口占绝大多数的国家,将几亿农民的个体所有制转化成集体所有制是一个历史性难题。不过,任何困难都难不倒意志坚强的中国共产党人。在对中国现实国情深入调研和认真分析的基础上,中国共产党创造性地运用和发展了马克思主义"和平过渡"的设想以及列宁的合作化理论,通过从低级到高级逐步过渡的方式,逐步废除了土地等生产资料的私有制。在改造过程中,中国共产党坚持全心全意为人民服务的根本宗旨,注重迎合广大农民的利益关切,想方设法调动他们走互助合作道路的积极性。这样,在改造过程中,我们党坚持积极引导、自愿互利、典型示范和国家帮助等原则和方针,先引导农民自发结合成农忙时共同协作劳动的互助组,这种多户农民协同劳作的互助形式已经明显具有了社会主义萌芽性质,在此基础上发展而成的初级、高级农业生产合作社,则彰显出鲜明的半社会主义和社会主义性质。经过积极引导、精心组织,中国共产党带领广大农民逐步摆脱私有制,走上了社会主义道路。

---

① 《毛泽东文集》第六卷,人民出版社1999年版,第316页。

手工业者也是新民主主义革命的主力军,他们在推翻各种反动势力的艰苦卓绝斗争中作出了很大贡献。为了使个体手工业能够逐步向社会主义过渡并如期顺利完成对其改造任务,中国共产党对手工业的社会主义改造采取了和农业社会主义改造类似的方式。在整个改造过程中,中国共产党实行了统筹兼顾、全面安排、积极引导、稳步前进的方针。具体来说,中国共产党采取了从供销合作小组、手工业供销合作社,再逐步发展到手工业生产合作社的改造形式和步骤。为了化解社会矛盾,使手工业的社会主义改造能够顺利进行,党和政府采取了说服教育、典型示范和国家帮助的方法,引导广大手工业者自愿参加到手工业合作社中来。这样,历经从小到大、由低级社到高级社的转变,我们党逐步改变了手工业生产关系,把个体手工业的生产资料私有制,逐步改造成社会主义集体所有制。

民族资产阶级尽管天生具有两面性,但他们也是新民主主义革命的重要动力。把统一战线作为重要法宝的中国共产党人,从来都是想尽一切办法把一切可以团结和利用的力量尽可能团结在自己周围,对民族资产阶级自然也不例外。基于在新民主主义革命时期建立的并肩战斗友谊,中国共产党人为民族资产阶级设计了光明的前途,希望他们认清社会发展趋势,主动掌握自己的命运,自觉站在社会主义方面。对资本主义工商业的改造,就是将民族资本主义经济逐步转变为社会主义经济。在改造过程中,中国共产党创造性地采用国家资本主义的形式,把马克思主义创始人心目中"和平赎买"的美妙设想变成了活生生的社会现实。同时。伴随着资本主义工商业社会主义改造的基本完成,往常以榨取工人剩余价值为生的资本家也被改造成靠自身来养活自己的光荣劳动者。

截至1956年年底,中国轰轰烈烈的社会主义改造基本完成。社会主义改造带来国家阶级关系和经济结构的根本变化。绵延数千年的生产资料私有制和剥削阶级基本被消灭,以生产资料公有制为根基的崭新社会制度和生产关系得以正式确立,新中国以举世震惊的速度迈进了社会主义社会。相对于饱受帝国主义和封建地主阶级欺压的积贫积弱的旧中国而言,社会主义制度的建立,使中国社会发生了翻天覆地的喜人变化,使中华民族孜孜以求的复兴伟业也随之迎来了更为光明的前景。邓小平对社会主义改造的历史地位给予了充分肯定,他指出:"我们的社会主义改造是搞得成功的,很了不起。这是毛泽东同志对马克思列宁主义的一个重大贡献。"①

尽管成效卓著的社会主义改造使我们国家迅速走上了社会主义道路,但是改造后的一些急于求成的做法不可避免地带来了一定的负面影响。当时的人们把苏联的经验作为对社会主义认识的成功范本,把计划经济当作社会主义的重要特征。此外,人们还认为公有化程度越高越符合社会主义的要求,越有利于社会生产力的发展。在此情况下,我们国家不仅在社会主义改造过程中确立了公有制经济的统治地位,还想方设法消除了一切非公有制经济,使公有制经济成为当时社会的唯一经济成分。与此同时,计划经济体制还被扩展到了整个社会经济生活中。上述社会发展状况为我国后来的经济社会发展带来一些新的问题,为我们实施经济体制改革和完善社会主义制度埋下了伏笔。

(二)社会主义在中国取得良好发展势头

社会主义制度的确立,大大激发了党和人民的革命热情和建设劲头,中国社会掀起了社会主义的建设高潮。我们党迅速确立了适合中国实际的指导方针,推动党和人民在社会主义道路上阔步前进。在实践探索的同时,毛泽东等党和国家领导人对中国的社会主义建设问题进行了深入的理论思考,取得了许多弥足珍贵的理论创新成果。针对科研学术研究中的某些教条主义问题,毛泽东引导推动了社会主义文化建设的高潮。我们的社会主义是中国共产党领导下的社会主义,我们在社会主义建设中始终牢记加强执政党建设的历史任务。

在建设发展社会主义的过程中,把牢发展方向至关重要,决定着我们的社会主义建设成效。社会主义建设初期,基于我们国家一穷二白的薄弱基础,发展经济成为重中之重,也成为制约我们社会主义建设进程的关键要素。为此,在制定我们国家经济建设指导方针问题上,我们党非常慎重,可谓是经过了反复的酝酿和思考。为了早日摆脱我们国家的落后状况,实现经济的快速发展是非常必要的,为此,"毛泽东提出八大报告的中心思想是反对右倾保守"②。与此同时,针对一些地方在社会主义建设中的急躁冒进倾向,周恩来在会议讲话中给予了明确提醒,他指出,"不要做那些不切实际的事情,要使我们的计划成为切实可行

---

① 《邓小平文选》第二卷,人民出版社 1994 年版,第 302 页。
② 《中国共产党历史》第二卷,中共党史出版社 2011 年版,第 389 页。

的实事求是的,不是盲目冒进的计划"①。此外,刘少奇、陈云等同志也对我们国家经济发展中反对保守问题和反对冒进问题,提出了切合当时发展实际的合理建议,这些老一辈革命家对经济发展问题的认识和思考为我们国家提出实事求是的指导方针奠定了坚实的思想基础。在此基础上,中共八大适时提出了要坚持"既反对保守又反对冒进,在综合平衡中稳步前进的经济建设方针"②。发展是社会主义建设的主题,如果对我们社会主义建设的有利条件和显著优势认识不足,就容易犯保守主义的错误。同时,如果盲目强调发展速度而忽视经济建设规律则容易犯急躁冒进的错误。可见,这一经济建设方针坚持了辩证唯物主义的方法论,具有鲜明的马克思主义理论特色,是推进中国社会主义发展的科学行动指南。

实践是理论的源泉,而理论创新则又是实践创新的重要推动力量。在社会主义建设实践探索的同时,毛泽东等老一辈领导同志从没有放松理论的探索与思考。为了能够有效避免苏联在社会主义建设过程中所暴露出缺点和错误,毛泽东立足我国社会主义建设的现实问题发表了《论十大关系》的重要讲话,讲话所提出了重工业和轻工业、农业的关系以及沿海工业和内地工业的关系等十个方面的重要关系。这十个方面的关系涉及我们国家社会主义建设中的产业关系、区域关系、战略关系、民族关系、是非关系、敌我关系、中外关系、集体和个人关系、中央和地方关系、党和非党关系,把握和处理好上述十个方面的关系也就把握住了社会主义建设的最核心问题,也就是抓住了"牛鼻子",从而就能够顺利推动社会主义事业繁荣发展。反之,如果处理不好上述十个方面的关系,或者有几个方面的关系没有处理好,我们的社会主义建设就会出现这样或那样的问题。毛泽东指出:"这十种关系,都是矛盾。世界是由矛盾组成的。没有矛盾就没有世界。我们的任务,是要正确处理这些矛盾。"③可见,毛泽东对上述十种关系高度重视,将其上升到哲学的高度来看待和解决。在社会主义建设进程中,苏联把社会主义制度抬到非常高的位置,认为这种高级的理想形态的社会是不存在矛盾的。矛盾是客观存在的,并具有普遍性,在社会主义社会也不例外。在我

---

① 《中国共产党历史》第二卷,中共党史出版社 2011 年版,第 389 页。
② 《中国共产党历史》第二卷,中共党史出版社 2011 年版,第 397 页。
③ 《毛泽东文集》第七卷,人民出版社 1999 年版,第 44 页。

国的社会主义建设初期,毛泽东直面中国社会的客观实际,反对社会主义社会不存在矛盾的错误观点。毛泽东指出:"没有矛盾的想法是不符合客观实际的天真的想法。在我们的面前有两类社会矛盾,这就是敌我之间的矛盾和人民内部的矛盾。这是性质完全不同的两类矛盾。"①可见,在社会主义社会矛盾问题上,毛泽东坚持了实事求是的思想路线,不仅肯定了矛盾存在的客观性,还对矛盾作了科学的划分。在此基础上,毛泽东还提出了解决上述两类矛盾的具体方法,就是要对"分清敌我"的敌我矛盾采取专政方法解决,对"分清是非"的人民内部矛盾采取民主的方法来解决,这一论断为人们提供了精准的理论指导。此外,刘少奇提出了"按经济办法管理经济"的思想,邓小平提出了"改善和加强企业管理"的思想,陈云提出了建立"适合于我国情况和人民需要的社会主义市场"的思想,等等,这些重要思想为当时的社会主义建设提供了有针对性的理论指导。

在推动经济建设、社会发展实践探索和理论创新的同时,我们党还在"百花齐放、百家争鸣"指导方针引领下推动了社会主义文化的繁荣发展,社会主义在中国实现了良好开端。在做好国内事情的同时,我们国家在国际舞台上始终秉持我们党一贯倡导的独立自主原则,根据事情本身的是非曲直来采取相应的外交政策和战略选择,有力维护了国家的主权,捍卫了中华民族和我们党的尊严,彰显了中国社会主义的良好发展势头。20 世纪 50 年代中期以后,世界处于美苏两个超级大国争夺世界霸权的冷战格局,坚持独立自主的中国面临着超级大国的挑衅、威胁和战争压力。面临着美国干涉中国内政、插足中国台湾的严峻威胁,我们党以炮击金门的方式鲜明地表达了我们在台湾问题上的坚定立场,沉重打击了蒋介石集团妄图"反攻大陆"的嚣张气焰,也挫败了美国企图搞"两个中国"的幻想。面对苏联共产党对我们指手画脚的挑衅,我们党顶住压力据理力争,对这种霸权主义行径予以坚决回击。与此同时,我们积极发展同亚非拉等"中间地带"国家的关系,赢得他们的理解和支持,在反对霸权主义过程中维护了国家主权和民族尊严。

(三)社会主义在艰辛探索中遭遇曲折

一百多年来,帝国主义对近代中国的野蛮侵略和大肆掠夺,使中华民族积贫

---

① 《毛泽东文集》第七卷,人民出版社 1999 年版,第 204 页。

积弱、千疮百孔。新民主主义革命胜利后，加快国家建设步伐和发展速度，尽快改变国家贫穷落后的面貌，成为毛泽东等中国共产党人的广泛共识。第二次世界大战后，西方国家经济的快速发展，使毛泽东和党的第一代领导集体产生了一种加快经济社会发展的紧迫感。为了尽快改变中国贫穷落后的面貌，党力图在探索社会主义建设道路中打开一个崭新的局面。① 毛泽东认为："中国经济落后，物质基础薄弱，使我们至今还处在一种被动状态，精神上感到还是受束缚，在这方面我们还没有得到解放。"② 为了尽快改变中国贫穷落后的面貌，党中央于1957 年提出了 15 年赶超英国钢产量的发展目标，1958 年制定社会主义建设总路线，并发动"大跃进"和人民公社化运动。社会主义建设在探索中曲折发展。

二、中国经济社会发展面临重大命运抉择

"文化大革命"结束后，我们国家面临向何处去的重大历史关头，中国社会面临重大的命运抉择。

（一）和平与发展成为时代主题

任何具有划时代意义的理论体系或基本社会制度，甚至是同一社会制度的不同发展阶段，都会有其产生的时代背景，都是一定时代的产物。在人类历史上，每一次社会制度的变革，无不经过曲折反复的斗争，每一个新生的社会制度，无不经过一个从不太成熟走向日益成熟的过程。深入探究时代主题对中国特色社会主义形成和发展所起的关键性作用，有助于准确把握两者之间融合发展的辩证关系，还有助于深化我们党对中国特色社会主义道路本源性的全面把握。

马克思主义时代观认为，时代是发展变化的，这种发展变化是由社会主要矛盾以及世界政治经济状况决定的。世界政治经济的主要矛盾变化了，时代主题也随之发生变化。在不同的历史时代和社会发展阶段，有着不同的时代主题。科学地揭示世界政治经济的主要矛盾，从而正确地认识和把握所处的时代主题，历来是无产阶级及其政党确定其基本策略和制定其路线、方针、政策的主要依

---

① 《中国共产党简史》，人民出版社 2021 年版，第 192 页。
② 《毛泽东文集》第七卷，人民出版社 1999 年版，第 82 页。

据。尽管每一时代的历史条件都是客观的,但这种客观条件要正确地反映到人们的主观认识上来,才能为人们所把握。对时代主题的正确认识和敏锐把握,是中国特色社会主义得以产生的关键性要素,也是我们对中国特色社会主义解读阐释的一条重要线索。

党的十一届三中全会前后,在面临决定中国命运抉择的重大历史关头,邓小平同志以其无产阶级政治家、战略家的深邃眼光,把中国的发展放到世界发展的大环境中来认真考量,重新审视和研判了我们面临的时代主题,认为"如果反霸权主义斗争搞得好,可以延缓战争的爆发,争取更长一点时间的和平"。因此,"我们从八十年代的第一年开始,就必须一天也不耽误,专心致志地、聚精会神地搞四个现代化建设"。① 进入 20 世纪 80 年代中期,邓小平同志进一步全面地分析了当时的世界主要力量对比及主要矛盾,认为世界战争的危险尽管不容忽视,但世界和平力量的增长依然超过了战争力量的增长。在经济、科技在世界竞争中的地位日益凸显的新形势下,包括美国、苏联在内的世界大多数国家都把自己的注意力放在了解决本国经济发展问题上,都在想方设法增强本国的综合国力。由此,邓小平认为:"在较长时间内不发生大规模的世界战争是有可能的,维护世界和平是有希望的。"②在此基础上,邓小平作出了"和平与发展是当今世界两大主题"的科学论断。他精辟地指出:"现在世界上真正大的问题,带全球性的战略问题,一个是和平问题,一个是经济问题或者说发展问题。"③对以和平与发展为时代主题的国际政治经济形势的正确认识和把握,为我国加快经济发展、推进社会主义建设,提供了难得的历史机遇。

(二)经济全球化突飞猛进

"全球化"一词最早出现在 20 世纪 80 年代,西奥多·莱维特在 1983 年发表于《哈佛商业评论》上的《市场的全球化》一文中首次使用了"全球化"一词。尽管没有明确使用"全球化"一词,在马克思、恩格斯的理论中也蕴含着丰富的全球化思想。全球化的产生和发展具有必然性,它是人类社会的生产、生活和交往的社会化发展的必然趋势。当然,在全球化的发展进程中对人类社会影响最大

---

① 《邓小平文选》第二卷,人民出版社 1994 年版,第 241 页。
② 《邓小平文选》第三卷,人民出版社 1993 年版,第 127 页。
③ 《邓小平文选》第三卷,人民出版社 1993 年版,第 127 页。

的是经济全球化,因为它是推动世界生产力向更高层次发展的历史进程。冷战结束后,世界迎来多极化发展的新时期,知识经济初露端倪,市场化改革浪潮在全球范围内掀起。在经济全球化的条件下,伴随着贸易和投资的自由化进程,世界市场在广度和深度上得到进一步扩展,国际分工体系呈现出前所未有的新变革。这些变化不以人的意志为转移,不以发达国家或发展中国家的意志为转移,也不以社会主义国家或资本主义国家的意志为转移。从整体上来看,经济全球化是一把"双刃剑",是机遇与挑战并存的矛盾统一体。

经济全球化使中国发展面临严峻挑战的同时,也随之迎来了一些弥足珍贵的发展机遇。首先,经济全球化有利于我们国家有效地利用自身发展所亟须的国际资源。我国丰富的人力资源和相对匮乏的资金资源现状也在客观上要求我们国家在经济全球化的进程中取长补短、趋利避害。同时,我们国家还可以利用经济全球化背景下更加开放的国际市场在"与狼共舞"的激烈竞争中分享世界经济发展"红利"。其次,经济全球化有利于我国社会主义市场经济体制的完善发展。中国共产党是一个学习型政党,在当今世界来讲,中国人民也是爱好并善于学习的人民,我国市场体制改革在取长补短的有益借鉴中得到完善发展。再次,经济全球化为我国社会主义民主政治建设提供了重要机遇。在全球化进程日益推进的情况下,各国之间的政治交往也随之扩大,这就为建设社会主义民主政治提供了难得的机遇。邓小平明确指出:"社会主义要赢得与资本主义相比较的优势,就必须大胆吸收和借鉴人类社会创造的一切文明成果。"①此外,经济全球化对推动我国政治体制改革、加快社会的法治化进程、丰富人民群众经济文化生活等诸多方面也带来了难得的机遇。可以说,经济全球化的突飞猛进为中国的经济社会发展提供了新的舞台,也对我们国家如何建设发展社会主义提出了一定的客观制约和现实要求。

(三)改革浪潮在世界范围内兴起

在经济全球化浪潮冲击下,经济一体化和强势竞争体系几乎被"搅拌"到世界上每一个角落的时候,所有民族国家都经历着一场重大的抉择和较量。全球化的迅速发展导致跨国公司和超国家组织的影响日益增强,民族国家的主权及

① 《邓小平文选》第三卷,人民出版社1993年版,第373页。

其政府的权力手段被明显削弱。这在客观上要求传统国家从政治结构和决策方式等方面大幅度改革过去的治理模式。伴随着经济的发展和国际形势的变化，向来都会产生一定的社会变革。发展中孕育变革，而变革反过来又促进发展。人们不是自觉地、主动地促进变革，就是不自觉地、被动地适应变革。自20世纪80年代以来，世界范围内就掀起了一股改革浪潮，这一浪潮席卷苏联、东欧国家、西方发达工业国和广大亚非拉美发展中国家。从规模和影响力来看，像这样能够冲击世界各个国家、各个地区的改革大潮，应该说是前所未有的。当然，世界经济这股改革浪潮的形成绝非偶然。从根本上来说，这是由生产力的发展水平决定的，当生产力发展到某种高度以后，必然要求生产关系随之进行相应的调整和变革。一切束缚生产力发展的过时了的体制和关系都终将被破除，呼之欲出的新体制和关系也必将会被建立起来。

当然，由于世界各国具体情况的千差万别，他们实行经济体制改革的现实基础和出发点也各不相同，其改革的重点、深度、方式、方法更是大相径庭。但是，20世纪80年代的这次席卷全球的改革浪潮却有着一些明显的共同点。这些共同点大致可以作如下概括：第一，对大多数国家来说，他们都力图减少国家对经济的干预，通过放宽政策和更好地发挥市场机制的作用来发展市场经济，并努力寻求市场配置资源与政府宏观调控之间更为融洽的关系。第二，根据本国具体条件，对产业结构进行大幅度调整，发展具有竞争优势的产业。第三，鼓励私人经济的发展，通过经济体制的变革推进国有企业私有化，或民营化。第四，千方百计扩大出口和吸引外资，大力实行外向战略，加强民族国家的国际竞争力。总体来说，这次经济体制改革浪潮从本质上来说就是私有化、市场化和外向化浪潮。

此外，这股经济改革浪潮的兴起，还与当时各国经济都遇到一定困难，甚至陷入困境和危机有着必然的联系。20世纪70年代，先是发达资本主义国家遭遇到了失业增加、生产停滞和通货膨胀相交织的特殊困难期；进入20世纪80年代，由于旧体制的桎梏和其他种种消极因素，苏联、东欧社会主义国家经济形势每况愈下，甚至陷于停滞；因为债务危机和其他一系列困难，大多数发展中国家的发展受到严重挫折，有些国家的经济社会发展可谓是举步维艰。在此情况下，各国都迫切需要通过经济体制改革和对外开放等举措来克服体制障碍，摆脱发展困境,实现经济振兴。

与此同时,多数发展中国家的经济也在 20 世纪 80 年代陷入前所未有的困境。其中许多国家通货膨胀惊人,出口收入锐减,国家财政困窘,债务危机严重,失去了经济增长的动力。为了克服困难和危机,许多国家决定改弦更张,在改革中寻找出路。发展中国家在 20 世纪 80 年代掀起的经济改革浪潮比过去任何时候都更广泛、更深刻。尽管各国面临的具体情况多种多样,但他们在改革的方向和若干重大问题上,有着明显的共同点。

三、改革开放催生了中国特色社会主义

青山遮不住,毕竟东流去。即便是有些时候会遭遇重重阻隔,但历史潮流滚滚向前的趋势是难以阻挡的。对于中国共产党来说,探索适合中国国情的社会主义建设道路就是这样一个需要接续奋斗的长期历史过程。"文化大革命"结束后,在国家面临何去何处的重大历史关头,邓小平带领全党全社会顺应人民期待和时代要求,以巨大的理论勇气和政治魄力推进改革开放伟大事业,开启了建设中国特色社会主义道路的新征程,引领中国人民在改革开放的伟大实践中开创了中国特色社会主义。

(一)十一届三中全会开启改革开放新时期

1978 年 12 月召开的中共十一届三中全会,揭开了改革开放的序幕,为中国特色社会主义道路的开创奠定了基础,中国的经济社会发展由此进入到一个崭新的发展阶段。从中国共产党领导社会主义建设的历史进程来考量,"党的十一届三中全会实现了新中国成立以来我们党历史上具有深远意义的伟大转折,开启了我国改革开放历史新时期"①。

1978 年 12 月,在党的十一届三中全会召开前夕,邓小平发表了《解放思想,实事求是,团结一致向前看》的重要讲话,讲话从思想僵化会危及我们党生死存亡的高度批评了"两个凡是"的严重错误。邓小平指出:"一个党,一个国家,一个民族,如果一切从本本出发,思想僵化,迷信盛行,那它就不能前进,它的生机

---

① 肖贵清:《马克思主义中国化史》第 3 卷,中国人民大学出版社 2015 年版,第 56 页。

就停止了,就要亡党亡国。"①邓小平高度评价了真理标准问题的大讨论,他认为是否恢复我们党实事求是的思想路线是这场大讨论的本质,这是一个关系到党和国家前途命运的根本问题。邓小平的讲话影响深远、意义重大,是中国共产党重新确立实事求是思想路线的历史性标志,为随即召开的中共十一届三中全会奠定了思想基础。尽管是一次实现历史性转折的会议,是一次开创未来的会议,但党的十一届三中全会召开的却是非常的顺利,就像水到渠成、瓜熟蒂落。中共十一届三中全会否定了"两个凡是"的错误论断,"重新确立了马克思主义的思想路线、政治路线和组织路线,实现了工作重点转移,做出了改革开放的伟大决策"②。因此,党的十一届三中全会是开创中国特色社会主义道路的起点,也是中国进入改革开放和社会主义现代化建设新时期的标志。

可见,正是在正确应对当今世界时代主题的转化和积极迎接世界改革浪潮的过程中,中国共产党适时作出了实行改革开放的重大决策。通过总结改革开放成功经验基础上的理论创新,中国共产党开创了具有中国特色的社会主义道路,创立了具有中国特色的社会主义理论体系,解决了当代中国的基本问题,实现了科学社会主义在新的技术革命时代的创新发展。马克思主义认为:"一切划时代的体系的真正的内容都是由于产生这些体系的那个时期的需要而形成起来的。"③中国特色社会主义理论体系顺应我国改革开放的伟大实践而产生,并随着改革开放的伟大实践进程而不断创新发展,具有鲜明的时代特征。中国特色社会主义理论体系不仅能够使我国人民坚定走好社会主义道路的无比信心,同时也可以为经济文化比较落后的国家走向社会主义道路提供成功的范例,为推动科学社会主义运动蓬勃发展作出了重大贡献。

(二)改革开启了中国特色社会主义的制度创新

生产力是人们改造自然的能力,是社会生产中最活跃、最革命的因素,它经常处于不断地发展变化之中。生产关系则是人们在社会生产中所形成的所有制关系、劳动关系和劳动产品分配关系的总和。与经常处于一定发展变化状态的生产力不同,生产关系一经建立,就会处于较长的相对稳定状态。马克思和恩格

---

① 《邓小平文选》第二卷,人民出版社 1994 年版,第 143 页。
② 肖贵清:《马克思主义中国化史》第 3 卷,中国人民大学出版社 2015 年版,第 56 页。
③ 《马克思恩格斯全集》第 3 卷,人民出版社 1960 年版,第 544 页。

斯则习惯于用生产力与生产关系的互动来解释制度的变迁和创新。马克思指出:"一切历史冲突都根源于生产力和交往形式之间的矛盾。"①可见,在马克思看来,生产力与生产关系的矛盾运动是社会制度变迁的根源。此外,马克思认为:"社会的物质生产力发展到一定阶段,便同它们一直在其中运动的现存生产关系或财产关系发生矛盾。于是这些关系便由生产力的发展形势变成生产力的桎梏。那时社会革命的时代就到来了。随着经济基础的变更,全部庞大的上层建筑也或慢或快地发生变革。"②按照马克思主义的观点,制度的变革和创新是一种循环往复的客观过程。尽管旧有统治阶级为了维护自身利益,往往会运用强制、政治和意识形态手段阻止社会变革,一定程度上导致社会发展出现停滞状态。不过,任何对社会发展进程的阻挠都无异于螳臂挡车,最终都会被生产力的发展所打破。

作为一名意志坚定的共产主义者,邓小平无疑是马克思主义改革创新思想的伟大实践者。面对十年"文化大革命"给中国人民带来的巨大灾难,邓小平引领全党拨乱反正,并果断作出了国家工作重心转移的重大战略决策。在邓小平改革创新思想的引领下,我国的经济体制和政治体制都发生了翻天覆地的变化,实现了在社会主义制度框架内的重大体制创新,推动了中国特色社会主义制度的丰富完善,并使其不断展现出浓郁的中国特点和民族特色,为"中国模式"的形成发展奠定了坚实的制度基础。

针对党的十一届三中全会之前的集体主义、大锅饭和封闭僵化的传统计划经济模式给中国人民和国家的经济社会发展带来的深重灾难,邓小平在进行了深刻反思之后,提出了建立社会主义市场经济体制的崭新目标。社会主义市场经济,就是要使市场机制在国家宏观调控下对资源配置起基础性作用。这就是要使我国的经济活动遵循价值规律的要求,适应供求关系的变化;通过竞争机制的引入和价格杠杆的功能,把优质的社会资源配置到效益较好的环节中去,并通过优胜劣汰给企业施加压力,进而激发其发展动力。在邓小平经济体制改革思想的指引下,我们国家通过在全国农村普遍实行家庭联产承包责任制和统分结

---

① 《马克思恩格斯选集》第1卷,人民出版社1995年版,第115页。
② 《马克思恩格斯选集》第2卷,人民出版社1995年版,第32—33页。

合的双层经营体制开启了农村改革的进程。同时,我们国家根据"计划经济为主,市场经济为辅"的指导方针,把市场经济作为国民经济的有益补充,实现了市场因素从无到有的重大突破。此后,我们党在高度肯定"商品经济是社会经济发展不可逾越的阶段"这一理论创新观点的基础上,提出社会主义经济是有计划的商品经济的论断。在理论创新和制度创新交互推进的过程中,我国逐步确立了社会主义市场经济体制,并使其在新的改革开放实践中日益得到完善发展。确立社会主义市场经济体制使我们党实现了对社会生产力的革命性变革,大幅度提高了人民的物质文化生活水平,是改革开放进程中具有决定性意义的制度创新。

为了经济体制改革的更好开展,邓小平还以党和国家领导制度改革为抓手来推进政治体制改革。邓小平的政治体制改革思想集中体现于他所发表的《党和国家领导制度的改革》的讲话中,讲话立足于如何从政治上总结"文化大革命"的经验教训,集中反映了政治体制改革的紧迫性,是我国新时期推进政治体制改革的指导性文件。制度建设是邓小平政治体制改革的出发点与核心内容。在对"文化大革命"原因进行反思的过程中,邓小平充分认识到这其中既有个人的原因,但更多的是制度缺失的因素。邓小平指出:"我们过去发生的各种错误,固然与某些领导人的思想、作风有关,但是组织制度、工作制度方面的问题更重要。这些方面的制度好可以使坏人无法任意横行,制度不好可以使好人无法充分做好事,甚至会走向反面。"①因此,邓小平毅然决然地把党和国家的领导制度改革作为其推进政治体制改革的出发点。邓小平认为,传统的党的一元化领导体制是党和国家领导制度存在弊端的根源。因为这种体制"不适当地、不加分析地把一切权力集中于党委,党委的权力又往往集中于几个书记,特别是集中于第一书记,什么事都要第一书记挂帅、拍板。党的一元化领导,往往因此而变成了个人领导"。②邓小平认为,长期以来这种一元领导体制给党和国家的领导制度带来诸如家长制、官僚主义等很多弊端和危害。为了扫除上述弊端,邓小平引领走上改革开放之路的中国进行了以发展社会主义民主、健全社会主义法制

---

① 《邓小平文选》第二卷,人民出版社 1994 年版,第 333 页。
② 《邓小平文选》第二卷,人民出版社 1994 年版,第 329 页。

以及废除领导干部职务终身制为核心内容的政治体制改革。这些改革举措实现了中国特色社会主义的民主政治制度创新发展。

总体来说，要搞好前无古人的社会主义建设事业，必然要经历一个艰辛的探索历程，在前进过程中出现一些偏差和失误，甚至是过失和挫折也都是在所难免的。关键是我们党要能够在正视挫折和失误的基础上认真反思，找到解决问题的有效办法，进而在新的起点上推动社会主义事业进一步发展。作为中国改革开放的总设计师，在社会主义发展进程中，邓小平无疑是执着勇毅的坚守者和开拓者。邓小平睿智地实现了对社会主义基本制度的坚守和体制创新的有机统一，尤其是其创造性地提出并推动确立了社会主义市场经济体制等，在改革开放的伟大历史进程中实现了重大制度创新，对发展科学社会主义作出了超越常人的原创性贡献。

（三）开放实现了社会主义与资本主义关系的转变

自从俄国十月革命胜利，人类历史上第一个社会主义国家建立以来，如何处理社会主义与资本主义的关系就成为当代世界政治的永恒主题。随着世界政治格局的不断转换，时而开放交流、时而封闭对峙俨然成了社会主义与资本主义关系的常态。苏联社会主义刚刚建立不久，就迎来了帝国主义国家的联合"围剿"，从此，封闭与对峙就成为社会主义与资本主义关系的常态。第二次世界大战使英国元气大伤，"日不落帝国"的霸主地位已经"无可奈何花落去"。与之相反，由于国土没有受到战争的打击和破坏，遍及全球的军需供应推动了其国民经济和军事工业的加速发展，美国成为"二战"最大的受益者，其综合国力取代英国成为世界第一强国。尽管在战争初期损失惨重，但是凭借着斯大林格勒战役对整个二战局势的扭转，苏联成为二战的中流砥柱。"二战"后，依仗其丰富的资源和辽阔的疆域，再加上对东欧国家的控制，苏联具备了与美国争雄称霸的政治实力和军事实力。美、苏争霸对峙，不仅是世界地缘政治的东西之争，也是资本主义同社会主义两种意识形态、两种社会制度之争。

作为社会主义阵营的新成员，美、苏争霸的世界政治格局对我们国家的外交政策产生了重大影响。在"二战"后初期，苏联的对华政策复杂微妙，在国共两党的斗争中态度暧昧，奉行"走钢丝"政策。他们既同意识形态相同的中共保持密切联系，给予支持援助，又尽量与国民党政府维持良好关系，甚至是有时候更偏向后者。但是,随着国民党在内战全面爆发后投靠美国,中共在战场上出乎意料地节节胜利。苏联对华政策也随之发生了重大调整,由原来在国共两党中间"骑墙"转为选择中共为战略盟友,一方面向中共提供军事装备和财力援助,另一方面公开抨击美国政府支持蒋介石集团发动内战。与之相反,尽管对蒋介石政府坚持个人独裁和一党专政不满,但是出于全球战略和意识形态斗争的需要,美国政府仍然是全力支持蒋介石政府发动内战,向国民党提供大量军事和经济援助,以帮助其统一中国,建立亲美政府,从而确保美国在华的各种利益。在这样的历史条件和国内外形势下,我们国家只能选择与苏联结盟并坚持"一边倒"的外交方针,坚定地站在社会主义阵营一边。

20世纪70年代以来,伴随着生产和资本国际化的大趋势,世界经济的发展使资本主义国家经济相互依存的趋势加强。同时,这种相互依存、相互渗透的经济关系不仅存在于西方资本主义国家之间,在东西方不同意识形态国家之间也逐步形成了你中有我、我中有你的犬牙交错的经济关系。经济上休戚与共的利害关系使任何国家都不会轻易大动干戈,因为谁也不会花掉大量的军火费去干掉自己国家的投资设施。特别是当代核武器的快速发展,使世界各国都笼罩上核战争的阴影。一旦爆发核战争,地球上的所有生灵都将随之消亡,没有哪个国家会成为胜利者。在此情况下,尽管我们认识到社会主义代替资本主义是历史的必然,但是在两种社会制度过渡条件还不成熟的时候,我们仍然要在相当长的时期内与资本主义和平共处,有时候甚至需要我们携起手来应对人类面临的共同问题。

对中国共产党来说,在处理与资本主义关系的问题上我们可谓是经历了不少的挫折与失误。青山遮不住,毕竟东流去。在改革开放的进程中,我们还是正确把握了与资本主义的关系,在"与狼共舞"中实现自身的快速发展。"文化大革命"结束后,面对当时的人们对社会主义与资本主义关系所长期形成的僵化思想,邓小平在引领人们解放思想的同时,努力寻求改善社会主义与资本主义尖锐对立关系的突破点。终于,邓小平在建立一个什么样的经济体制问题上取得了重大的突破,逐步形成了引入市场经济体制来激发经济主体积极性和挖掘我国经济发展潜能的崭新思路。邓小平在改革开放初期会见外宾时的谈话中强调:"说市场经济只存在于资本主义社会,只有资本主义的市场经济,这肯定是不正确的。社会主义为什么不可以搞市场经济，这个不能说是资本主义。我们是计划经济为主，也结合市场经济，但这是社会主义的市场经济。"①显然，邓小平在此以石破天惊的理论勇气和敢为天下先的政治魄力把"市场经济"这个一贯等同于资本主义私有制的经济体制引入了中国社会，并将其熔铸于社会主义的公有制经济中。实践是检验真理的标准，改革开放的顺利推进和经济的快速发展，充分验证了在社会主义社会搞市场经济的可行性和正确性。基于中国十余年的经济建设成功实践，邓小平在南方谈话中充满自信的指出："计划经济不等于社会主义，资本主义也有计划；市场经济不等于资本主义，社会主义也有市场。计划和市场都是经济手段。"②邓小平在改革开放进程中所确立的社会主义市场经济思想，以及其对资本主义某些反映社会化大生产规律东西的充分肯定，改变了社会主义与资本主义的长期敌对状态，为中国加入世贸组织，在积极融入世界发展进程中加快自身的经济社会发展奠定了坚实基础。

---

① 《邓小平文选》第二卷，人民出版社 1994 年版，第 236 页。
② 《邓小平文选》第三卷，人民出版社 1993 年版，第 373 页。

第二章　中国特色社会主义开创的逻辑起点

　　党的十一届三中全会以后,邓小平带领全党全国人民解放思想、开拓创新,历经披荆斩棘的持续艰苦奋斗,我们党在新的起点上开创了中国特色社会主义,引领中国人民逐步走上生活富裕的康庄大道。习近平总书记强调指出:"中国特色社会主义,是科学社会主义理论逻辑和中国社会发展历史逻辑的辩证统一,是根植于中国大地、反映中国人民意愿、适应中国和时代发展进步要求的科学社会主义。"①所谓逻辑,就是指事物发展的必然趋势。理论逻辑和历史逻辑,就是从理论本质上和历史发展进程中揭示中国特色社会主义形成发展的必然趋势。习近平总书记这一重要论断为我们探寻中国特色社会主义形成的理论之基和历史源头提供了根本遵循。当然,中国特色社会主义不是从天上掉下来的,还有其形成发展的现实逻辑。在社会主义初级阶段,我们国家在不断做大蛋糕的同时,还要分好蛋糕才能体现出社会主义制度的优越性。可见,中国特色社会主义的开创离不开马克思主义中国化的理论逻辑、一脉相承的历史发展逻辑和发展社会生产力的现实逻辑,是理论之维、历史之维和现实之维的有机统一,有着鲜明的逻辑理路。

一、中国特色社会主义开创的理论逻辑

　　科学社会主义诞生 170 多年以来的生动实践充分印证了一个颠扑不破的道理:具有强大的生命力的根本立场和科学方法论是科学社会主义从理论到实践并得以发展壮大内在推动力。说科学社会主义是穿越时空的普遍真理,就在于

---

① 《十八大以来重要文献选编》(上),中央文献出版社 2014 年版,第 118 页。

科学社会主义理论体系的科学性、开放性及其基本立场、观点和方法对推进科学社会主义民族化进程所具有的广泛适用性。某种意义上,科学社会主义运动是一部理论创新的思想史。在马克思、恩格斯天才般的理论体系内,从强调暴力革命到认为夺取政权有两种形式;从提出"两个必然"到强调"两个绝不会";从提出经济基础的决定作用到认识到经济基础和上层建筑的交互发生作用等。正是基于这种与时俱进的指导思想,列宁在指导俄国工人运动的实践中丰富发展了科学社会主义。在马克思主义理论指导下,列宁实现了从辩证法的基本规律与范畴到揭示出辩证法的实质与核心;从战时共产主义政策到"新经济政策"等理论的华丽转变,实现了马克思主义的俄国化。在开展社会运动的过程中,列宁坚持"从俄国国情出发,坚持马克思主义基本原理与俄国具体实践相结合,本着开拓创新的精神,凭借马克思主义的理论勇气,在俄国伟大的革命实践中取得了十月革命的胜利"①。列宁在革命实践基础上的理论创新,开辟了马克思主义的新境界,使科学社会主义理论焕发出新的生机,列宁主义应运而生。中国特色社会主义的开创也不例外,从理论本原上来看,它的形成与发展离不开马克思主义中国化的理论逻辑。

(一)民族化是科学社会主义的本质要求

任何理论都会打上其一定时代和特定民族的鲜明印记。我们这里所讲的科学社会主义的民族化,主要是指科学社会主义在发展进程中不可避免地要与特定的民族国家有机结合。从科学社会主义的内在生长条件上来理解,其民族化就是要"随时随地都要以当时的历史条件为转移"②。这句话蕴含着两层含义:第一,与单个民族国家现实状况的有机结合是科学社会主义得以顺利发展的前提条件;第二,科学社会主义运用者的现实社会条件决定科学社会主义的理论价值的实现程度。此外,由于世界的多样性,科学社会主义没有也不可能包括各个民族和各个地区的特殊性。因此,科学社会主义运动要充分考虑民族国家的具体情况。

民族化是科学社会主义的基本发展路径和生命力。从内在发展的根本宗旨

---

① 吴宏才:《与时俱进是马克思主义的理论品质》,《中共贵州省委党校学报》2004 年第 2 期。
② 《马克思恩格斯选集》第 1 卷,人民出版社 1995 年版,第 248 页。

上来看,科学社会主义民族化主要是指要为绝大多数人的根本利益服务。在马克思、恩格斯的政治设想中,科学社会主义价值观的核心就是依靠、相信人民群众,全心全意维护群众的根本利益。科学社会主义创始人在《共产党宣言》中宣告:共产党人"没有任何同整个无产阶级的利益不同的利益"①,"无产阶级的运动是绝大多数人的、为绝大多数人谋利益的独立的运动"②。马克思习惯称其研究对象为"人的科学"。马克思主义理论认为,在生产力发展的推动下,在社会实践的过程中,社会主义取代资本主义将是历史的必然选择,"代替那存在着阶级和阶级对立的资产阶级旧社会的,将是这样一个联合体,在那里,每个人的自由发展是一切人的自由发展的条件"③。可见,从一定意义上来讲,立足人的根本利益、变革人的存在方式,是科学社会主义民族化的根本价值目标。

科学社会主义者理论品格的形成离不开其民族国家的特殊情况。出生于德国莱茵省特利尔市的马克思,少年时期就受到德国古典哲学的熏陶。对德国哲学的深入思考,加上对工人阶级斗争实践的理论分析,马克思开始关注现实中工人阶级所受的压迫和人格的异化问题,并极力思考和探寻"什么是人的本质,怎样实现人类解放"这一根本问题。在对黑格尔、费尔巴哈等德国古典哲学家的批判中,马克思形成了自己的科学世界观,并在此指导下提出共产主义的政治理想。恩格斯也注重关注社会现实问题,正是通过对英国社会现实的观察和研究,尤其是在深入了解工人阶级生活、斗争状况的基础上,他在哲学思想和政治立场上都实现了重大转变,成长为一个科学社会主义者。列宁曾指出,正是英国的现代资本主义生产关系和工人运动推动了经过德国哲学洗礼的恩格斯走向科学社会主义。恩格斯通过论著实现了对德、法、英等国不同理论和现实的剖析,强调了科学社会主义汲取不同民族经验的特殊意义。列宁在俄国的具体实际中应用发展了科学社会主义,在落后的东方国家实现了十月革命的胜利。经历过大革命的洗礼和中心城市暴动失败的惨痛教训后,也正是在对半封建半殖民地的中国社会的基本国情、社会特点和阶级状况正确分析之后,毛泽东才逐渐找到了开展阶级斗争、农村包围城市的新民主主义革命道路。

---

① 《马克思恩格斯选集》第1卷,人民出版社1995年版,第285页。
② 《马克思恩格斯选集》第1卷,人民出版社1995年版,第283页。
③ 《马克思恩格斯选集》第1卷,人民出版社1995年版,第294页。

马克思认为:"工人没有祖国",但是工人"本身还是民族的"①。这就揭示了科学社会主义理论是世界性和民族性的有机统一。而在一定历史阶段,科学社会主义与特定的民族、国家"当时的历史条件"相融合的结晶物,必须要以一个新的理论形态来表现。这种新的理论形态必须蕴含着科学社会主义的基本精神,还必须根植于当地的现实条件,同时它还必须构成科学社会主义者进一步发展这一理论的新的出发点。显然,这种新的理论形态,为科学社会主义增添了新的语言、新的内容、新的形式,也为科学社会主义带来新的民族风格,彰显出新的民族特色。此外,科学社会主义民族化彰显着科学社会主义理论的普遍性价值。虽然科学社会主义发源于德国,具有德国的特点,但它并不是一种民族主义的狭隘理论。作为一种开放包容的世界性的理论,跨越国界的限制,在世界各地开花结果是科学社会主义的理论特质。因此,能够在异国他乡繁衍生息的科学社会主义注定是世界性的精神文化资源。同时,作为科学的理论,指导无产阶级的斗争实践进而改变世界是科学社会主义存在价值和使命所在。因此,只有与特定民族和地区实际相结合,科学社会主义才能跳出旧哲学"解释世界"的窠臼,展现出其改造世界的实践功能和思想境界。

总而言之,民族化并不是马克思主义者的异想天开,有其历史的必然性。这种历史的必然性在于,科学社会主义要根据科学的重大进步、社会历史情况的变化和革命实践的发展加以改变,赋予其新的民族化元素,产生出新的个性、特殊性,这与传承下来的共性内容深度融合,形成科学社会主义在不同民族国家呈现出不同特色。

(二)马克思主义是中国特色社会主义的理论基础

马克思主义诞生 170 多年以来的发展历程充分证明:其基本立场和方法具有强大的生命力,是其能够顺利实现民族化的科学指南。我们认为,科学社会主义是跨越时空的普遍真理,就在于科学社会主义理论体系的科学性、开放性及其基本立场、观点和方法对推进科学社会主义民族化进程所具有的广泛适用性。

马克思和恩格斯曾将他们创立的理论学说称为"唯一科学的社会主义"②。

---

① 《马克思恩格斯选集》第 1 卷,人民出版社 1995 年版,第 291 页。
② 《马克思恩格斯选集》第 2 卷,人民出版社 1995 年版,第 635 页。

作为马克思主义的继承者,列宁对这一学说作了正统的界定,他认为,马克思主义是一种社会主义理论和学说。列宁曾着重指出,科学社会主义是"关于阶级斗争和共产主义新社会创造者无产阶级肩负的世界历史性的革命使命的理论"①。在探寻空想社会主义失败原因的过程中,恩格斯认为生产力和生产关系的矛盾运动是实现社会变革的力量源泉,他强调指出:"一切社会变迁和政治变革的终极原因,不应当到人们的头脑中,到人们对永恒的真理和正义的日益增进的认识中去寻找,而应当到生产方式和交换方式的变更中去寻找;不应当到有关时代的哲学中去寻找,而应当到有关时代的经济中去寻找。"②当然,作为忠实而谦逊的革命同志,恩格斯发自内心地把共产主义理论诞生的功绩归结为马克思以及他的重大发现。作为马克思主义中最具改变世界功能的组成部分,科学社会主义蕴含着阶级性和斗争性的理论特质,马克思主义的阶级性和斗争性,是在指导无产阶级反对资产阶级的斗争实践中孕育形成的。生产资料的公有制也是马克思主义的基本原则。马克思主义认为,私有制是资本主义原罪等一切社会问题的根源。此外,坚持党的领导、按劳分配原则以及共产主义理想,也是支撑科学社会主义运动的重要原则。可见,科学社会主义是一个整体性的理论体系,如果抛弃掉它的任何一个基本原则,它就可能背离马克思主义的价值理想,就不能在改造现实世界的实践活动中彰显出其独特的崇高追求和价值意蕴。

无论是在 19 世纪的创立初期,还是在 21 世纪的今天,马克思主义都当之无愧地称得起伟大的思想宝库。马克思主义最核心的内涵在于它的基本立场和观点、方法,这也是马克思主义能够作为跨越时空的普遍真理的核心价值指向。以人为本是马克思主义的基本立场,它是客观性、实践性与为人民服务、代表人民根本利益的完美统一。在对社会化的生产和资本主义私有制之间的固有矛盾进行科学分析基础上,恩格斯认为,在未来的共产主义社会,"无产阶级将取得公共权力,并且利用这个权力把脱离资产阶级掌握的社会生产资料变为公共财产。通过这个行动,无产阶级使生产资料摆脱了它们迄今具有的资本属性,使它们的社会性有充分的自由得以实现"③。在这种情境下,"人终于成为自己的社会结

---

① 《列宁选集》第 2 卷,人民出版社 1995 年版,第 416 页。
② 《马克思恩格斯选集》第 3 卷,人民出版社 1995 年版,第 732 页。
③ 《马克思恩格斯选集》第 3 卷,人民出版社 1995 年版,第 759 页。

合的主人,从而也就成为自然界的主人,成为自身的主人——自由的人"①。从价值维度来讲,马克思主义的基本立场,就是维护广大人民群众根本利益的立场,也就是以人为本的立场。对物质世界和精神世界共同性认识的理性归纳生成了马克思主义的基本观点。这些基本观点涵盖诸多方面:认为世界统一于物质的唯物论观点;认为世界以对立统一的方式存在的辩证法观点;认为人民群众是历史创造者的唯物史观等。这些基本观点具有跨越时空的真理性,是人们解决社会现实问题的行动指南;它还是认识世界和改造世界的基本方法的学说,就是马克思主义的基本方法。由此可见,马克思主义具有唯物辩证特质的世界观,是人类社会最基本规律的生动反映,是马克思主义走出国门进而通过自身魅力引领世界的科学指南,是全人类弥足珍贵的精神财富。

就像世界上从来没有救世主一样,世界上也没有一成不变的终极真理,一切理论都要在生动社会实践的推动下而与时俱进。马克思、恩格斯从来不相信所谓的救世主和终极真理,更不会要求人们对任何既成的理论包括他们自身的理论顶礼膜拜。他们反复强调:"我们的理论是发展着的理论,而不是必须背得烂熟并机械地加以重复的教条。"②在此问题上,列宁也认为:"我们决不把马克思的理论看作某种一成不变的和神圣不可侵犯的东西;恰恰相反,我们深信:它只是给一种科学奠定了基础,社会党人如果不愿落后于实际生活,就应当在各方面把这门科学推向前进。"③由此可见,"这些马克思主义经典作家的言论之所以如此低调,不是因为他们太过谦逊,而是因为马克思主义实在是时代发展的产物,它一刻也不能因循守旧、故步自封,否则,他就会失去自身的生命力。从一定程度上来说,科学社会主义运动是一部理论创新的思想史"。在艰辛而执着的长期革命历程中,列宁坚持"从俄国国情出发,坚持马克思主义基本原理与俄国具体实践相结合,本着开拓创新的精神,凭借马克思主义的理论勇气,在俄国伟大的革命实践中取得了十月革命的胜利"④。列宁在革命实践中的理论创新,使马克思主义发展到新境界,产生出新的活力。

---

① 《马克思恩格斯选集》第3卷,人民出版社1995年版,第760页。
② 《马克思恩格斯选集》第4卷,人民出版社1995年版,第681页。
③ 《列宁选集》第1卷,人民出版社1995年版,第274页。
④ 吴宏才:《与时俱进是马克思主义的理论品质》,《中共贵州省委党校学报》2004年第2期。

中国革命历程中,毛泽东创造性地提出了马克思主义中国化并始终不渝地坚持推进,实现了马克思主义在中国的与时俱进。毛泽东强调:"马克思主义一定要向前发展,要随着实践的发展而发展,不能停滞不前。停止了,老是那么一套,它就没有生命了。"①在中国革命和建设的实践中,毛泽东以马克思主义者的责任担当和理论勇气坚持了与时俱进的理论品质。党的十一届三中全会之后,邓小平在立足中国实际的前提下发展了马克思主义,他郑重指出:"中国革命的成功,是毛泽东同志把马克思列宁主义同中国的实际相结合,走自己的路。现在中国搞建设,也要把马克思列宁主义同中国的实际相结合,走自己的路。"②面对世情党情的深刻变化,以江泽民同志为主要代表的中国共产党人创造性地提出了"三个代表"重要思想,深化了我们对共产党执政规律的认识,在新的实践中丰富了马克思主义。进入新世纪以后,胡锦涛也在执政为民的实践中不断赋予科学社会主义以新的内涵。党的十八大以来,习近平总书记在复杂的国内国际局势下,在新的历史时期不断推进理论创新,用勤政为民的情怀、用接地气的通俗表现形式阐释了其治国理政的思想理念、价值指向和实践路径,丰富了马克思主义的具体表现形式,推进了其在当代中国的发展进程。

(三)中国传统文化是中国特色社会主义的思想来源

历史长河奔腾不息,中华优秀传统文化在这一大浪淘沙的进程中生生不息、历久弥新。历经漫长的岁月洗礼和实践积淀,中华民族的许多核心理念和思想文化在新时代依然具有熠熠生辉的重要价值,这就是中华优秀传统文化能够提供精神滋养的生命力所在。在中国的现代化进程中,虽然一直存在着中化与西化、传统与现代的艰难抉择,但内涵丰富的中国传统文化始终在其中发挥着源头活水的重要作用。需要指出的是:充分挖掘传统文化的思想价值,是开创中国特色社会主义的理论源泉。传统文化与现代化的关系是一个发人深省的重要问题,许多中外思想家对此进行了深入的探究与思考,形成了许多宝贵的思想财富,也留下了很多未解之谜。历史的经验和教训不断昭示我们:文化传统是现代化建设不可或缺的思想资源;任何现代化发展模式都离不开本民族思想文化的

---

① 《毛泽东文集》第七卷,人民出版社 1999 年版,第 281 页。
② 《邓小平文选》第三卷,人民出版社 1993 年版,第 95 页。

滋养。

文化发展的连续性决定了传统文化必将成为中国特色社会主义形成发展的重要资源。传统文化与现代文化不断交替、融合发展,是文化发展的重要特点和必经过程。怀特认为:"文化是一个连续的统一体,文化发展的每一个阶段都产生于更早的文化环境","现在的文化决定于过去的文化,而未来的文化仅仅是现在文化潮流的继续"。① 由此可知,传统与现在紧密相连,传统是现在发展的前提和基础,现代文化只不过是传统文化的延伸和超越。传统还是动态的、不断变化和发展的,影响着民族文化的现在和未来。实际上,离开传统文化,现代化就失去了发展进步的源头活水。贺麟认为:"在思想和文化的范围内,现代决不可与古代脱节。任何现代的新思想,如果与过去的文化没有关系,便有如无源之水、无本之木,绝不能源远流长、根深蒂固。文化或历史虽然不免经外族的入侵和内部的分崩瓦解,但也总必有或应有其连续性。"②陈先达认为:"中国传统文化是中国社会主义文化之源,是文化母体。没有源,河流必然干涸,必然断流。"③可见,任何抛弃、忽视文化传统的做法,只会使我们的现代化事业失去坚实的理论"根基"。从近代以来的社会实践来看,传统文化是建设现代文化的重要资源这一观点在各国的现代化道路中得到充分印证。任何国家现代化的启动与推进,都离不开本民族文化传统的滋养与支持,这是经过实践验证的不争历史事实。

中国传统文化具有普遍性的真理性认识。任何一种真正意义上的思想文化,都蕴含和体现着人们对人类社会一般发展规律的探索和思考,都具有普遍性的真理认识。实现现代化,是近代以来中国人民持之以恒的奋斗目标和理想追求。西方现代化的经验证明:传统文化的思想精华经过现代性的改造以后,能够为现代化建设提供精神动力和重要的思想资源。内涵丰富的中国传统文化,虽然形成和发展于封建社会,但那些为封建社会做思想理论论证的思想家在倾心于构建封建理论大厦的同时,自然也创造了跨越这座大厦进而走向现代和未来的普遍的真理性认识。作为世界文化的重要精神源头,独树一帜的中华文化以

---

① [美]怀特:《文化科学》,曹锦清等译,浙江人民出版社1988年版,第325—326页。
② 贺麟:《儒家思想的新开展》,见《文化与人生》,商务印书馆1988年版,第4页。
③ 陈先达:《马克思主义和中国传统文化》,人民出版社2015年版,第16页。

其丰富的思想内涵和举足轻重的影响力成为东方文明的精神旗帜,丝绸之路的文明之光,万邦来朝的盛世辉煌无不彰显着中华文化的无与伦比的尊荣。尽管时代不断变迁,但中华文化之中的许多思想理念和文化精髓却依然具有穿越时空的恒久魅力和价值。比如,儒家所倡导的"己欲立而立人,己欲达而达人"①、"己所不欲,勿施于人"②、"不义而富且贵,于我如浮云"③。等道德规范以及影响深远的自强不息、厚德载物精神,虽然长期是封建社会的价值准则和行为规范,但依然具有跨越时空的当代价值。

中华优秀传统文化是孕育社会主义核心价值观的思想源泉。从文化的基本内涵来看,中华优秀传统文化是以"修身、齐家、治国、平天下"为核心对象的文化,而"修身"则是中华优秀传统文化涉及面最广的核心内涵,也是其他文化内涵的根基所在。中华传统文化的"修身"理念因其丰富的思想内涵和鲜明的实践指向而成为社会主义核心价值观的思想源泉,爱国、敬业、诚信、友善等个人层面的价值理念无不闪耀着中华优秀传统文化的思想光芒。无论是南宋诗人陆游"位卑未敢忘忧国"的诗句所蕴含的忠心报国的责任意识,还是清代封疆大吏林则徐"苟利国家生死以,岂因祸福避趋之"所彰显的因国事而置个人安危于不顾的高尚品质,爱国情怀都洋溢其中,成为我们今天践行"爱国"价值观的精神源泉。无论是古人在事业上所倡导的"为官避事平生耻"的官德意识,还是先贤们在做学问时所奉行的"纸上得来终觉浅,绝知此事要躬行"的治学之道,敬业精神在此得到了充分彰显,这显然是我们今天践行"敬业"价值观的思想源头。季布的"一诺千金"和商鞅变法时的"立木为信"是中华传统文化中的诚信美谈,而"孔融让梨"和"六尺巷"的故事则反映了中华民族礼貌谦让、与人为善的道德品质,这些经典故事为今天的"诚信""友善"价值观念注入了精神内涵。习近平总书记对中华优秀传统文化对核心价值观的滋养作用有着深刻的认识,他指出:"牢固的核心价值观,都有其固有的根本。抛弃传统、丢掉根本,就等于割断了自己的精神命脉。博大精深的中华优秀传统文化是我们在世界文化激荡中站稳

---

① 《论语·雍也》。
② 《论语·颜渊》。
③ 《论语·述而》。

脚跟的根基。"①可见,中华优秀传统文化以其深厚的思想内涵而成为滋养社会主义核心价值观的重要精神源泉,也为中国特色社会主义注入了精神力量。

二、中国特色社会主义开创的历史逻辑

任何事物都有一个从萌芽发展到成熟的历史过程,社会主义在中国的成长也不例外。在社会主义从孕育、产生到成熟、壮大的历史进程中,始终贯穿着一个逻辑主线,这条主线就是马克思主义中国化。马克思主义中国化推动了中国社会主义的发展壮大,催生了中国特色社会主义。在马克思主义中国化的深入推进过程中,中国特色社会主义历经了起源阶段、形成阶段和发展阶段,并在新时代的实践中日益蓬勃发展,这是我们把握中国特色社会主义的一个逻辑主线。在波澜壮阔的新民主主义革命历程中,毛泽东逐步提出并在血与火的斗争实践中推进了马克思主义中国化的不断深化,这无疑是中国特色社会主义得以开创的历史源头。在"文化大革命"结束后,这个事关中国前途命运的重大历史关头,邓小平力挽狂澜,引领中国人民重新走上解放思想、实事求是的正确发展道路,在改革开放的伟大进程中推动形成了中国特色社会主义。此后,江泽民、胡锦涛在新的历史发展阶段,在党的建设、社会发展等方面进一步完善和推进了中国特色社会主义事业。党的十八大以来,中国特色社会主义取得了历史性成就,实现了历史性变革,在很多方面得到了进一步的丰富和发展。只有深入体悟中国共产党 100 多年的奋斗历程,才能真正把握中国特色社会主义的历史逻辑。

(一)中国特色社会主义的起源

俄国十月革命的胜利及其新生社会主义政权的生命力,让对西方国家及其政治模式失去信心的中国人燃起了新的希望。在众多先进分子的努力下,旨在改造世界的马克思主义理论在中华大地生根发芽,并逐步发展为中国共产党人的政治信仰。当然,在这一理论指导下我们也不是战无不胜的,反而是遭受了几次不小的挫折和失利。对此,有着深厚马克思主义理论功底的我们党早期领导人并没有找到问题的症结所在,反而是从山沟沟里走出来的毛泽东率先找到答

---

① 《习近平谈治国理政》第一卷,外文出版社 2018 年版,第 164 页。

案。毛泽东指出："必须将马克思主义的普遍真理和中国革命的具体实践完全地恰当地统一起来,就是说,和民族的特点相结合,经过一定的民族形式,才有用处,决不能主观地公式地应用它。"①此后,中国共产党校准了中国革命的正确航向,使马克思主义在农村包围城市的生动的革命实践中焕发生机,并不断彰显出浓厚的民族特色,为中国特色社会主义开创奠定了扎实的思想基础。

马克思主义中国化命题的提出与实践。五四运动后,伴随着无产阶级登上政治舞台,寻求中国革命新道路的问题就变得更加迫切,李大钊、蔡和森、瞿秋白等许多中国的马克思主义者为之努力奋斗乃至流血牺牲。1938 年 10 月,毛泽东正式提出在中国生动实践中应用马克思主义的要求:"马克思主义的中国化,使之在其每一表现中带着中国的特性,即是说,按照中国的特点去应用它,成为全党亟待了解并亟须解决的问题。"②1942 年 2 月,毛泽东针对中国革命实际问题的解决与需求马克思主义指导的关系做了生动的阐述,他指出:"不应当把马克思主义的理论当成死的教条。对于马克思主义的理论,要能够精通它、应用它,精通的目的全在于应用。"③可见,中国共产党人业已清醒认识马克思主义生命力的本质在于解决中国问题,因为没有对中国问题的正确解答,马克思主义的理论价值和实践功能就不能充分展现,马克思主义就不能掌握群众,这样马克思主义就会失去中国化的土壤,也就失去了科学理论应有的生命活力。新民主主义革命时期,解决中国问题,就是要找到一条能够引领中国走向独立富强的且具有民族特色的革命道路。正是长期深深扎根于中国社会的生动实践,毛泽东在与农民阶级田间地头的对话交流中,在与工人阶级的思想碰撞中,搞清楚了中国社会的阶级状况、思想特点和政治要求,有针对性地提出了农村包围城市的革命道路,顺利解决了中国革命的诸多实际问题,在工农群众的拥护和支持下实现了中国革命的胜利。此后,中国革命步入了正确轨道,焕发出勃勃生机,顺利战胜了各种反动势力,建立了新中国。

毛泽东思想的形成和发展。抗日战争时期,随着毛泽东同志对中国国情的准确把握和对革命斗争形势的科学分析及正确指导,中国革命的面貌日新月异,

---

① 《毛泽东选集》第二卷,人民出版社 1991 年版,第 707 页。
② 《中共中央文件选集》第十一册,中共中央党校出版社 1991 年版,第 658—659 页。
③ 《毛泽东选集》第三卷,人民出版社 1991 年版,第 815 页。

一时间"毛泽东主义""毛泽东的思想"等概念相继出现。1942 年 2 月,张如心在《学习和掌握毛泽东的理论和策略》一文中认为:"'毛泽东主义'绝不是什么农民主义,洪秀全主义,它是 20 世纪中国无产阶级的理论和策略,是中国民族解放社会解放的科学武器。"①1943 年 7 月,刘少奇在《清算党内的孟什维主义》一文中,使用了"毛泽东同志的思想体系"的新提法。同月,王稼祥指出:"毛泽东思想就是中国的马克思列宁主义,中国的布尔什维主义,中国的共产主义。"②这是"毛泽东思想"的概念首次被提出,此后,这一概念逐步被党内同志认同和接受。1945 年 4 月,中共七大认为,毛泽东思想是党和人民在伟大的革命实践中形成发展而来的科学理论。刘少奇在《论党》的报告中指出,毛泽东思想"就是马克思主义在目前时代的殖民地、半殖民地、半封建国家民族民主革命中的继续发展,就是马克思主义民族化的优秀典型。它是中国的东西,又是完全马克思主义的东西"③。由此可见,毛泽东思想是在革命实践中形成的具有中华民族特色的中国化马克思主义。

把社会主义革命和建设时期划定为中国特色社会主义的起源阶段,主要出于两层含义的考虑,一方面是社会主义改造的空前成功,另一方面是社会主义探索所形成的理论成果,当然我们党在社会主义探索中的挫折和失误也可以作为反面的佐证材料。首先,我们来谈一谈社会主义改造的重要作用。历经几千年封建社会经济剥削、政治压迫和思想压制,中国社会的等级观念和私有观念可谓是根深蒂固,深深熔铸于人民大众的内心世界。然而,就完成了对农业、手工业和资本主义工商业生产资料私有制的社会主义改造,在保持经济发展、维护社会稳定和得到人民群众拥护的情况下实现了一场深刻而广泛的社会变革。我们党对农业和手工业的改造在中国社会掀起了互助合作的群众性运动浪潮,充分调动了他们的社会主义热情。党对民族资产阶级改造胜利的意义就更加难以估量了。一方面,人民政府通过和平的"赎买"办法实现了公私合营,掌握了民族工商业及其生产资料,壮大了我们的国有经济;另一方面,通过社会主义改造,原来的民族资本家不再拥有生产资料,他们从资本家演变为自食其力的高层次劳动

---

① 黄福寿:《马克思主义中国化的历史逻辑》,上海三联书店 2013 年版,第 133 页。
② 《解放日报》1943 年 7 月 8 日。
③ 《刘少奇选集》上卷,人民出版社 1981 年版,第 333—334 页。

者,也就是我们现在意义上的职业经理人,这就避免了中国社会走向资本主义社会的可能性,因为资本家在中国社会已经不存在了。其次,我们来回顾一下社会主义建设探索的成就和意义。在社会主义探索中,毛泽东作出了弥足珍贵的重要贡献。我们常说,理论是行动的先导,这充分说明了思想理论的指导性作用。在社会主义探索初期,毛泽东就发表了《论十大关系》重要讲话,讲话在总结苏联社会主义建设经验教训的基础上,提出了我们在建设社会主义国家中应慎重处理的"十种关系",为我们国家的社会主义建设画出了"重点",也就是我们常说的抓住了主要矛盾。此后,毛泽东针对国际的政治事件和国内的政治斗争又发表了《关于正确处理人民内部矛盾的问题》的重要讲话,虽然讲话的直接目标是要解决"两种不同性质的矛盾",实际上也成为特定时期解决社会主义建设问题的根本指导方针,因为只要解决了人的问题,经济社会发展的其他问题也就迎刃而解了。此外,我们党在这一时期所出现的"大跃进"、人民公社化运动以及旨在解决党内"修正主义"的"文化大革命"等挫折和失误则为后世积累了不容忽视的反面资料。由此可见,毛泽东所主导的富有创造性的社会主义改造和甚至产生一些挫折和失误的极具建设性的初步探索使其成为中国特色社会主义开创的源头。

(二)中国特色社会主义的形成

1956 年,社会主义制度在中国确立,使中国跨越式地进入社会主义社会。毛泽东等领导人对社会主义建设的理论思考和实践探索,为在中国这样经济基础薄弱的大国建设社会主义积累了经验,为中国特色社会主义的形成奠定了坚实的基础。由于对社会主义建设的规律认识不清和存在急躁心理,我们在取得一些发展成就的同时,却接连出现了主观超越客观的错误,致使社会主义事业走上弯路。党的十一届三中全会以后,我们国家开始以经济建设为中心来开展社会主义建设。"什么是社会主义,如何建设社会主义",这个连苏联社会主义老大哥都没有完全搞清楚的问题,成为我们建设有中国特色的社会主义需要迫切回答的首要问题。以邓小平同志为主要代表的中国共产党人立足中国的基本国情,解决了对社会主义的一些重大认识问题,在历史转折的关键阶段推进了社会主义基本理论的发展创新。

在邓小平的引领下,中国共产党人坚持社会主义方向,摒弃了封闭僵化的老路,开辟了中国特色社会主义崭新发展道路,解放思想、拨乱反正、锐意进取,在科学回答中国特色社会主义面临的一系列基本问题的过程中,清除了各种错误理论观点和不良思潮的负面影响,丰富发展了社会主义理论并使其日益具有中国作风和中国气派。在中国特色社会主义的形成发展过程中,邓小平同志起到了最重要的引领和推动作用,是当之无愧的奠基人。同时,作为中国特色社会主义理论体系的基础性组成部分,邓小平理论中的众多思想观点体现着马克思主义的基本原理,又闪耀着中国传统文化的璀璨光芒,是中国特色社会主义形成的标志性理论成果。

在社会主义建设的过程中,人们比较关注的往往是技术创新、GDP、人民生活水平等与人民群众息息相关的社会现实问题。而对到底什么是社会主义这个最基本而又最为关键的理论问题缺乏了解甚至都没有去认真思考。这才导致当社会上出现工人下岗、企业破产、外商投资、民营企业等在他们观念中应该是资本主义社会才存在的现象时深感困惑、难以接受,有人甚至把这些新事物视为洪水猛兽,号召"有识之士"进行抵制打压,究其原因就在于这些人对社会主义的本质问题缺乏思考,还没有形成正确的思想认识。为了解决人们的思想困惑,廓清笼罩在社会主义本质问题上的迷雾,经过长期思考和实践探索的邓小平给出了这一问题的答案。邓小平于1986年9月指出:"社会主义原则,第一是发展生产,第二是共同致富。我们允许一部分人先好起来,一部分地区先好起来,目的是更快地实现共同富裕。"①后来,针对少数人先富起来后引发的一系列社会矛盾和问题,1990年12月,邓小平同志再次重申了我们党对实现共同富裕的坚定决心,他强调指出:"共同致富,我们从改革一开始就讲,将来总有一天要成为中心课题。社会主义不是少数人富起来、大多数人穷,不是那个样子。社会主义最大的优越性就是共同富裕,这是体现社会主义本质的一个东西。"②随着对社会主义本质认识的深入,面对东欧剧变、苏联解体的严峻国际形势,1992年初,邓小平在南方谈话中重申了社会主义本质理论,他指出:"社会主义的本质,是解放生产力,发展生产力,消灭剥削,消除两极分化,最终达到共同富裕。"③

---

① 《邓小平文选》第三卷,人民出版社1993年版,第172页。
② 《邓小平文选》第三卷,人民出版社1993年版,第364页。
③ 《邓小平文选》第三卷,人民出版社1993年版,第373页。

邓小平同志的总结性概括,虽然只有短短 28 个字,但高度精练,内涵丰富,是一个逻辑严密的科学理论体系。邓小平对社会主义本质理论的科学概括,既是对科学社会主义的继承和发展,又是推动中国特色社会主义形成发展的重大理论创新。

1992 年初,面对社会主义运动陷于低潮和国内政治风波等不利因素对我们国家发展走向所产生的负面影响,针对国内一定范围内的群体对社会主义发展前途的忧虑和在推进改革开放事业方面踟蹰不前的徘徊态度,对国内外局势和社会主义本质问题都有着深入思考和沉着应对的邓小平在南方之行的进程中发表了一系列谈话,我们称为南方谈话。对于改革开放事业处于举步维艰境地的中国社会来说,南方谈话无疑是"把改革开放和现代化建设推进到新阶段的又一个解放思想、实事求是的宣言书"。邓小平同志的南方谈话蕴含着深刻的"大"道理。我这里说的"大"不仅仅是指邓小平同志所讲的道理深刻、发人深省,主要是指其涉及的对象范围大、讲话的内涵意义重大,因为他所阐释的是关系党和国家前途和命运的大问题,是关系到人民群众温饱冷暖和幸福生活的大问题。讲话尽管没有长篇大论,但思想的深度、内容的力度都跃然纸上、引人入胜。石仲泉指出:南方谈话"比较全面回答了什么是社会主义和怎样建设社会主义等许多重大问题,而且同他的其他著作相比较,是一篇将个人的思想形成较为完整体系的综合性理论文献"①。从总体上看,南方谈话以"发展才是硬道理"为主线,以解决"社会主义本质问题"为核心,把"解放和发展生产力"当作动力,把"计划"和"市场"都作为经济手段,提出改革开放是否正确的"三个有利于"判断标准,展现着"实事求是"的马克思主义理论精髓,标志着中国特色社会主义理论形成。

(三)中国特色社会主义的发展

1992 年 10 月召开的党的十四大,高度评价了邓小平同志的南方谈话,会议认为:"以邓小平同志的谈话和今年三月中央政治局全体会议为标志,我国改革开放和现代化建设事业进入了一个新阶段。"②同时,这次会议还首次使用了

---

① 石仲泉:《中国共产党与马克思主义中国化》,中国人民大学出版社 2011 年版,第 376 页。
② 《十四大以来重要文献选编》(上),人民出版社 1996 年版,第 9 页。

"邓小平建设有中国特色社会主义理论"的命题,并把其作为全党全国人民集体智慧的结晶。在1997年9月召开的党的十五大上,邓小平理论被确立为党的指导思想,用以指导我们的各项工作。此后,我们党先后形成了"三个代表"重要思想和科学发展观等重大理论成果。这些理论成果既坚持了马克思主义基本原理,又在立足中国实际的基础上汲取了中国传统文化的优秀成果,在新的历史阶段推进中国特色社会主义的完善和发展。

党的十三届四中全会以后,以江泽民同志为主要代表的中国共产党人,科学判断中国共产党所处的历史方位,准确把握时代主题,正确应对了国内政治风波和东欧剧变等国内外不利因素给中国社会造成的严重影响。党的十五大以后,在邓小平理论的指导下,江泽民同志以马克思主义的巨大理论勇气提出了"三个代表"重要思想,把我们对中国特色社会主义的认识提升到新的高度,向世人明确回答了"建设什么样的党、怎样建设党"这样一个根本性问题。2000年2月,江泽民在广东省考察工作的讲话中分析我们党赢得人民支持的原因时,首次提出了"三个代表"重要思想,他指出:"总结我们党七十多年的历史,可以得出一个重要结论,这就是:我们党所以赢得人民的拥护,是因为我们党在革命、建设、改革的各个历史时期,总是代表着中国先进生产力的发展要求,代表着中国先进文化的前进方向,代表着中国最广大人民的根本利益,并通过制定正确的路线方针政策,为实现国家和人民的根本利益而不懈奋斗。"[1]在讲话中,江泽民详细阐述了"三个代表"重要思想的理论内涵和基本要求,要求全党同志想方设法发展社会生产力,继承和创新中华优秀传统文化,实现好、维护好、发展好人民群众的利益。"三个代表"重要思想的提出,顺应了人民群众对执政党历史责任的热切期待,"是对马克思列宁主义、毛泽东思想和邓小平理论的继承和发展,反映了当代世界和中国的发展变化对党和国家工作的新要求,是加强和改进党的建设、推进我国社会主义自我完善和发展的强大理论武器,是全党集体智慧的结晶,是党必须要长期坚持的指导思想。"[2]作为马克思主义基本原理与当代中国实践又一次生动结合的理论成果,"三个代表"重要思想创造性地回答了"建设

---

① 《江泽民文选》第三卷,人民出版社2006年版,第2页。
② 《江泽民文选》第三卷,人民出版社2006年版,第536页。

什么样的党、怎样建设党"的核心问题,既丰富了马克思主义的党建理论,又展现了中华传统文化的独特思想魅力,在马克思主义发展史上具有重要的地位。

科学发展观是中国共产党人在改革开放的攻坚阶段,在化解经济社会发展中深层次体制机制障碍的基础上,对马克思主义社会发展理论的丰富和发展。马克思在《共产党宣言》中指出:"在那里,每个人的自由发展是一切人的自由发展的条件。"①邓小平也非常重视生产力在推动社会发展中的重要作用,他认为:"社会主义阶段的最根本任务就是发展生产力,社会主义的优越性归根到底要体现在它的生产力比资本主义发展得更快一些、更高一些,并且在发展生产力的基础上不断改善人民的物质文化生活。"②党的十六大以后,以胡锦涛同志为主要代表的中国共产党人在看到改革开放二十多年来取得的巨大成绩的同时,也敏锐地觉察到我们经济社会发展中的不平衡、不协调、不可持续问题依然比较突出,要解决这些突出问题,需要我们始终抓好发展这个党执政兴国的第一要务。胡锦涛认为,必须坚持发展为了人民,发展依靠人民,发展成果由人民共享,不断实现好、维护好、发展好最广大人民的根本利益。2007年10月召开的党的十七大,对科学发展观作了进一步系统阐述:"科学发展观,是对党的三代中央领导集体关于发展的重要思想的继承和发展,是马克思主义关于发展的世界观和方法论的集中体现,是同马克思列宁主义、毛泽东思想、邓小平理论和'三个代表'重要思想既一脉相承又与时俱进的科学理论,是我国经济社会发展的重要指导方针,是发展中国特色社会主义必须坚持和贯彻的重大战略思想。"③党的十七大报告还对科学发展观的理论内涵作了总结概括:"科学发展观,第一要义是发展,核心是以人为本,基本要求是全面协调可持续,根本方法是统筹兼顾。"④在此基础上,胡锦涛指出:"坚持以人为本,就是要以实现人的全面发展为目标,从人民群众的根本利益出发谋发展、促发展,不断满足人民群众日益增长的物质文化需要,切实保障人民群众的经济、政治和文化权益,让发展的成果惠及全体人

---

① 《马克思恩格斯选集》第 1 卷,人民出版社 1995 年版,第 294 页。

② 《邓小平文选》第三卷,人民出版社 1993 年版,第 63 页。

③ 《十七大以来重要文献选编》(上),中央文献出版社 2009 年版,第 10 页。

④ 《十七大以来重要文献选编》(上),中央文献出版社 2009 年版,第 11—12 页。

民。"①总之,以胡锦涛同志为主要代表的中国共产党人在经济社会发展的瓶颈期,提出了新的发展理念和思路,推进了马克思主义与中国实际的结合,解决了当代中国的发展问题,丰富发展了中国特色社会主义。

2012 年党的十八大以后,习近平总书记以参观《复兴之路》展览为新的起点,开启了治国理政的新征程。面对复杂多变的国内国际局势,习近平总结改革开放以来的历史经验,提出了一系列治国理政的新举措。在发展道路上,习近平始终坚持中国道路,弘扬中国精神,致力于实现中华民族伟大复兴的中国梦。在经济社会发展战略上,习近平主张要落实经济、政治、文化、社会、生态五位一体的总布局,推进社会全面进步。在治国理政方面,习近平强调提出并逐步形成了"四个全面"战略布局。这些治国理政的思想理念来源于当代社会主义的生动实践,既坚持了马克思主义的理论精髓,又秉承了中国传统文化的思想精华,既是马克思主义的又是中国的,在新的时代背景下推动了中国特色社会主义的丰富发展。

三、中国特色社会主义开创的现实逻辑

作为来自实践并用以指导实践的科学理论,科学社会主义须臾也离不开社会实践,这就是这一理论能够始终保持强大生命力的现实逻辑。在指导各国工人运动和无产阶级革命的过程中,马克思和恩格斯从来不靠主观臆断来发号指令,也不会简单粗暴地利用自己身边的实际来指导国外的革命运动,而是要求革命者要以时间和条件为转移。列宁对此作了十分精辟的阐述:运用马克思主义"在英国不同于法国,在法国不同于德国,在德国又不同于俄国"②。可见,科学社会主义的发展离不开特定的客观实际,一定要坚持唯物主义的基本原理和一切从实际出发的方法论。只有始终做到从实际出发,我们的社会主义事业才能得到蓬勃发展;反之,如果党的路线、方针和政策脱离了客观实际,我们的各项事业就会出现挫折和失利。

---

① 《十六大以来重要文献选编》(上),中央文献出版社 2005 年版,第 850 页。
② 《列宁选集》第 1 卷,人民出版社 1995 年版,第 274—275 页。

　　新时期,邓小平等领导人坚决破除极左思想的禁锢和计划经济体制的束缚,大胆解放思想,恢复了我们党实事求是的思想路线,破除了一系列与"什么是社会主义,如何建设社会主义"这一根本问题密切相关的错误思想认识,扫除了笼罩在社会主义本质问题上的重重迷雾,把人们从对社会主义海市蜃楼般的虚幻认识中解放出来,使人们开始习惯于从中国人民的现实需要和情感认同以及我们国家所处的历史阶段来思考和规划建设社会主义的重大现实问题。立足于中国社会主义的现实逻辑,邓小平作出了"贫穷不是社会主义,发展太慢也不是社会主义"等重要判断,提出了"社会主义的本质是解放生产力,发展生产力,消灭剥削,消除两极分化,最终达到共同富裕"①的社会主义本质理论,按照邓小平的政治论断,我们国家要始终把发展生产力放在首位,把经济建设的"蛋糕"做大。同时,我们党还要秉持公平正义的理念,在把"蛋糕"分好的过程中不断展现社会主义制度的优越性,遵循现实逻辑来建设发展好中国特色社会主义。

（一）做大"蛋糕"改变贫穷落后现状

　　中国是一个人口大国,同时还是一个人均资源拥有量相对较少的国家。治理好这样一个大国绝非易事,仅仅是解决人民的生存问题就是一个让历朝历代统治者头痛的难题。回顾历史,由于民不聊生而引发的社会动乱数不胜数。面对这个每一代统治者都想解决的难题,代表人民根本利益的中国共产党同样压力山大。为此,想方设法解放和发展生产力,把"蛋糕"做大,这样才能让中国长期贫穷落后的状况得到改变。

　　开创中国特色社会主义首先需要解决亿万人民群众的吃饭问题。早在新中国成立前夕的1949年,当时的美国国务卿艾奇逊就曾发布了一个"预言",他认为,"人民的吃饭问题是每个中国政府必然碰到的第一个问题。一直到现在没有一个政府使这个问题得到了解决"。言外之意,就是共产党领导的新中国也解决不了中国人民的吃饭问题。1994年,一篇题为《谁来养活中国?》的文章引发了国际社会的热烈讨论。因为这篇由美国世界观察研究所所长莱斯特·布朗所发表的文章认为,到2030年中国人口将达到16亿,粮食需求将会猛增,而随着中国的工业化,水资源短缺,耕地面积减少,生态环境破坏,随着我们粮食总量

---

① 《邓小平文选》第三卷,人民出版社1993年版,第373页。

将不断下降,中国粮食将不能自给,由于供求缺口较大,以至于所有粮食出口国都不能养活中国,中国的粮食问题将引发世界粮食危机。如今,距离 1949 年已经过去了 70 个年头,距离 1994 年也已经有二十多年,艾奇逊和布朗所预言的情况在中国并没有出现。中国民众的吃饭问题基本解决,而且粮食自给率达 95%以上,西方政客的预言彻底落空了。

长期以来,为体现对农村、农业、农民和粮食问题的高度重视,党中央关于"三农"问题的政策举措连续多年都以"一号文件"的形式来发布。从改革开放初期到今天的新时代,几十年如一日,新年伊始,我们国家都会很快出台"一号文件",虽然签发的领导人发生了多次变化,但"三农"问题始终是永恒的主题,真可谓是"岁岁年年人不同,年年岁岁花相似",这充分体现了"三农"问题在我们国家经济社会发展中"重中之重"的独特位置。研读每年的一号文件我们就会发现,无论其内容有何调整,但是对农业生产的支持保护力度和对国家粮食生产的重视程度从未改变。在党的十一届三中全会之后,逐步形成发展的家庭联产承包责任制调动了广大农民的生产积极性,大幅度促进了农民增产增收,成为实现粮食安全的重要保障。党的十八大以来,以习近平同志为核心的党中央始终把粮食安全作为治国理政的头等大事,高屋建瓴地提出了"底线论""饭碗论""红线论"等事关国家粮食安全的富有理论创新和实践创新特色的新战略。习近平总书记站在总体国家安全观的高度强调,粮食关系到国运民生,是国家安全的重要基石,粮食安全既是经济问题,也是政治问题,是国家发展的"定海神针"。正是党中央对于粮食安全问题的高度重视,政策才会及时发布,举措才会有效得力,粮食生产和农业发展才会持续稳定,十几亿中国人的吃饭问题才能够从根本上得到解决,才能为开创中国特色社会主义奠定坚实的物质基础。

发展社会生产力,增加社会物质财富,把"蛋糕"做大是社会主义社会发展的基本前提,也是改变中国贫穷落后状况的根本途径。早在《共产党宣言》中马克思、恩格斯就强调:"无产阶级将利用自己的政治统治,一步一步地夺取资产阶级的全部资本,把一切生产工具集中在国家即组织成为统治阶级的无产阶级手里,并且尽可能快地增加生产力的总量。"[1]十月革命后,列宁也指出:"无产阶

---

① 《马克思恩格斯选集》第 1 卷,人民出版社 1995 年版,第 272 页。

级取得国家政权以后,它的最主要最根本的需要就是增加产品数量,大大提高社会生产力。"①粉碎"四人帮"之后,面对中国经济发展滞后,人民生活困顿的状况,邓小平深切认识到发展社会生产力,增加社会物质财富的紧迫性和重要性,只有想方设法把中国的经济总量搞上去,才能提高人民的生活水平,也才能解决中国的绝对贫困问题。邓小平指出:"搞社会主义,一定要使生产力发达,贫穷不是社会主义。我们坚持社会主义,要建设对资本主义具有优越性的社会主义,首先必须摆脱贫穷。"②邓小平关于发展社会生产力的重要论断,打破了长期以来人们离开生产力水平抽象地谈论社会主义根本问题的认识误区,清除了"用以阶级斗争为纲就能取代发展生产力"的荒谬认识,为确立"以经济建设为中心"的新路线奠定了思想基础,开启了重视物质财富创造和提高人民生活水平的历史新时期。

在"以经济建设为中心"的改革开放新时期,社会经济总量快速提升,无论是农村还是城市都展现出一派欣欣向荣的景象。在农村,实行家庭联产承包责任制对我国当时农村所产生的神奇效果可以用"立竿见影"来形容。很多地方,头一年粮食还不够吃,但是实行家庭联产承包责任制后,粮食产量猛增,基本上家家都有余粮。城市的变化一点也不逊色于农村,这里快速增长的经济总量和丰富的物质文化生活对农村人口产生了极大的吸引力,为了改变生活状况,大量的农村人口涌入城市。尽管在中国严格的户籍制度下,大多数农村人口不能享受一些社会福利和其他只限城市居民使用的资源,但是,他们在城市赚得的财富远比在农村多得多。在市场经济体制改革的推动下,1978—2007年这三十年间,国内生产总值达到每年10%的平均增速,农村家庭的人均年收入从134元增加到4140元;贫困人口占总人口的比重从30.7%下降到1.6%。经过改革开放40年的努力,中国7亿多农村贫困人口实现脱贫,成为率先实现联合国千年发展目标的国家,为实现全面小康奠定了基础。可见,只要我们想方设法把经济总量的"蛋糕"做大,就能够逐步改变我们贫穷落后的状况。

(二)分好"蛋糕"激发社会生机活力

公平正义,是人类共同的追求,也是社会进步的标志。无论是东方国家还是

---

① 《列宁选集》第4卷,人民出版社1995年版,第586页。
② 《邓小平文选》第三卷,人民出版社1993年版,第225页。

在西方社会,很早就产生了有关公平正义的思想观念和价值追求。公平正义总是同一定的经济社会发展程度相联系,具有历史性。对公平正义来说,没有恒定不变的评价标准,因为在不同的历史条件下,人们对其认识和诉求也会各不相同。在中国传统思想文化中,公平正义是一种历久弥新的价值追求,其思想内涵是极其丰富的。"等贵贱,均贫富"的政治理念,"天下为公"的思想境界,"有教无类"的教育主张,无不蕴含着对社会公正的不懈追求。在西方社会,公平正义的思想观念也占有非常重要的地位。从一定程度上来讲,西方的公平正义观念也塑造着维系其发展的政治与法律制度。从古希腊对理性的阐释,到启蒙时期的契约论证,再到自由主义的兴盛,公平正义的理念在西方也经历了一个持续深化的过程。在探索实现人的自由而全面发展和实现人类解放的过程中,马克思、恩格斯对公平正义问题也进行了深入的分析和科学的阐释。当然,马克思、恩格斯对公平正义的认识有了全新的视野,摆脱了空想,超越了抽象的理性。恩格斯指出:"希腊人和罗马人的公平认为奴隶制度是公平的;1789 年资产者的公平要求废除封建制度,因为据说它不公平。在普鲁士的容克看来,甚至可怜的专区法也是对永恒公平的破坏。所以,关于永恒公平的观念不仅因时因地而变,甚至也因人而异。"①马克思主义认为,在不同的历史条件下,人们对公平正义的认识是不同的,没有恒定不变的公平正义标尺。当然,马克思曾明确预言:"随着阶级差别的消灭,一切由这些差别产生的社会的和政治的不平等也自行消失。"②可见,消灭阶级,消灭私有制,实现人类解放,是实现社会公平正义的前提,也是人们孜孜以求的社会理想。

建立公平合理的分配制度,是分好"蛋糕"的基本途径和本质要求。收入分配与人们的切身利益密切相关,是社会经济关系的一个核心问题,也是衡量社会是否公平的一个重要标尺。消除阶级对立、阶级剥削,实现劳动者的权利平等是社会主义社会的本质要求,也是我们消除阶级社会产生的分配不合理、不公平,逐步建立起公平合理的收入分配制度的现实需要。建立公平合理的收入分配制度,是我们分好社会经济利益的大"蛋糕",实现人民群众共同富裕的基础。有

① 《马克思恩格斯选集》第 3 卷,人民出版社 2012 年版,第 261 页。
② 《马克思恩格斯选集》第 3 卷,人民出版社 2012 年版,第 371 页。

什么样的所有制,就必然会有与之相适应的分配方式,收入分配方式实质上是所有制的具体表现。因而,所有制形式的多样性,也就决定了分配方式的多样性。在社会主义还不发达的阶段,由于社会财富还不够丰富,再加上人们在脑力、体力等诸多方面还存在较大差异,实行单一的公有制经济是行不通的,多种所有制经济共存是不以人的意志为转移的客观需要。那么,在分配制度上也必须要以坚持和完善现有的按劳分配为基础,并按照不同的所有制形式采取相应的合理的分配制度。作为社会主义社会所长期坚持的分配原则,按劳分配是社会主义公有制的要求,尽管它是一种公平合理的分配制度,在社会发展过程中也会产生事实上的不平等。针对这种不平等,党和政府必须进行合理的调节。

劳动、资本、技术和管理等生产要素按贡献参与分配,是我国社会主义初级阶段基本经济制度的一个重要特征,也是我国现阶段收入分配的一个基本原则。在积累社会财富、促进生产力发展的过程中,劳动、资本、技术等要素都发挥了作用,产生了不同的贡献。那么,按照贡献大小,让这些生产要素参与分配,可以调动各种生产要素所有者参与社会主义建设的积极性,这是符合社会主义市场经济基本要求的。显然,坚持按劳分配为主体、生产要素按贡献参与分配的制度,更多地关注的是收入分配起点的公平合理与过程的公平合理,并不能完全保证收入分配结果的公平合理。按照社会主义共同富裕的本质要求,在保证收入分配起点和过程公平合理的前提下,我们还要下大力气关注收入分配结果的公平合理,使全体社会成员能够公平地分享经济社会发展成果。

随着改革开放的深入推进,我国的收入分配差距出现了不断扩大的趋势。在社会主义初级阶段,收入分配差距的存在是难以避免的,但是这个差距必须保持在合理的范围内,保持在社会的各个劳动群体都能够认可和接受的程度内,也就是邓小平所说的,不能出现两极分化。早在1985年,邓小平就警示世人:"现在我们搞四个现代化,是搞社会主义的四个现代化,不是搞别的现代化。……社会主义的目的就是要全国人民共同富裕,不是两极分化。如果我们的政策导致两极分化,我们就失败了;如果产生了什么新的资产阶级,那我们就真是走了邪路了。"①可见,在推进改革开放的进程中,虽然在政策上允许鼓励一部分地区和

---

① 《邓小平文选》第三卷,人民出版社1993年版,第110—111页。

一部分人可以率先走上富裕道路,同时我们又必须清醒地意识到我们是共产党领导的社会主义国家,实现共同富裕,维护社会公平正义,是我们不可推卸的责任和使命,我们一定要克服各种困难把社会财富这块"蛋糕"分好,这样才能激发出社会的生机和活力。为此,我们要在尊重劳动者的贡献和能力差异而采取多种分配方式的基础上,更加注重社会公平,着力提高低收入水平,有效调节过高收入,努力缓解部分社会成员和不同地区之间收入差距扩大的趋势,维持社会的公平正义,保持社会的和谐稳定。

(三)追赶世界发展先进水平彰显社会主义制度优越性

"文化大革命"结束后,相比借助科技革命浪潮而快速发展的一些东西方国家,中国的经济社会发展已经严重滞后,用"百废待兴"来形容也并不过分。逐渐成为党和国家新的领导核心的邓小平同志心急如焚,想方设法引领中国人民不断解放思想、改革开放,致力于开辟一条中国特色的社会主义道路。为此,在邓小平同志倡导下,我们的很多党和国家领导人都走出国门,去探寻能够引领我们中国快速摆脱落后状态的发展经验。在到日本考察的过程中,邓小平登上了堪称当时世界速度的日本"新干线"列车,在外国记者问邓小平同志乘坐新干线的感受时,邓小平只说了三个字"太快了",随后又补充说这正是我们中国最需要的速度。正是在这种引领中国快速发展的紧迫感驱动下,邓小平大刀阔斧地推进了中国改革开放的历史进程,在追赶西方的强大压力下开创了有中国特色的社会主义道路,用经济社会发展的巨大成绩来不断彰显我们国家社会主义制度的优越性。

把解决人民温饱问题放在首位,用人民生活的改善来显示社会主义制度的优越性。改革开放之初,面对绝大多数人民群众缺衣少食的社会发展现状,解决老百姓的温饱问题就成为中国共产党人亟待解决的首要任务。马克思、恩格斯曾强调了物质生产活动对社会的基础性作用,"人们为了能够'创造历史',必须能够生活。但是为了生活,首先就需要吃喝住穿以及其他一些东西。因此第一个历史活动就是生产满足这些需要的资料,即生产物质生活本身,而且,这是人们从几千年前直到今天单是为了维持生活就必须每日每时从事的历史活动,是一切历史的基本条件。"①因此,不解决中国人民群众最基本的吃饭问题,中国社

---

① 《马克思恩格斯文集》第1卷,人民出版社2009年版,第531页。

会甚至整个世界都难以安定,更不用说显示社会主义制度的优越性了。当然,我们需要时刻牢记的是中国共产党的执政本质是立党为公、执政为民,我们党所始终不渝的奋斗目标就是让人民群众过上好日子。而让老百姓不挨饿、不受穷则是完成我们党目标和任务的最基本要求。为了让人民群众彻底摆脱贫穷,过上富裕的生活,在改革开放实践中深入思考的邓小平提出了"三步走"的战略奋斗目标,即"第一步在八十年代翻一番。以一九八〇年为基数,当时国民生产总值人均只有二百五十美元,翻一番,达到五百美元。第二步是到本世纪末,再翻一番,人均达到一千美元。……第三步,在下世纪用三十年到五十年再翻两番,大体上达到人均四千美元。做到这一步,中国就达到中等发达的水平"①。可见,在推进中国改革开放的进程中,中国共产党人始终把解决人民的温饱问题作为执政为民的首要任务。此外,邓小平还把改变中国人民的贫穷落后面貌纳入四个现代化建设之中,作为其一项重要的内涵指标。邓小平同志指出:"所谓四个现代化,就是要改变中国贫穷落后的面貌,不但使人民生活水平逐步有所提高,也要使中国在国际事务中能够恢复符合自己情况的地位,对人类作出比较多一点的贡献。"②在中国共产党的正确引领下,经过科学的制度设计和中国人民的接续奋斗,于 2021 年全面建成了小康社会。历史和实践充分证明,牢记初心使命的中国共产党人历经艰辛探索和接续奋斗,不仅依靠我们自身的力量解决了十几亿人民群众的吃饭问题,还引领人民群众过上了殷实富足的小康生活,为人类的生存发展作出了重要贡献,也彰显了社会主义制度的优越性。

当然,中国特色社会主义制度的优越性不仅体现在解决人民的温饱问题上,也不仅体现在对西方发展速度和经济总量的快速追赶和超越上,更体现在其发展道路所体现出的独特优势上。自 1978 年以来,中国共产党人以蹄疾步稳的改革创新拉动了经济社会的飞速发展,不断展现出与西方资本主义国家的比较优势。中国的发展成就充分表明,伴随着改革开放的实践而开创的中国特色社会主义是中国社会发展进步的必由之路,具有不可比拟的显著优势:它立足我们国家的现实国情,从社会实际出发解决问题,具有强大的实践基础;它以经济建设

---

① 《邓小平文选》第三卷,人民出版社 1993 年版,第 226 页。
② 《邓小平文选》第二卷,人民出版社 1994 年版,第 237 页。

为中心,致力于解放和发展社会生产力,引领中国人民聚精会神搞建设,取得了经济社会发展的巨大成就;它坚持社会主义根本原则,具有"一元主导"的政治导向,不会改旗易帜;它注重原则性和灵活性的统一,蕴含着治国理政的政治智慧,能有效解决改革发展进程中的问题,不会封闭僵化;它以实现社会主义现代化为战略目标,走中国特色的"自主创新"道路,不会迷失方向。总之,中国特色社会主义道路的开创赋予了科学社会主义鲜明的民族特色,它在把中国社会引向现代化的过程中,利用民主和法治的方式解决社会群体间的利益冲突,消解了社会发展中的对抗性,它坚持人民利益至上,把整体利益置于社会首位,有效统筹了整体利益和个人利益的关系,它不是以单纯的利益博弈和竞争去实现社会的发展,而是以团结合作的方式去实现对资本主义道路的超越。在追赶"西方"的现代化进程中,中国在经济、政治、文化等诸多方面都取得了令世人瞩目的可喜成绩,也形成了在制度、道路、理论和文化等方面的独特优势,这些优势极大地推动了中国的跨越式发展,展现出中国特色社会主义制度的优越性。

第三章　中国特色社会主义开创的基本内涵

对于从波澜壮阔的历史进程中一路走来的中国共产党来说,探索适合中国国情的社会主义建设道路,是一个接续奋斗的历史过程。"文化大革命"结束后,在国家面临向何处去的重大历史关头,邓小平带领全党顺应人民期待和时代要求,以巨大的政治魄力和理论勇气推进改革开放,开启了探索具有中国特色的社会主义建设道路的历史新时期。从中共十一届三中全会开始,到1992年邓小平发表南方谈话,这一探索前后持续了14年左右的时间。在总结社会主义建设历史经验的基础上,为了满足人民群众对温饱和富裕生活的期待,邓小平引领开辟了富有民族特色的社会主义道路,开辟了中国社会主义现代化建设的新局面。回顾中国特色社会主义从酝酿、确立到发展壮大的艰辛奋斗历程,人们大都能够认识到邓小平在其中所起到的至关重要作用。概言之,邓小平不仅改变了中国,也对当代世界产生了重要影响。进一步来说,邓小平之所以能够改变中国、影响世界,就在于他开启了中国人民走向富裕的历史进程,成功开创了具有中国特色的社会主义。

中国特色社会主义的开创具有划时代的意义,它不仅使中国实现了思想观念的变革和工作重心的转移,也在新的历史条件下推进了马克思主义中国化的历史进程。"建设有中国特色的社会主义",这是邓小平在改革开放新时期提出的一个崭新概念,而"走自己的路",则是他很早就形成的一个思想观点。早在20世纪60年代,邓小平就提出了"走自己的路更快、更好些"的思想。在新的历史条件下,邓小平把社会主义建设的历史经验和自身对中国实际的深入思考有机融合,提出了"把马克思主义的普遍真理同我国的具体实际结合起来,走自己的道路,建设有中国特色的社会主义"①的全新命题。当然这个命题与我们党活

---

① 《邓小平文选》第三卷,人民出版社1993年版,第3页。

学活用马克思主义的优良传统是分不开的,没有马克思主义中国化这个前提就不会产生这样的结论。我们党一贯认为,把马克思主义理论教条化,或者机械照搬马克思主义普遍原理和基本原则,不仅无助于社会现实问题的解决,还会危及马克思主义的声誉和命运,也会危及我们国家的社会主义事业。中国共产党坚持和运用马克思主义的一个重要经验,就是把马克思主义与中国实际相结合,在总结实践经验的基础上,研究新情况,解决新问题,形成新认识。邓小平曾指出:"马克思主义理论从来不是教条,而是行动的指南。它要求人们根据它的基本原则和基本方法,不断结合变化着的实际,探索解决新问题的答案,从而也发展马克思主义理论本身。"①正是在思考如何把马克思主义的基本原理应用于中国社会主义建设的过程中,邓小平在中共十二大的开幕词中明确提出了"建设有中国特色的社会主义"的政治论断。这一论断的提出,说明邓小平和中国共产党对如何建设社会主义这个基本问题已经有了深刻而又清醒的认识。无论从中国特色社会主义道路的开创来说,还是从科学社会主义的丰富内涵和形态演进来看,这无疑都是理论与实践相结合的重大突破。中国特色社会主义的开创既是思想观念的转变,又是对历史方位的准确把握,也是我们坚定走好中国特色社会主义道路的基本前提,对于我们厘清社会主义的本质,推动社会体制机制的转型发展具有重要意义。

一、思想观念的转变

"文化大革命"结束以后,全党和全国人民很快从这场浩劫中惊醒过来,越来越多的人陷入深思:为什么中国会发生这样一场长期的动乱? 以后的道路应该怎样走? 面对人民群众的思想困惑和对前途的迷茫,邓小平等党和国家领导人以批判"两个凡是"为切入点,以"真理标准大讨论"为基本抓手,开启了思想文化领域的拨乱反正,经过席卷全国的大讨论,我们党逐步开创了新的思想观念,"实践是检验真理的唯一标准"的客观真理得到人们的普遍认可,解放思想、实事求是的思想路线得以重新确立,改革开放由此成为新时期最为鲜明的时代特征。

---

① 《邓小平文选》第三卷,人民出版社1993年版,第95页。

（一）实践是检验真理的唯一标准

"文化大革命"结束后，如何维护毛泽东思想的旗帜和毛泽东的历史地位问题，是当时需要迫切解决的重大政治问题，也是对当时每一位政治家的严峻考验。1977年2月7日，我们国家最具影响力的"两报一刊"发表社论：《学好文件抓住纲》，社论在强调要继续"以阶级斗争为纲"的同时，还明确提出"凡是毛主席做出的决策，我们都坚决维护；凡是毛主席的指示，我们都始终不渝地遵循"①。这就是人们经常谈到的"两个凡是"方针，从表面上看，"两个凡是"似乎是在坚持毛泽东思想、在肯定毛泽东的历史地位，而其实质上是在维护毛泽东晚年的错误。邓小平率先对"两个凡是"的错误认识展开批评，他指出："我们必须世世代代地用准确的完整的毛泽东思想来指导我们全党、全军和全国人民。"②言下之意，就是要对不准确、不完整理解毛泽东思想的言行进行纠正，反对"原封不动地把毛泽东同志晚年的错误思想坚持下去"。在批判"两个凡是"的过程中，邓小平还一针见血地指出："把毛泽东同志在这个问题上讲的移到另外的问题上，在这个地点讲的移到另外的地点，这样做，不行嘛！毛泽东同志自己多次说过，他有些话讲错了。"③此后，叶剑英、陈云、聂荣臻等老同志纷纷发表讲话或撰写文章，宣传我们党和毛泽东所倡导的实事求是作风。对"两个凡是"的批判开启了全党思想解放的先河。

拨乱反正是不可逆转的历史潮流，任何人都无法阻挡，理论界则一马当先走在最前面。1978年5月11日，一篇题为《实践是检验真理的唯一标准》的理论文章在《光明日报》刊登，"理论与实践相统一，是马克思主义的一个最基本的原则和观点，检验真理的标准只能是社会实践"是这篇文章的核心观点。文章指出："实践不仅是检验真理的标准，而且是唯一的标准。检验真理的标准只有一个，就是千百万人民的社会实践。"④文章认为，"四人帮"强加在人们身上的精神枷锁，还远没有粉碎。任何理论都要不断接受实践的检验。对于何谓真理标准问题，人们要敢于去触及，敢于去弄清是非。这篇振聋发聩的文章很快引起了

---

① 石仲泉：《中国共产党与马克思主义中国化》，中国人民大学出版社2011年版，第299页。
② 《邓小平文选》第二卷，人民出版社1994年版，第39页。
③ 《邓小平文选》第二卷，人民出版社1994年版，第38页。
④ 石仲泉：《中国共产党与马克思主义中国化》，中国人民大学出版社2011年版，第303页。

全国绝大多数人民群众的思想和情感共鸣，一场关于"何谓真理标准"的全国性大讨论应运而生。邓小平及一些坚持实事求是路线的中央领导同志公开支持了这一讨论。1978年6月2日，邓小平在军队工作会议上强调指出："按照实际情况决定工作方针，这是一切共产党员所必须牢牢记住的最基本的思想方法、工作方法。实事求是，是毛泽东思想的出发点、根本点。这是唯物主义。"[①]讨论会上，邓小平还重申了我们党一贯坚持的实事求是思想路线，强调了毛泽东对实事求是路线的倡导和坚持，公开批评了"两个凡是"的错误方针。

关于真理的检验标准问题，邓小平同志也从马克思主义哲学的高度批判了一些人思想僵化的突出表现，表达了自己支持"实践是真理检验标准"的鲜明立场。他指出："所谓理论要通过实践来检验，也是这样一个问题。现在对这样的问题还要引起争论，可见思想僵化。根本问题还是我前边讲的那个问题，违反毛泽东同志实事求是的思想，违反辩证唯物主义、历史唯物主义的原理，实际上是唯心主义和形而上学的反映。"[②]在邓小平的公开支持和一些老一辈革命家的推动下，这场大讨论冲破了各方面的重重阻力，得以在全国范围继续向深层次发展。经过反复的认真讨论和深入思考，"实践是检验真理的唯一标准"的马克思主义观点逐渐深入人心。同时，人们还认识到，何谓真理的检验标准问题不仅仅是一个需要人们去澄明的思想理论问题，更是影响我们国家事业发展全局的政治性问题。对这一问题的正确判断，事关党的思想路线、政治路线，也关系到党和国家的前途命运，还有助于统一思想、凝聚人心。

（二）解放思想、实事求是思想路线的重新确立

在中国人民的社会主义事业遭遇困难和徘徊不前的关键时刻，关于真理标准问题的讨论，用马克思主义的科学理论和无可辩驳的事实证明了"两个凡是"不仅是非马克思主义的，也是不符合实践发展要求的。从社会主义的发展进程来看，这场真理标准问题的讨论也具有非同凡响的重要意义，它毅然坚持的正确真理标准得到社会的普遍认可，"两个凡是"错误论断的深层次思想根源被暴露于全国人民的视野之内，因为它立论的基础就背离了马克思主义的基本原则。

---

① 《邓小平文选》第二卷，人民出版社1994年版，第114页。
② 《邓小平文选》第二卷，人民出版社1994年版，第128页。

真理标准问题的讨论,促进人们从思想理论上认清了林彪、"四人帮"的假马克思主义理论、反马克思主义理论的错误本质,为全国范围的正本清源、拨乱反正和解决历史遗留问题创造了有利条件。此后,中国共产党逐步摆脱了"两个凡是"的影响,实事求是地处理拨乱反正中遇到的各种问题。从一定程度上来讲,真理标准问题的讨论,可谓是中国共产党继延安整风运动之后的又一次思想解放运动,有利于解决我们党的思想路线问题。

解放思想、实事求是,是我们党确立并恢复的思想路线。实事求是是毛泽东思想的根本点,也是我们党思想路线的理论内核与精神灵魂。对于实事求是的科学内涵,毛泽东在《改造我们的学习》一文中做出了明确的解读,他指出,"'实事'就是客观存在着的一切事物,'是'就是客观事物的内部联系,即规律性,'求'就是我们去研究。"①毛泽东还指出:"真正的理论在世界上只有一种,就是从客观实际抽出来又在客观实际中得到了证明的理论,没有任何别的东西可以称得起我们所讲的理论。"②可见,从基本含义上看,实事求是就是理论联系实际,一切从客观实际出发,认识和遵循事物发展的规律。邓小平同志非常认同毛泽东所提出的"实事求是"思想路线,并主张在实践中坚持贯彻和与时俱进地加以发展。他指出:"毛泽东思想的基本点就是实事求是,就是把马列主义的普遍原理同中国革命的具体实践相结合。毛泽东同志在延安为中央党校题了'实事求是'四个大字,毛泽东思想的精髓就是这四个字。"③"只有解放思想,坚持实事求是,一切从实际出发,理论联系实际,我们的社会主义现代化建设才能顺利进行,我们党的马列主义、毛泽东思想的理论也才能顺利发展"④。显然,邓小平充分肯定了作为我们党思想路线的"实事求是",并提出了贯彻落实"实事求是"的实践要求,也就是要充分地解放思想。在历史转折和思想转变的关键时期,在社会主义根本内涵的概括和本质特征的厘定方面,尤其需要做到在实事求是框架内的解放思想。从一定意义上来说,解放思想是决定中国发展前途和命运的关键问题,因而面临的束缚最大,习惯势力最强,主观偏见最多,要真正

---

① 《毛泽东选集》第三卷,人民出版社1991年版,第801页。
② 《毛泽东选集》第三卷,人民出版社1991年版,第817页。
③ 《邓小平文选》第二卷,人民出版社1994年版,第126页。
④ 《邓小平文选》第二卷,人民出版社1994年版,第143页。

做到也最难。

从基本内涵上来看,实事求是,就是理论联系实际,一切从客观实际出发,认识和遵循事物发展的规律;而解放思想则是要敢于打破固有的思维倾向、惯性认识和常态化的行为习惯,比如,敢于打破"一言堂""土政策""随风倒"等长期思想僵化所形成的怪现象,敢于独立思考、敢于说真话、敢于发表不同意见等都是解放思想的实践要求。因此,解放思想就是把思想从某种主观束缚中解放出来,使它和客观相符合,既是打破原有思想束缚,又是主动从客观实际出发,运用科学理论揭示事物的本质和规律,进而得出与客观实际相符合的结论。可见,解放思想和实事求是在实际上具有相同的本质内涵与实践要求,是相辅相成的有机统一体,是实实在在的马克思主义方法论。从本质上来讲,思想路线的实质就是要改变看问题及认识国情的出发点,即实现由从主观或本本出发认识问题转向从客观实际出发认识问题。具体来说,就是要求人们从书本公式出发转向从生活公式出发以反对本本主义,从顺从长官意志转向坚持群众路线以反对官僚主义,从放任主观愿望转向尊重客观规律以反对主观主义,就是引导人们不唯上不唯书只唯实;也就是既要反对个人迷信和教条主义,又要注重向前看,既要有敢于研究新问题、正视新现象的积极性、主动性,又要立足自身现实和事物的本来情况,不夹杂个人的主观判断和兴趣偏好。

总体来看,对一个国家、政党来说,思想路线至关重要。没有充分的思想动员,就不会轻而易举地形成统一意见和决议。同样,没有革命思想的孕育,也难以产生革命的行动。只有确立好符合政党、国家和人民意志及根本价值观的思想路线,才能推动形成正确的路线、方针和政策。关于真理标准问题的讨论,使马克思主义中国化的发展进程回归了实践本位,从根本上深深触动了人们对待马克思主义的根本态度。有了如此深刻的思想动员,解放思想、实事求是的思想路线才逐步在全党全社会得以重新确立,这使中国的社会主义事业获得了向着正确方向发展前进的精神动力,从而丰富发展了中国特色社会主义。正确的思想路线一经确立就会产生出强大的精神力量,引领人们解放思想、大胆实践,在实践中检验和发展真理,不断孕育出马克思主义中国化的新成果。

(三)改革开放是决定当代中国命运的关键抉择

天地万物,应时而变,人类社会也需要不断变革创新。在古代社会,革新求变一直是睿智的统治者和思想家的共识。他们敏锐地觉察到,社会政治形势变化莫测,夺天下与治天下大相径庭,因此,礼乐常典、治国方略等一定要因时而变。各种政策、制度亦难免有利弊得失,也要及时调整与完善。在中国古代的漫长政治实践中,无论是思想家还是统治者,面对社会政治的剧变,他们总是自觉不自觉地以变求不变,以变来求长盛不衰。所以,革故鼎新、通变救弊是中国长期以来的一个思想传统,这种传统对于我们新时期的改革创新有着重要的联系和深刻的启示。在中国古代,革新求变思想不仅仅表现为一些思想家的个人之见,它还有着丰富的理论内涵。《周易》蕴含着丰富的哲学思想,因而被公认为传统文化的源头。如《周易·系辞上》中讲道:"通变之谓事。"王弼注曰:"物穷则变,变而通之,事之所由生也。"再如《周易正义·说卦》中说:"革物者莫若鼎。"韩康伯注:"革去故,鼎去新,既以去故,则宜制器立法以治新也。"[1]这说明他们研究变主要是想从《周易》中汲取思想理论的养分,最终目的是用以指导政治实践。《淮南子·汜论训》中提出了"圣人法与时变,礼与俗化"的思想,强调"礼乐未始有常也"。宋朝推行"庆历新政"的范仲淹指出:"历代之政,久皆有弊,弊而不救,祸乱必生。"[2]总体来看,与时俱变、注重创新是中国历代政治家和思想家高度关注的问题,有时候为了改革弊政,实现自救,他们甚至不惜以"托古改制"的形式来达到目的,尽管这些变革的结果不尽相同,但是这并不影响崇尚变革的思想穿越时空积淀为中华民族博大精深的文化宝库中的一份重要精神财富。

在改革中获得发展进步,在开放中谋求良好机遇,这是我们党从革故鼎新、与时俱变等传统文化的核心理念中汲取的政治智慧,也是数千年来众多王朝治理国家的美好愿景。中国的改革开放也概莫能外,它是在社会发展遭遇挫折和困境的情况下,中国共产党迎难而上做出的战略抉择。1956年,带着全国范围内基本完成社会主义改造的喜悦和激情,中国共产党和中国人民选择了最具发展前途的社会主义制度,中国社会欢欣鼓舞地进入了社会主义社会。面对这样一个崭新而又富有强大吸引力的美好社会制度,中国人民显然还没有做好充分

---

① 《周易正义·说卦》。

② 《范文正公文集·答手诏条陈十事》。

准备。建设新社会主义的澎湃热情和极富浪漫主义色彩的主观愿望,使中国社会开展了轰轰烈烈的"大跃进"和人民公社化运动,希望通过举国上下的努力拼搏使我们能够跑步进入共产主义社会。受这种"左"的错误思想影响,再加上僵化的计划经济体制的严重束缚,中国社会前行的道路越走越窄,党和国家的事业遭遇了前所未有的严重挫折。与此同时,在蓬勃兴起的新科技革命推动下,世界经济则以更快的速度向前发展,许多国家经济实力、综合国力借此得以明显增强,中国面临的外部压力日益增大。面对十年"文化大革命"给国家带来的困境和巨大压力,第三次在政坛复出的邓小平顶住各方面的阻挠和干扰,在 20 世纪70 年代末引领中国共产党做出了进行改革开放的重大决策。为了排除人们长期固守的封闭僵化思想,邓小平在不同场合大力宣扬封闭僵化的危害和改革开放的重要性,在会见德国代表团时,他强调指出,"我们过去有一段时间,向先进国家学习先进的科学技术被叫作'崇洋媚外'。现在大家明白了,这是一种蠢话。我们派了不少人出去看看,使更多的人知道世界是什么面貌。关起门来,固步自封,夜郎自大,是发达不起来的"①。在中共中央工作会议上的讲话中,邓小平振聋发聩地指出:"如果现在再不实行改革,我们的现代化事业和社会主义事业就会被葬送。"②

思想是行动的启蒙和先声。历经反对"两个凡是"和关于真理标准问题的大讨论之后,打破长期以来左右中国社会发展的封闭僵化思想和体制机制,实行改革开放逐步成为人们的思想共识。当然,随着拨乱反正的全面展开,党的十一届三中全会所作出的实行改革开放的重大决策也显得水到渠成、瓜熟蒂落。在改革开放中建设中国特色社会主义、发展中国,成为中国共产党和邓小平在历史转折新时期的关键抉择,也是决定人民群众生活质量和科学社会主义发展前景的关键一招。改革开放顺应时代潮流,符合党心民意,开启了社会主义事业发展的新征程,也给中国社会带来了勃勃生机。作为一场对社会关系进行全方位变革的伟大革命,改革开放不可能一蹴而就,也不可能一帆风顺。虽然不会像过去革命时期那样历经血雨腥风,但在改革开放的进程中也不乏障碍和陷阱,人们在

---

① 《邓小平文选》第二卷,人民出版社 1994 年版,第 132 页。
② 《邓小平文选》第二卷,人民出版社 1994 年版,第 150 页。

其中也必然会历经风雨的磨炼和洗涤。20世纪80年代末90年代初,在西方资本主义国家的"和平演变"攻势下,长期奉行封闭僵化计划经济体制的苏联、东欧解体了,科学社会主义运动遭遇有史以来的最重大挫折。受到苏联解体、东欧剧变的世界大气候影响,中国国内也出现了严重的政治风波。国际政治风云的急剧变化,再加上国内严重政治风波给国家经济社会发展所带来的重大影响,一些人对中国改革开放的目标和方向产生了种种疑虑,甚至对我们国家在党的十一届三中全会之后所选择的路线、方针、政策产生了怀疑和动摇。"右"的思想不断兴起,"左"的思想频繁抬头,中国的改革开放事业被蒙上重重迷雾。在又一个生死存亡的紧要关头,邓小平再次展现出了其政治家的超凡睿智和强大魄力,他向全党全社会重申了改革开放的急迫性和重要性,并从理论上和实践上进行了充分论证,使我们党挽狂澜于既倒,重新把握了改革开放的方向和大局。邓小平强调,"在这短短的十几年内,我们国家发展得这么快,使人民高兴,世界瞩目,这就足以证明三中全会以来路线、方针、政策的正确性,谁想变也变不了"[1]。同时,邓小平还振聋发聩地指出,"不坚持社会主义,不改革开放,不发展经济,不改善人民生活,只能是死路一条"[2]。邓小平在历史发展关键阶段对中国改革开放的把关定向,实现了全党的思想统一,重新凝聚起举国上下进一步推进改革开放的前进力量。改革开放的继续推进,使中国社会主义的发展活力被极大地激发出来,世界社会主义前途命运也随之得到改变,使我们国家避免了步苏联解体后尘的重大风险。

二、历史方位的重新思考

辩证唯物主义认为,事物是处于普遍联系和永恒发展之中的。显而易见,一个人乃至一个社会也概莫能外,他们必然会经历一个产生、发展直至走向消亡的自然历史过程。也就是说,客观事物的一定发展阶段总会与不同的时间节点相对应,这个对应的坐标点我们可以称为历史方位。然而,在进入中国社会主义的

---

① 《邓小平文选》第三卷,人民出版社1993年版,第371页。
② 《邓小平文选》第三卷,人民出版社1993年版,第370页。

探索阶段之后的很长一段时间,我们党从客观上忽视了社会主义的发展还要遵循特定阶段的现实情况这一重要问题。在此情况下,我们国家的社会主义建设举措自然难以超越革命导师对社会主义基本特征的描述,甚至长期照抄照搬苏联的发展模式。超越社会所处发展阶段所带来的结果显而易见,我们的社会主义事业因而遭遇了重大的挫折和失利。党的十一届三中全会之后,邓小平突破了过去长期存在的"认为我们在社会主义制度确立后,就可以很快进入共产主义"的传统观念,指出我们国家的社会主义还处在初级阶段,是初级阶段的社会主义。在邓小平的引领推动下,我们党开创了具有中国特色的社会主义道路,这里的"特色"既是指我们国家独特的基本国情,更是指我们国家的社会主义所处的发展阶段,即历史方位。因此,我们党在经历初步探索的失利后对中国特色社会主义的开创,内在地包含了对新的历史方位的开创。正是对中国特色社会主义所处的历史方位的正确把握,我们党采取了契合发展阶段的针对性发展策略,我们国家才取得了经济社会发展的巨大成就。

(一)社会主义是一个发展过程

从人类社会发展演进的阶段划分来看,社会主义社会无疑处于高级阶段。然而,就社会主义社会来看,它自身也必然会有一个从初级阶段起步,然后在实践中逐步成熟发展的漫长历史进程。正确判断社会主义所处的历史阶段,是巩固和发展社会主义的重要前提。科学社会主义是一种来自社会现实,又能够在社会现实中得以证明的理论。因此,探讨社会主义的发展阶段问题,需要把社会主义置于现实基础之上,这也是马克思、恩格斯认识和探讨社会主义问题的根本要求和根本方法。坚持科学社会主义,要求我们必须明确社会主义发展是过程性和阶段性的有机统一,既不能超越社会发展阶段,犯急躁冒进的错误,又不能忽视不同发展阶段之间的紧密联系,看不到社会主义发展的光明前景。社会主义初级阶段的提出,成功开创了中国特色社会主义所处的历史方位,使我们的中国特色社会主义有了实实在在的立足点和出发点。

回顾社会发展史我们不难看到,人类社会不仅是一个从低级阶段向高级阶段发展的历史过程,还是一个从发展不充分到发展充分,或者说是从片面发展到全面发展的过程。因此,马克思、恩格斯把实现人的自由全面发展设定为未来共产主义社会的发展目标。他们曾明确指出:"在资本主义社会和共产主义社会之间,有一个从前者变为后者的革命转变时期。同这个时期相适应的也有一个政治上的过渡时期,这个时期的国家只能是无产阶级的革命专政。"①显而易见,马克思、恩格斯早已科学预见了,在无产阶级上升为统治阶级之后,要想顺利地建设一个新社会,还必将有一个对旧社会的经济、政治体制和人们的思想观念进行全面社会主义改造的过程。这样一个对旧社会的全面改造过程被马克思、恩格斯称作"革命的转变时期",后来逐步被人们称为"过渡时期"。政治活动的核心目标就是掌控国家政权,社会主义改造活动也不例外,其根本目标也在于建立新型国家政权。这种无产阶级通过革命、改造所确立的新型国家政权被马克思、恩格斯称为"无产阶级专政"。秉持改造私有制的一切生产资料进而再改造人的马克思主义政治观,无产阶级把消灭私有制和剥削阶级,废除人剥削人的不平等现象的经济根源和社会根源,作为其在向共产主义过渡阶段始终不渝的奋斗目标。当然,在过渡时期结束之后,一个新的社会形态就会应运而生。这个新的社会形态,就是马克思、恩格斯所设想的共产主义社会,恩格斯有时候也被称为社会主义。和人类社会其他社会形态一样,这个令广大无产者憧憬和期待的新的社会形态,也有一个逐步发展和完善的过程。就像马克思在《哥达纲领批判》中所指出的那样,根据社会成熟程度和生产力发展水平,共产主义社会可以分为两个阶段,即生产力水平和生产资料社会化发展程度较低的社会主义阶段以及生产力水平高度发展、物质财富极大丰富的共产主义阶段。由此可见,社会主义所处的阶段不仅取决于生产关系状况,还受制于生产力发展水平,特定社会的生产力一旦有了大幅度提升,其所处的历史方位也会发生相应转变。

纸上得来终觉浅,绝知此事要躬行。尽管走上社会主义道路的国家显然都知道马克思恩格斯对未来共产主义社会发展阶段的设想,但是,他们在这一问题上还是犯了这样那样的错误,对社会主义发展阶段的认识也随之经历了诸多曲折。有些国家一开始对这一问题有着清醒认识,但是在一定时期还是出现了因急躁冒进而超越自身社会发展实际的现象。就世界社会主义的开创者苏联而言,列宁曾经根据马克思恩格斯的设想和苏维埃俄国的实际情况提出了向社会

① 《马克思恩格斯选集》第3卷,人民出版社1995年版,第314页。

主义迂回过渡的构想,但是他的后继者们并没有把他的正确构想坚持到底。斯大林基本认同"共产主义第一阶段或低级阶段即社会主义"的提法,还提出"共产主义高级阶段是苏联还没有实现而应当在将来实现的东西"①。但是,斯大林过早地中止了列宁倡导的新经济政策,后来他又把苏联进入社会主义低级阶段看作建成了社会主义,并发出了向共产主义过渡的号召,显然是超越了当时的社会发展阶段。勃列日涅夫甚至脱离实际地宣布苏联"已建成发达的社会主义"。由于苏联领导人过高地估计了其社会发展阶段,并以这种错误的估计来制定路线、方针、政策,这给苏联的社会主义建设事业造成了难以弥补的重大损失,同时也对其他社会主义国家形成了不良影响。受此客观因素的影响,我们党对社会主义建设发展阶段的认识也经历了类似的曲折发展过程。在社会主义改造基本完成时,毛泽东等党和国家领导人对社会主义社会的认识还是比较清醒的,毛泽东多次强调甚至在大会讲话中指出,"我国的社会主义制度还刚刚建立,还没有完全建成,还不完全巩固"②。但是,受国内外形势等诸多因素的影响,党内出现急躁冒进的情绪和严重不切实际的设想,"快"字当头的错误路线引发了"跑步进入共产主义"的狂热。由此可见,既然和社会主义发展阶段问题正确认识相对应的国家路线方针政策没有能够做到一以贯之,我们的社会主义事业遭遇挫折和失败也是不可避免的。党的十一届三中全会之后,我们党对社会主义发展阶段的认识日益清醒,逐步回到了应有的正确轨道,并开创了社会主义初级阶段的新的历史方位。

(二)认清改革开放新时期的社会主要矛盾

辩证唯物主义认为,在这个世界上,每一事物都有矛盾,而每一事物的矛盾都有自己的特点。尽管特定事物存在很多矛盾,但是不同矛盾所具有的作用和其产生的影响力却是不均衡的,存在着大小强弱之分。那么,在众多矛盾中产生作用最大、影响力最强或者说能够具有支配或统摄地位的矛盾,我们往往称为主要矛盾。在对社会主义发展阶段的认识过程中,尤其需要我们抓住主要矛盾。因为,社会特定发展阶段的主要矛盾,决定了这一时期的社会根本任务。当然,

①《斯大林文集》,人民出版社1985年版,第108页。
②《毛泽东文集》第七卷,人民出版社1996年版,第214页。

在我国的社会主义制度确立之后,我们党一度对社会主要矛盾问题有着非常清晰的正确判断,并上升到国家决策层面;又一度出现错误的思想认识,并在实践中产生严重的危害。党的十一届三中全会以后,拨开错误思想认识的重重迷雾,我们党重新界定了我国社会的主要矛盾,这既为正确把握我国社会主义所处的发展阶段奠定了坚实的基础,也为我们党开创新的历史方位创造了重要前提。

作为马克思主义中国化和中国化马克思主义的开创者,毛泽东对社会主要矛盾的认识可谓是深刻透彻,既有理论的深度、高度,又有实践的温度、热度。针对何谓主要矛盾以及如何对待主要矛盾的问题,毛泽东在《矛盾论》中对辩证唯物主义的矛盾观进行了创新发展。毛泽东指出:"在复杂的事物的发展过程中,有许多的矛盾存在,其中必有一种是主要的矛盾,由于它的存在和发展规定或影响着其他矛盾的存在和发展。"①此外,他还从方法论的视角指出了对待矛盾的态度问题,"不能把过程中所有的矛盾平均看待,必须把它们区别为主要的和次要的两类,着重于捉住主要的矛盾"②。在毛泽东社会矛盾思想的指导下,新中国成立初期,我们党坚持实事求是的思想路线在错综复杂的国内外形势中正确地把握了我国社会的主要矛盾。1956年,乘着社会主义改造胜利的东风所召开的中共八大对我们国家当时的社会主要矛盾做出了客观的判断,认为:"我们国内的主要矛盾,已经是人民对于建立先进的工业国的要求同落后的农业国的现实之间的矛盾,已经是人民对于经济文化迅速发展的需要同当前经济文化不能满足人民需要的状况之间的矛盾。"③毛泽东在大会开幕词中还专门谈及了解决这一主要矛盾面临的困难和需要采取的方法,他指出:"要把一个落后的农业的中国改变成为一个先进的工业化的中国,我们面前的工作是很艰苦的,我们的经验是很不够的。因此,必须善于学习。"④然而,随着国内外形势的急剧变化,毛泽东对我国社会矛盾的判断发生了重大逆转,他强调指出:"在整个过渡时期,也就是说,在社会主义社会建成以前,无产阶级同资产阶级的斗争,社会主义

---

① 《毛泽东选集》第一卷,人民出版社1991年版,第320页。
② 《毛泽东选集》第一卷,人民出版社1991年版,第322页。
③ 王树荫:《马克思主义中国化史》第2卷,中国人民大学出版社2015年版,第228页。
④ 《毛泽东文集》第七卷,人民出版社1999年版,第117页。

道路同资本主义道路的斗争,始终是我国内部的主要矛盾。"①毛泽东对我国社会主要矛盾前后认识态度迥异的急剧变化,一方面导致中共八大所确立的对社会主义主要矛盾的正确认识被改变,另一方面导致我们国家在那个特定时期逐步形成了"以阶级斗争为纲"的指导方针,对国家的经济社会发展产生了较大的不良影响。

党的十一届三中全会之后,以邓小平同志为主要代表的中国共产党人恢复了毛泽东确立的实事求是的思想路线。党的思想路线和指导方针的正确回归给人民群众的思想认识和当时中国的社会氛围注入了生机和力量,大讲阶级斗争的"左"倾思维和错误行为被果断抛弃,快速发展经济成为社会共识。与此同时,我们党又开始对社会主要矛盾的内涵进行了新的审视和思考。很快,始终坚持"实事求是"方法论来考量中国现实问题的邓小平从生产力的视角给出了答案,他指出,"我们的生产力发展水平很低,远远不能满足人民和国家的需要,这就是我们目前时期的主要矛盾,解决这个主要矛盾就是我们的中心任务"②。此后,我们党和国家对社会主要矛盾的认识进一步迈入正确的轨道。基于那一时期社会主要矛盾所透露出的生产力瓶颈问题,邓小平就紧紧扭住发展生产力这一根本问题,提出了"发展是硬道理""以经济建设为中心"等重要论断。在邓小平的影响和推动下,党和国家对社会主要矛盾的认识和判断也随之发生了符合客观实际的重要转变。经过长期准备和充分探讨,我们党在十一届六中全会决议中指出:"在社会主义改造基本完成以后,我国所要解决的主要矛盾,是人民日益增长的物质文化需要同落后的社会生产之间的矛盾,党和国家工作的重点必须转移到以经济建设为中心的社会主义现代化建设上来。"③此后,由于我们党始终把这一正确判断作为制定路线方针政策和推动经济社会发展的根本依据,我们为之矢志奋斗的社会主义事业在改革开放的新时期取得了巨大成就。可见,在建设发展中国特色社会主义过程中,要想清醒地观察和处理社会矛盾的全局,就必须正确地把握我国社会主义初级阶段的主要矛盾,进而正确确定党和

---

① 《建国以来重要文献选编》第十一卷,中央文献出版社 1995 年版,第 288 页。

② 《邓小平文选》第二卷,人民出版社 1994 年版,第 182 页。

③ 石仲泉:《中国共产党与马克思主义中国化史》,中国人民大学出版社 2011 年版,第 345 页。

国家的工作重心和指导方针。只有有效地促进各种社会矛盾的顺利解决,才能推进改革开放新时期社会主义经济、政治、文化建设取得全面性进展,才能逐步把我国建设成富强、民主、文明、和谐的社会主义现代化国家。

(三)我国正处于并将长期处于社会主义初级阶段

认清社会主要矛盾至关重要,因为厘清一定社会的主要矛盾之后,这一社会发展阶段的问题基本上也就迎刃而解了,其所处的历史方位自然也就不难判断。基于我国是在生产力水平比较落后的情况下进入社会主义社会的特殊国情,在历经政治波折之后,我们党进一步体会到把"人民日益增长的物质文化需要同落后的社会生产"作为我国社会主要矛盾的必要性和紧迫性。解决了社会主要矛盾判定这一问题之后,邓小平又围绕着中国社会主义所处的发展阶段问题进行了长期的深入探索和思考。1987 年 4 月,在会见捷克斯洛伐克外宾时,邓小平开诚布公地畅谈了他对中国社会主义发展状况的深入思考,他指出:"搞社会主义,一定要使生产力发达,贫穷不是社会主义。我们坚持社会主义,要建设对资本主义具有优越性的社会主义,首先必须摆脱贫穷。现在虽说我们也在搞社会主义,但事实上不够格。"①到了党的十三大前夕,邓小平在会见意大利共产党领导人时,终于明确阐明了他对中国社会主义发展阶段问题的长期酝酿和思考,"中国社会主义是处在一个什么阶段,就是处在初级阶段,是初级阶段的社会主义。社会主义本身是共产主义的初级阶段,而我们中国又处在社会主义的初级阶段,就是不发达的阶段。一切都要从这个实际出发,根据这个实际来制订规划"②。这就从中国生产力发展状况的角度提出社会主义初级阶段的问题。根据邓小平提出的社会主义初级阶段理论以及他长期以来所进行的实践探索和理论铺垫,党的十三大明确指出:"我国的社会主义社会还处在初级阶段,我们必须从这个实际出发,而不能超越这个阶段。"③上述论断意味着邓小平"社会主义初级阶段理论"的形成,中国特色社会主义理论体系也随之有了坚实的立论基础,也是我们党制定路线、方针、政策的总依据,还是澄清长期以来萦绕人们心

---

① 《邓小平文选》第三卷,人民出版社 1993 年版,第 225 页。

② 《邓小平文选》第三卷,人民出版社 1993 年版,第 252 页。

③ 石仲泉:《中国共产党与马克思主义中国化史》,中国人民大学出版社 2011 年版,第 368 页。

头的思想迷雾并使人们时刻保持清醒头脑的历史坐标,我们需要从时间、空间和现实条件的视角来探讨这一中国特色社会主义建设中的基本问题。

对社会所处发展阶段的探究,首先要从时间维度和生产力状况来厘清其历史进程。就像对一个人或事物的观察需要搞清楚它是处于幼年、中年、壮年还是老年一样,对人类社会发展阶段的考察则需要弄明白它从何而来、现在何处以及向何出发等关键性问题。也就是说,我们需要从时间的维度来探究社会主义的来龙去脉和发展趋势,这样才能科学地判定出其发展状态和所处的历史方位。社会主义是马克思和恩格斯理论探索的思想精华和实践活动的经验凝结,探究社会主义的发展阶段以及其所处的历史方位问题,无疑需要首先从两位科学理论创始人那里寻求有效根据。马克思、恩格斯在《德意志意识形态》中强调:"一个民族的生产力发展的水平,最明显地表现于该民族分工的发展程度。任何新的生产力,只要它不是迄今已知的生产力单纯的量的扩大(例如,开垦土地),都会引起分工的进一步发展。"[1]以上论述充分肯定了生产力是社会分工扩大以及社会发展演进的内在推动力量。也正是基于对生产力水平在社会发展阶段演进中的根本性决定作用的高度肯定,以及对社会主义在刚刚取代旧制度后生产力水平积累不够充分的理性思考,马克思在《哥达纲领批判》中提出了一个新的特殊的社会发展阶段,他指出,"在资本主义社会和共产主义社会之间,有一个从前者变为后者的革命转变时期。同这个时期相适应的也有一个政治上的过渡时期,这个时期的国家只能是无产阶级的革命专政"[2]。显然,在马克思看来,共产主义社会是要与高度发达的生产力水平相对应,如果生产力水平达不到"高度发达"的相应要求,那就只能先经历一个较长的过渡阶段。然而,在建设社会主义的过程中,人们往往只希望前进而不愿意后退。这样我们党在对其时间把握上便出现了偏差,国内相继出现了"大跃进"和人民公社化等问题。经历二十年社会主义建设探索,我们不仅没有像西方国家那样走上发达的现代化道路,甚至连人民群众的温饱问题都没有能够解决,这引起了我们党对中国的社会主义所处发展阶段的思考。只有首先找到和正视我们国家的社会主义在整个社会主义

---

① 《马克思恩格斯文集》第 1 卷,人民出版社 2009 年版,第 520 页。
② 《马克思恩格斯文集》第 3 卷,人民出版社 2009 年版,第 445 页。

发展进程中所处的历史方位或者说时间坐标,进而才能找到一条走向发达社会主义的切实可行的发展道路。这充分表明了党的十一届三中全会之后,我们党对中国特色社会主义的历史发展具有了强烈而明确的时间意识,因而才能正确地把握住如此关键时间节点。

对社会发展道路的考量还要注重地点、区位等空间概念。中国古代有句俗语叫做"橘生淮南则为橘,生于淮北则为枳",看似简单通俗的一句话却为我们阐明了一个深刻的道理:随着空间环境的改变,事物的性质也会随之变化。对于思想理论来说也何尝不是如此,马克思和恩格斯从来就反对把他们的理论教条化,而是要根据时间、地点的不同而灵活运用。作为这一科学理论的成功实践者和继承者,列宁更是生动形象地概括出了马克思主义理论的本质特点,即它"所提供的只是总的指导原理,而这些原理的应用具体地说,在英国不同于法国,在法国不同于德国,在德国又不同于俄国"①。显然,列宁非常反对以生搬硬套的教条主义态度对待马克思主义。但是,在苏联饱读马克思主义经典的我们党的一些早期领导人却没有从列宁那里学到马克思主义理论的精髓。这些没有取到"真经"的领导人不仅不能灵活运用马克思主义,反而是以其机械照搬马克思主义所导致的系列错误与马克思主义背道而驰、渐行渐远。而毛泽东却巧妙地以"马克思主义中国化"成功地解决了马克思主义的"水土不服"问题。在新中国的社会主义建设历程中,我们党在对待马克思主义问题上同样有着非同寻常的经验和教训,既有"大跃进"、人民公社化的急躁狂热,也有"以苏为鉴""论十大关系"的稳健睿智。改革开放以来,邓小平等党和国家领导人坚持从中国国情出发来建设有中国特色的社会主义,反对从这样那样的外国模式出发的盲目崇外倾向。显而易见,中国特色社会主义初级阶段的空间定位,其意义不仅仅在于揭示了中国社会主义的历史方位,关键在于要求我们从自身实际出发来建设好中国的社会主义。

此外,社会主义初级阶段理论还蕴含着鲜明的实践要求。我们既要为我们身在前景远大、未来光明的社会主义社会而感到自豪,还要清醒地看到我们国家的社会主义还处在不发达的初级阶段,需要我们通过努力奋斗来改变这种低水

---

① 《列宁选集》第1卷,人民出版社1995年版,第274—275页。

平的状况。前途漫漫,唯奋斗者胜。我们要通过脚踏实地的奋斗、用敢闯敢干的行动改变落后的社会生产力,向着社会主义的更高发展阶段不断迈进。

三、社会主义本质的澄明

回顾 20 世纪的社会主义发展历程,人们不难发现一个现实问题:尽管马克思主义革命导师所缔造的科学社会主义理论在历经俄国十月革命后从理论变成了实践,并在"二战"后发展到多个国家,但是率先实现社会主义的并不是在马克思主义创始人原来所预见的资本主义发达国家,而是截然相反,是在经济发展、生产力水平最为落后的国家实现突破。这种生动形象而又不符合常规的现实情况,是科学社会主义运动衍生出了一个微妙的矛盾,即社会主义的理论设想与实践生成的矛盾,这一现实矛盾为社会主义实践的多样性做好了铺垫。也就是说,科学社会主义运动的成功和突破不再局限于少数发达资本主义国家,每一个现代国家都有走向社会主义的可能性。当然,社会主义运动无论是成功于经济发展水平落后的资本主义国家,甚至是小农经济占主要地位的半封建国家,面对的都是十分落后的生产力状况。这种美好理论假设与生动社会实践之间的现实矛盾必然会引起另一个矛盾,那就是应该从本国的特殊国情出发,还是从马克思主义经典作家所阐释的未来理想社会主义模式出发来认识社会主义本质的矛盾。忽略本国的实际情况,从马克思主义经典作家所设想的社会主义模式出发来建设发展社会主义,这显然是一个看似非常稳妥实则十有八九会水土不服的非明智选择,也是一些国家出现挫折、失误、困惑的主要原因。可见,厘清社会主义本质乃是建设发展社会主义的重要前提。

(一)20 世纪末的"社会主义之问"

"什么是社会主义,怎样建设社会主义",是邓小平在改革开放和社会主义现代化建设这一新的革命实践中,反复思考和多次提出的首要的基本的理论问题。这一问题包括相互联系的两个方面,也就是关于社会主义本质的理论和社会主义发展道路的理论。伴随着俄国十月革命所引发的社会主义国家横空出世,怎么样认识社会主义以及如何实践社会主义就逐步引起了全人类有识之士的兴趣和思考,而社会主义本质理论就是对上述思考的科学回答,这一回答阐释了中国特色社会主义理论的逻辑起点和基本前提,回答了长期萦绕人们心头的20世纪末的"社会主义之问"。

从历史上来看,列宁在俄国十月革命后建立了人类历史上第一个社会主义国家。由于没有先例、缺乏经验,苏联搬用了经典社会主义的某些原则,如把自由贸易等同于资本主义,把社会主义等同于排斥商品经济的产品经济;夸大国有化的意义,幻想全体公民都成为一个全民的、国家的"辛迪加"的职员和工人,使他们都能做同等的工作,领取同等的报酬等。后来的实践证明这种单一的全民所有制、高度集中的计划经济、近乎平均主义的分配方式,不适合现实的社会生产力。列宁晚年也开始意识到苏联社会主义在出发点上的这些问题,要求人们从实际出发来认识社会主义。列宁在谈到当时的出发点时指出,"当时设想不必先经过一个旧经济适应社会主义经济的时期就直接过渡到社会主义。我们设想,既然实行了国家生产和国家分配的制度,我们也就直接进入了一种与以前不同的生产和分配的经济制度"①。列宁一贯强调"在行动纲领中应当以绝对确定的东西为出发点",他这一表述的核心思想就是要坚持马克思主义"一切从实际出发"的根本方法论。当然,列宁的这一论述绝不是空穴来风,而是有着鲜明的现实针对性,主要是针对一些患有"左派幼稚病""革命空谈症"的人士,他们对共产主义的崇高理想和一般模式顶礼膜拜,对革命事业夸夸其谈,就是不愿意结合本国的具体情况去身体力行,而是始终沉溺在理想社会的虚幻图景之中。在中国的新民主主义革命早期,也曾经出现过这样的错误倾向,当时的领导人对苏联经验高度迷信,粗暴地不加分析地机械照搬,这种教条主义对待马克思主义的态度必然会遭遇挫折和失利,也给中国的革命事业酿成了苦果。基于对中国社会实际和阶级状况的深入考察和精准分析,毛泽东与那些以理想模式和苏联经验来指导中国革命的教条主义进行了坚决的斗争。尽管多次遭受了批评和打击,毛泽东对坚持从中国实际中所探索形成的革命道路矢志不渝,最终通过"马克思主义中国化"的哲学思维方式睿智地解决了现实的中国革命道路问题,还以此形成了丰富的理论成果。当然,这种积极的成果也是在经历了不清醒甚至是错误的认识之后才逐步取得的。

---

① 《列宁选集》第4卷,人民出版社1995年版,第598页。

　　然而，"一切从实际出发"的方法论看似简单，做起来也并不难，但是长期坚持却非常不易。新中国成立后，社会主义改造大大超越预期的快速完成，我们党的一些主要负责同志的头脑也随着人民群众高涨的社会主义建设热情而发起热来，他们开始从社会主义的一般模式、理想模式甚至是空想社会主义的模式来推动我们国家的社会主义建设，还试图凭借没有上限的主观能动性来忽视甚至代替受客观实际制约的生产力水平。在这种情况下，党和国家的指导思想越来越脱离生产力非常落后这一中国的最大实际。这种超越社会主义实际的错误认识导致了严重的"左"倾错误，不仅使得社会生产力的发展受到制约，人民生活状况也没有获得应有的改善，导致中国的社会主义事业遭遇了重大挫折。

　　作为党的第一代中央领导集体的核心成员和第二代中央领导集体的核心，邓小平亲身经历了我们党对社会主义根本问题认识的曲折发展历程，他既看到过正确思想认识对经济社会发展的快速推进，也切实体验了"左"倾错误给党和人民群众带来的重大伤害。党的十一届三中全会之后，看到新科技革命给众多国家带来的快速发展局面，邓小平忧心如焚，深入思考改变中国社会落后状况的破解之道。正是在总结世界各国政党，尤其是中国共产党在建设社会主义方面的成功经验和惨痛教训之后，邓小平以生产力水平的创新视角来解读和阐释社会主义本质问题，揭示了其方法论特征和哲学基础，重申了我们党一贯坚持的思想路线。在梳理我们党开拓新局面的工作思路时，邓小平指出："我们取得的成就，如果有一点经验的话，那就是这几年来重申了毛泽东同志提倡的实事求是的原则。中国革命的成功，是毛泽东同志把马克思列宁主义同中国的实际相结合，走自己的路。现在中国搞建设，也要把马克思列宁主义同中国的实际相结合，走自己的路。"[1]在总结历史教训时，邓小平同志认为，"中国搞社会主义走了相当曲折的道路。二十年的历史教训告诉我们一条最重要的原则：搞社会主义一定要遵循马克思主义的辩证唯物主义和历史唯物主义，也就是毛泽东同志概括的实事求是，或者说一切从实际出发"[2]。坚持从实际出发来认识社会主义本质这一基本出发点的确立，具有重大的现实意义。一方面，它使我们认识到社会主义

---

[1] 《邓小平文选》第三卷，人民出版社1993年版，第95页。
[2] 《邓小平文选》第三卷，人民出版社1993年版，第118页。

是一个过程,这一过程的每个阶段都有其独特的内涵和应有的实践要求,我们不能忽视或超越特定阶段现实条件来把握社会主义的本质,只能根据历史唯物主义的一般原理,从现实条件出发来认识社会主义的本质;另一方面,它促使我们必须从过去形成的僵化的思想观念体系中解放出来,立足中国社会主义发生、发展的历史和现实条件来阐释和把握社会主义的本质。邓小平关于社会主义本质问题的深入思考和相关论述,立足于"一切从实际出发"这一马克思主义的根本方法论,具有扫除各种思想迷雾的强大生命力,在解决人们思想困惑中丰富完善了中国特色社会主义理论。

(二)社会主义本质的科学内涵

尽管改革开放前后甚至是更早的时间,邓小平就对"什么是社会主义、怎样建设社会主义"这一关系中国社会主义前途命运的命题进行了探究和思考,但是直到1992年的南方谈话中,他才正式提出了社会主义本质的基本内涵。邓小平指出:"社会主义的本质,是解放生产力,发展生产力,消灭剥削,消除两极分化,最终达到共同富裕。"①邓小平对社会主义本质基本内涵的阐释,看似简短通俗却彰显了深刻的科学意蕴,是其在社会主义建设历程中长期实践探索和理论思考的高度凝结。从总体上来看,上述论断聚焦何谓社会主义及如何建设社会主义这一牵动全世界亿万人神经的"世纪之问",把实现生产力的解放、发展与推动生产关系的优化、变革有机结合起来,最终统一于实现共同富裕的价值目标。

解放和发展生产力是社会主义应始终坚持的根本任务。人类的发展史是人本身的发展史,更是人与外界的关系史,当然这里所说的关系包括人与自然界的关系、人与人的关系。从马克思主义理论的视角来看,人与人的关系就是社会关系,集中表现为生产关系。而人与自然界的关系本质则体现为人类改造自然、利用自然或者说人能够在多大程度改变自然并让其为人类的需求服务的能力,也就是我们常说的生产力。当然,这需要有一个非常重要的前提,就是人类必须尊重自然、顺应自然、保护自然,而不是违背自然规律肆意地去破坏自然。生产力对一个社会的发展至关重要,是社会发展演进的根本推动力量。作为马克思主

① 《邓小平文选》第三卷,人民出版社1993年版,第373页。

义理论的开创者和终身践行者,马克思、恩格斯对生产力的作用了解得非常全面而透彻,不仅看到了它对社会发展的推动作用,还鲜明地阐释出其对不同国家和特定群体的伤害和对旧的社会制度的破坏性作用。他们在《德意志意识形态》中生动形象地指出,"如果在英国发明了一种机器,它夺走了印度和中国的无数劳动者的饭碗,并引起这些国家的整个生存形式的改变,那么,这个发明便成为一个世界历史性的事实"①。马克思、恩格斯还指出,"生产力在其发展的过程中达到这样的阶段,在这个阶段上产生出来的生产力和交往手段在现存关系下只能造成灾难,这种生产力已经不是生产的力量,而是破坏的力量(机器和货币)"②。这充分说明了生产力一旦超越生产关系所容纳的范围,它就会变成改变既定生产关系的破坏性力量。1956 年,社会主义制度在中国确立,解放了生产力,极大地促进了生产力的发展和社会的进步。但很快,封闭僵化的计划经济体制日益成为生产力发展的障碍。作为改革掌舵人的邓小平充分认识到生产力的推动作用和决定性力量,把解放和发展生产力纳入社会主义本质的核心内涵。突出强调解放生产力不仅仅是要为生产力发展摆脱束缚,还在于解放生产力在推动社会生产力发展以及对打破传统观念、解决社会主要矛盾等方面都有着不可替代的作用。

消灭剥削、消除两极分化,实现共同富裕是坚定不移的方向和目标。作为人类社会有史以来最为先进和公平的美好制度,社会主义在人们眼中不仅仅是一种天才般设想所构成的美好图景,它更应该是社会民众都能够享受到公平正义和美好生活的生动现实。显而易见,有着严重阶级差别和阶级剥削的阶级社会与社会主义的要求是大相径庭的,富人资产抵国而穷人衣食无着的两极分化社会自然也是与社会主义背道而驰的。要想实现美好的社会主义社会,就必须要消灭各种剥削现象,使全社会民众靠自食其力来维持生活,还必须构建公平合理的收入分配体制机制,逐步缩小直至抹平民众的收入差距。马克思恩格斯认为,社会分工是造成收入差别进而导致两极分化的根源,主张通过共同体消灭社会分工来达到消灭剥削和两极分化之目的,他们在《德意志意识形态》中指出:"个

① 《马克思恩格斯文集》第 1 卷,人民出版社 2009 年版,第 541 页。
② 《马克思恩格斯文集》第 1 卷,人民出版社 2009 年版,第 542 页。

人力量（关系）由于分工而转化为物的力量这一现象，不能靠人们从头脑里抛开关于这一现象的一般观念的办法来消灭，而只能靠个人重新驾驭这些物的力量，靠消灭分工的办法来消灭。没有共同体，这是不可能实现的。"①当然，马克思恩格斯对社会主义根本问题的认识是超越国界的，得到社会主义国家的普遍认可。在探索有中国特色社会主义的新时期，邓小平也多次强调两极分化的社会危害，主张要在实践中坚决防止和消除。他明确指出："不搞两极分化，我们在制定和执行政策时注意到了这一点。如果导致两极分化，改革就算失败了。"这铿锵有力的表态充分展现了邓小平消灭剥削的决心和意志。但是，消灭剥削也不能单纯地从生产关系方面来理解，而是要与生产力结合起来去理解。因为，如果忽视了发展生产力来搞消灭剥削、消除贫富差别，只能导致共同的贫穷落后。同时，邓小平提出的社会主义本质理论是目的论和方法论的统一体，无论是解放和发展生产力，还是消灭剥削和消除两极分化，都是方法和路径，最终还是要服务于共同富裕这一价值目标。一方面，共同富裕离不开生产力发展。社会主义公有制的确定，使人们在所有制方面实现了平等，但如果不能实现生产力的高度发达，共同富裕依然是"乌托邦"式的空想。另一方面，共同富裕不可能是同步富裕，而是生产力基础上的一个历史过程。在生产力发展水平相对落后的阶段，只有实行向着共同富裕目标逐步迈进的能力本位下的分批次富裕。否则，必将牺牲效率，最终还会丧失公平，使共同富裕成为镜花水月。

（三）社会主义本质理论的重大意义

社会主义是一个耳熟能详但又十分宏大的命题，它跌宕起伏的几百年发展历程给近代世界留下了难以磨灭的印象，时至今日依然是学术界和现实的政治社会最为关注的重大命题。在社会主义发展史上，尽管很多经典作家都对社会主义的科学内涵进行了不懈的探索，但是很少有人对"什么是社会主义"这个看似简单的命题下一个准确的并能够得到普遍认可的定义，并以此作为社会主义理论大厦的重要基石，甚至包括马克思主义理论的两位创始人。尽管马克思恩格斯在《共产党宣言》中提到了社会主义的理想形态和实践要求，但是他们并没有明确阐释"社会主义"的具体内涵。《共产党宣言》指出："无产阶级将利用自

---

① 《马克思恩格斯文集》第 1 卷，人民出版社 2009 年版，第 570—571 页。

己的政治统治,一步一步地夺取资产阶级的全部资本,把一切生产工具集中在国家即组织成为统治阶级的无产阶级手里,并且尽可能快地增加生产力的总量。"①在此,马克思和恩格斯郑重阐释了无产阶级取代资产阶级的行动纲领和实践要求。《共产党宣言》还指出:"代替那存在着阶级和阶级对立的资产阶级旧社会的,将是这样一个联合体,在那里,每个人的自由发展是一切人的自由发展的条件。"②这里明确提出了未来理想社会的政治目标和人的存在状态。随着科学社会主义运动的发展,迫切要求人们对这一问题做出明确而科学的回答,这是历史的重托,时代的呼唤。唯物史观主张时势造英雄,而邓小平就是这样一个英雄,因为他创造性地提出了社会主义本质理论,这一社会主义发展道路进程中所产生的具有特殊意义的重大理论成果。邓小平的社会主义本质理论旨在推动社会全面发展进步的崭新社会主义理论,呈现出"三个统一"的显著特点,即理论与实践的统一、目的与手段的统一、生产力与生产关系的统一,具有理论价值、政治价值和重要的哲学意蕴。

第一,理论价值。邓小平的社会主义本质理论,以原则性与灵活性相结合的独特视角拓展了对社会主义根本问题的认识,既坚持了马克思主义的生产力标准和人本情怀,又以阶段论和过程论的灵活性来回应实现共同富裕的价值理想,为建设中国特色社会主义夯实了理论基础。长期以来,人们对什么是社会主义这一基本问题一直没有完全搞清楚,在实践探索和理论总结方面都不可避免地走了一些弯路。邓小平对这一事关社会主义发展前途的根本问题高度重视,并在实践中进行了不懈的探索。邓小平在南方谈话中指出:"社会主义是一个很好的名词,但是如果搞不好,不能正确理解,不能采取正确的政策,那就体现不出社会主义的本质。"③与侧重于从生产关系和上层建筑层面来认识社会主义的传统思路有所不同,邓小平侧重于从目的的坚定性和过程的长期性、阶段性来探讨和揭示社会主义的本质,这样一种本质观使人们不仅能够体会到社会主义致力于共同富裕的坚定决心,而且还能了解到这是一个需要长期努力来逐步实现的渐进过程,这种从过程来揭示其内在规定性的思路,相比传统观念更具深刻性和现实

---

① 《马克思恩格斯文集》第 2 卷,人民出版社 2009 年版,第 52 页。
② 《马克思恩格斯文集》第 2 卷,人民出版社 2009 年版,第 53 页。
③ 《邓小平文选》第二卷,人民出版社 1994 年版,第 313 页。

性。同时,邓小平的社会主义本质理论,不仅明确了社会主义的目的,而且提出了实现这一目的的途径和条件,体现了目的与手段、内容和形式、本质与特征的有机统一。受主客观条件的制约,马克思和恩格斯显然难以预见社会主义在未来社会中的具体发展状况,邓小平坚持从中国特定阶段的具体实际出发探索社会主义根本问题的社会主义本质理论更具现实性和可操作性,无疑是对马克思主义经典理论的重要补充,对丰富和发展中国化马克思主义具有重要的理论意义。

第二,政治价值。邓小平以生产力为发展动力和实现没有剥削和两极分化的共同富裕为核心内涵的社会主义本质理论揭示了社会主义建设中亟须把握的几个重要问题。解放和发展生产力必然要实行改革开放并以经济建设为中心,而共同富裕则要求我们必须坚持公有制、人民民主专政等社会主义的基本原则。显然,这种阐释了社会主义核心要素的理论具有重要的政治意义,是我们党"一个中心,两个基本点"基本路线的形成依据和理论基础,是该理论在中国共产党政治路线上的集中体现。显然,只有准确认识和理解社会主义本质理论的科学内涵,才能把握党的基本路线的根本要求,才能有效防范来自"左"和右两个方面的错误干扰,坚定走好中国特色社会主义道路,做到毫不动摇地坚持党的基本路线。右的错误倾向,宣称坚持四项基本原则就是坚持极"左"路线,主张要深入推进改革开放就要放弃四项基本原则;"左"的错误倾向,打着捍卫马克思主义的旗号,认为我们的改革开放就是在走资本主义道路。这两种错误倾向都背离了邓小平关于社会主义本质理论的重要论断。还有些人把凡是产生于资本主义社会的东西都贴上资本主义的标签,无论其是否为反映社会化大生产规律的非意识形态事物,这种对西方事物不加鉴别予以排斥的"左"倾观点一度在社会上产生了不小的思想困惑。因此,只有深入理解和牢牢把握邓小平的社会主义本质理论,才能有效地防范"左"和右的错误倾向,才能更好地坚持党的基本路线,真正做到坚持社会主义、发展社会主义。

第三,哲学意蕴。邓小平在引领中国改革开放实践中所阐发的社会主义本质理论彰显着马克思主义世界观和科学方法论,具有深厚的哲学意蕴。首先,坚持内容与形式、特殊与一般的统一,做到了具体问题具体分析。在揭示社会主义本质问题时,邓小平始终坚持具体问题具体分析的辩证唯物主义方法论,既坚持了马克思主义的一般原则,又不忽视中国的现实国情,找出了中国社会主义与传统社会主义的现实差别,比如,"消灭剥削和消除两极分化"是共产党人的共同奋斗目标,而"最终达到共同富裕"则是根据中国的特殊国情提出的,因为我们的生产力还不够发达,各方面基础还相对薄弱,只能走"渐进式"的社会主义道路。我们把"解放生产力和发展生产力"作为根本任务,也是对中国经济文化落后的特殊国情的考虑。其次,坚持理论与实践、原则与实际的统一,做到一切从实际出发。过去,我们之所以在对社会主义的认识上一再出现偏差,就在于我们过分强调马克思主义的基本原则,照抄照搬别国的社会主义建设模式,脱离了自身的基本国情。因而,邓小平在揭示社会主义本质的过程中,抛弃了从本本出发的错误思想路线,始终强调要从中国社会主义初级阶段的实际出发来探寻社会主义的本质。最后,坚持目的与手段的统一。邓小平注意把握目的和手段之间的辩证关系,他吸取了以前过分强调社会主义的具体目标模式或特征的惨痛教训,坚持从社会主义的根本目的及实现条件等方面全方位思考问题。共同富裕是终极目的,而"解放和发展生产力与消灭剥削和消除两极分化"则是实现这一终极目的的条件或手段。

四、社会体制的改革创新

马克思主义开创者曾明确指出,社会主义社会是一个需要在不断改革中完善发展的社会。社会主义社会也是需要一代又一代人为之接续奋斗,为之辛苦付出,甚至是流血牺牲去构建的理想世界和美好家园。社会主义社会的改革和发展是不可分割的有机统一体,在改革中发展,在发展中改革,在两者的相互结合与渗透中既有继承又有创新,把社会主义社会推向更新、更高、更完善的阶段。矛盾是事物发展的根本动力,社会主义的改革发展自然也离不开矛盾。在科学社会主义发展进程中,苏联曾经出现了否认社会主义社会存在矛盾的理论观点,这种观点认为如果存在矛盾似乎就体现不出社会主义的优越性了。他们认为只有批评和自我批评以及基于精神和道义上的一致才是社会主义社会发展的动力。汲取苏联的经验教训,中国共产党人在对社会主义矛盾的问题上坚持辩证唯物主义的观点。早在新民主主义革命时期,毛泽东就在《矛盾论》一书中阐明了矛盾的普遍性存在理论,他指出:"事物的矛盾法则,即对立统一的法则,是唯物辩证法的最根本的法则。"①改革开放新时期,邓小平坚持"没有矛盾就没有世界"的科学论断,在正确把握和解决社会矛盾的过程中,推进了社会的经济体制改革和政治体制改革,丰富发展了中国特色社会主义。

(一)从以阶级斗争为纲到以经济建设为中心

把物质生产活动作为最根本的社会实践活动是马克思主义的基本观点。唯物史观认为,物质生产活动是人类一切其他活动的首要前提。马克思认为:"物质生活的生产方式制约着整个社会生活、政治生活和精神生活的过程。不是人们的意识决定人们的存在,相反,是人们的社会存在决定人们的意识。"②恩格斯总结马克思的伟大一生时指出:"马克思发现了人类历史的发展规律,即历来为繁芜丛杂的意识形态所掩盖着的一个简单事实:人们首先必须吃、喝、住、穿,然后才能从事政治、科学、艺术、宗教等;所以,直接的物质的生活资料的生产,从而一个民族或一个时代的一定的经济发展阶段,便构成基础,人们的国家设施、法的观点、艺术以至宗教观念,就是从这个基础上发展起来的,因而,也必须由这个基础来解释,而不是像过去那样做得相反。"③可见,没有物质生活的发展和物质财富的增长,就不可能有社会的全面发展进步。由于生产力是社会发展最根本的决定性因素,并具体体现为人们的生产活动尤其是物质生产的能力,是社会赖以存在的基础和发展的决定力量,直接决定着一个国家和社会的发展状况,因而成为推动社会发展的最根本动力。由此,邓小平阐释社会主义本质时把解放和发展生产力作为中国特色社会主义的根本任务。把解放和发展生产力的根本任务落实到社会主义国家的方针政策上,必然是以经济建设为中心。

由于对社会主要矛盾、社会主义本质等问题存在认识误区,导致我们党和国家在改革开放前较长一段时期把"以阶级斗争为纲"作为指导方针。从新中国成立到社会主义改造完成这一段时期,毛泽东等领导人对我国社会主义建设问题有着相对客观的判断。他指出,"我国的社会主义制度还刚刚建立,还没有完全建成,还不完全巩固"。但随后不久,毛泽东和一些领导人的认识就发生了转变,他们在社会主义的发展速度和建设模式上出现了大大超越客观现实的判断,

---

① 《毛泽东选集》第一卷,人民出版社 1991 年版,第 299 页。
② 《马克思恩格斯选集》第 2 卷,人民出版社 1995 年版,第 2—3 页。
③ 《马克思恩格斯选集》第 3 卷,人民出版社 1995 年版,第 776 页。

试图通过实行人民公社化的生产关系变革来促进生产力水平的飞跃,进而快速向共产主义迈进。

随后,受国内外形势的影响,毛泽东对我国社会主要矛盾的认识也出现了偏差,背离了中共八大所作出的客观判断。毛泽东认为,"无产阶级和资产阶级的矛盾,社会主义道路和资本主义道路的矛盾,毫无疑问,这是我国当前社会的主要矛盾"。由于毛泽东对社会主要矛盾的认识出现失误,他对国内阶级斗争问题的错误认识也逐步升级。毛泽东认为,我国仍然处于从资本主义到社会主义的大过渡时期,在这一时期,社会的主要矛盾依然是两大对立阶级之间的矛盾,只有狠抓阶级斗争才能保护好我们国家的革命成果。由于我们在理论上做出中国正处于尖锐的、激烈的阶级斗争时期的错误判断,在实践中坚持"以阶级斗争为纲"的方针,这两个方面的错误导致我国的社会主义建设事业遭受重大挫折,对广大人民群众的生活也造成较大的不良影响。

党的十一届三中全会之后,邓小平引领全党解放思想、拨乱反正,把国家的工作中心重新调整到以经济建设为中心上来。通过对中外社会主义发展历程和经验教训的总结反思,邓小平认为,社会主义制度相比资本主义制度的优越性,要表现在许多方面,尤其是要在经济发展的速度和效果方面首先表现出来。1980 年,邓小平在中共中央会议上指出:"近三十年来,经过几次波折,始终没有把我们的工作着重点转到社会主义建设这方面来,所以,社会主义优越性发挥得太少,社会生产力的发展不快、不稳、不协调,人民的生活没有得到多大的改善。"[1]可见,尽管建设和发展社会主义需要解决的事情很多,但关键还是要把我们的经济建设搞好。经济的发展是社会发展的保障,是现代化建设的基础工程。许多矛盾和社会问题的解决,都要以经济发展为前提,以经济发展为坚实的后盾。邓小平强调指出:"说到最后,还是要把经济建设当作中心。离开了经济建设这个中心,就有丧失物质基础的危险。其他一切任务都要服从这个中心,围绕这个中心,决不能干扰它,冲击它。过去二十多年,我们在这方面的教训太沉痛了。"邓小平始终强调,在坚持以经济建设为中心这个问题上,认识不能动摇,实践不能偏移。在邓小平的坚持和推动下,坚持以经济建设为中心,成为

---

① 《邓小平文选》第二卷,人民出版社 1994 年版,第 250 页。

中国共产党所确立的社会主义初级阶段基本路线的核心内容。江泽民、胡锦涛、习近平等党和国家领导人也都密切关注人民物质生活水平的提高,始终把以经济建设为中心作为坚持党的基本路线的根本要求和解决当代中国一切问题的重要前提。

(二)从计划经济到社会主义市场经济

计划经济体制的形成及其弊端。马克思主义的创始人曾经预言,社会主义在消灭剥削制度的基础上必然能够创造出更高的劳动生产率,使生产力以更高的速度向前发展。马克思恩格斯还曾经讲过,一旦占有社会生产资料,整个社会可以像一个工厂一样,按统一的计划运转,而不需要价值规律介入其中。基于马克思主义创始人对经济体制问题的设想,苏联创造出人类历史上的第一个社会主义计划经济体制。这种指令性的计划经济体制,是苏联在外受帝国主义国家重重包围和武装干涉、国内阶级斗争又非常激烈的特殊形势下形成的。在经济结构比较简单、生产力水平非常低下的情况下,这种计划经济体制对推动国民经济发展起到过一定的积极作用,使新生的苏维埃政权能够把自身有限的财力和物力投入到国家防务和急需的建设领域方面去。获得自身解放的巨大喜悦使被压迫被剥削的劳动人民和无产阶级迸发出强烈的革命热情,这种热情弥补了管理体制的缺陷,使它得以高速运转并取得很大的成功。同时,由于对资本主义高度发展的商品货币关系抱有成见,很多人认为既然商品经济是在私有制条件下产生和发展的,而市场经济又是商品经济的产物,那么市场经济无疑就是私有制的产物,是资本主义制度所特有的范畴。但是随着苏联在社会主义初期所面临紧迫任务的完成,国家经济规模的不断扩大,国内经济关系的日益复杂,这种高度集中的计划经济体制的弊端就开始日益显现。在经济方面,计划经济体制使企业和劳动者缺乏改进经营、发展生产的内在动力,妨碍其积极性、主动性的发挥,从而导致企业生产力低下,产品质量差、品种少,难以满足人民的生活需要。在政治方面,计划经济体制容易导致国家机关及其工作人员滋生唯意志论、瞎指挥、形式主义、官僚主义和以权谋私等不良现象。

中国计划经济体制的形成及其弊端。基于对社会主义的思想认识和国内现实情况等方面的综合考量,新中国成立后,我们基本上照抄照搬了苏联高度集中的计划经济模式。计划经济的主要特点是权力主要集中于中央,国家运用指令性计划,直接掌控人财物等核心资源,所有的经济活动都在国家规定的范围内进行。毫无疑问,在生产力水平低下而又迫切希望改变这种实际状况的社会主义制度确立初期,这种高度集中的计划经济体制能够把有限的物质条件和人力资源快速集中起来,尽最大努力为刚刚建立起来的新国家提供物质支撑,使广大人民群众迅速摆脱极端贫困的生活状态。结合我国的实际情况,在看到苏联实行计划经济体制所取得的巨大成就的同时,我们对苏联计划经济体制的历史作用做了非理性的解读,认为这种经济体制是与社会主义国家工业化经济社会发展和政治、经济条件相适应的。因此,我们在新中国成立初期毅然地选择了苏联的计划经济体制,并把我们当时在经济建设方面取得的巨大成就,过分地归功于计划经济体制。此外,近代中国饱受帝国主义列强侵略欺凌的半殖民地历史,使我国人民对资本主义生产方式的丑恶方面有着切身的体验。新民主主义革命胜利后,广大人民群众的爱国主义热情空前高涨,他们既需要社会生产力的快速发展,又要求从根本上铲除一切资本主义的东西。在当时的现实经济条件下,既不同于资本主义现有的市场经济体制,又能够在快速推进经济社会发展中发挥重大作用的计划经济体制就成为人们的理想选择。当然,当家作主的人民群众尊重希望平等分配社会劳动成果的心理期望也是我国实行计划经济体制的一个重要因素。与苏联一样,我们国家在品尝到计划经济体制带来的重大喜悦不久也不可避免地陷入了这种体制固有弊端的窠臼。第一,一切经济决策权都集中在国家手中所造成的政企不分,使企业成为政府机构的附属物。第二,所有经济活动都按系统、地域所形成的条块分割,人为割断了国民经济自身的内在分工协作关系。第三,国家运用指令性计划等行政手段来组织经济管理,无视商品社会应有的基本经济规律。第四,依靠自身力量绝对化所形成的封闭状态,导致我们国家不能很好地利用国际市场。第五,分配上严重的平均主义、大锅饭,压抑了企业和劳动者的积极性、主动性和创造性。

亲历了新中国成立以来计划经济体制给中国社会带来的欣喜与伤害,痛心于新中国成立近三十年还没有能够解决人民群众温饱问题的惨痛社会现实,邓小平把解放和发展生产力、改变封闭僵化的经济体制作为新时期我们国家建设社会主义的根本任务。邓小平指出:"社会主义基本制度确立以后,还要从根本上改变束缚生产力发展的经济体制,建立起充满生机和活力的社会主义经济体制,促进生产力的发展,这是改革,所以改革也是解放生产力。"①在邓小平的持续努力下,我国社会变革了长期以来形成的已经对生产力形成阻碍的封闭僵化的计划经济体制,使与社会化大生产和大规模商品经济内在需要相适应的充满生机和活力的社会主义市场经济体制得以逐步确立。

(三)政治体制渐进式改革

伴随着国家工作重心的转变和经济体制改革的快速推进,政治体制改革问题也逐渐纳入人们的视野。然而,对于政治体制改革这样一个重大社会现实问题,任何带有个人情绪的主观判断都是无济于事的,而是需要决策者透过扑朔迷离的社会现象去抓住问题的根本。在这方面,马克思运用"结构方法"分析社会历史的唯物史观无疑对我们有着重要的历史借鉴。任何事物都是一种结构性存在,事物的结构状况影响事物的发展状况,而结构指的是构成这一事物各要素之间的比例、顺序和关系。按照马克思的社会结构理论,社会结构状况影响着社会发展和人的发展状况,社会结构是由政治、经济和文化等因素构成的,其中经济因素起最终决定作用,而政治和文化因素则会受到经济因素的影响和制约。与近代西方国家的社会结构不同,社会阶层结构是中国历史形成并遗留下来的具有民族特色的传统社会结构。所谓社会阶层结构,就是指在这一社会的经济、政治和文化领域根据人和人之间地位高低、权力大小和身份差别而建立起来的社会层级关系结构,而权力层级结构则是这种社会层级结构的核心。以权力为本且政治权力影响较大,经济权力、社会权力作用较小,一切指令容易自上而下传达而自下而上反映基层意见则会遇到较大阻力,一切社会资源相对容易向上聚集是这种"金字塔式"权力层级结构的具体表现。基于马克思主义"政治是经济的集中体现"的基本原理和中国社会层级结构的显著特点,在推进经济体制改革的同时,邓小平也在积极稳妥地进行政治体制改革的尝试,致力于推进中国社会经济政治的协同发展。

在社会发展的现实层面来看,推进政治体制改革也具有很大的必要性。首先,政治体制改革是克服我国传统行政体制历史局限性的需要。权力至上、政府

---

① 《邓小平文选》第三卷,人民出版社 1993 年版,第 370 页。

主导、自上而下、层级分明是我国传统政治体制的显著特征。这种体制在发挥集中力量办大事的同时,也日益显示出其历史局限性,即权力至上有余而能力建设不足;政府主导作用有余而民众主体作用发挥不足;自上而下传达指令有余而民众自下而上表达权益不足;不同层级行政主体的权力彰显有余而责任显现不足。总之,这种以政府行政管理权力为中心的政治体制容易导致政府在决策时考虑自身利益和偏好有余而考虑客观现实不足,从而导致先进的执政理念得不到贯彻落实,进而影响党的群众基础和执政基础。其次,经济体制改革的深化需要政治体制改革同步推进。邓小平指出,"现在经济体制改革每前进一步,都深深感到政治体制改革的必要性。不改革政治体制,就不能保障经济体制改革的成果,不能使经济体制改革继续前进,就会阻碍生产力的发展,阻碍四个现代化的实现"①。为什么政治体制改革与经济发展的关系被看得如此休戚与共呢? 这是因为我国改革开放前的政治体制中的许多具体制度是在适应高度集中的计划经济体制的过程中而逐步建立起来的,如果不进行改革就不可避免地会造成权力滥用、人浮于事的官僚主义,就会伤害人民群众的创造性和积极性,进而使市场经济体制的建立受到阻碍。再次,解决社会上存在的突出现实问题的需要。诸如社会上存在的形式主义、官僚主义易发多发;以权谋私、官商勾结时有出现;一些干部贪图个人享受,漠视群众利益;有些干部丧失理想信念,不信马列信奉鬼神;部分领导干部表里不一,能力不足;有些干部对错误思潮缺乏应有的警惕性、辨别力,不能驾驭复杂的政治局面;权力过分集中,干部领导职务终身制等形形色色的特权现象。这些问题的存在迫切需要进行行政体制改革。最后,进行政治体制改革是实现国家长治久安的需要。改革开放初期,针对我国原有行政体制对国家稳定发展所造成的伤害,邓小平从发生"颜色革命"和国家能否长治久安的高度阐释了行政体制改革的必要性。邓小平指出:"如果不坚决改革现行制度中的弊端,过去出现过的一些严重问题今后就有可能重新出现。只有对这些弊端进行有计划、有步骤而又坚决彻底的改革,人民才会信任我们的领导,才会信任党和社会主义,我们的事业才有无限的希望。"②

---

① 《邓小平文选》第三卷,人民出版社 1993 年版,第 176 页。
② 《邓小平文选》第二卷,人民出版社 1994 年版,第 333 页。

立足中国实际,逐步推进政治体制改革是我们的必然选择。一方面,必须坚持从中国的基本国情出发推进政治体制改革。一个国家实行什么样的政治体制,应该与这个国家的国情和性质相适应。邓小平与波兰统一工人党第一书记谈话时指出,"我们两国原来的政治体制都是从苏联模式来的。看来这个模式在苏联也不是很成功的。即使在苏联是百分之百的成功,但是它能够符合中国的实际情况吗? 能够符合波兰的实际情况吗? 各国的实际情况是不相同的。我们现在提出政治体制改革,是根据我国的实际情况决定的"①。可见,中国的政治体制改革绝不能也不会复制其他民主政治模式,而是要坚持从中国社会主义初级阶段的国情出发。另一方面,必须有步骤、有秩序地推进政治体制改革。同经济体制改革一样,政治体制改革是一项复杂的系统工程。在改革过程中,我们既要想方设法克服原有体制的弊端,又要坚决保持和发挥自身的传统优势。邓小平在谈话中充分表达了其渐进式推进政治体制改革的思路,他指出:"这个问题太困难,每项改革涉及的人和事都很广泛,很深刻,触及许多人的利益,会遇到很多的障碍,需要审慎从事。我们首先要确定政治体制改革的范围,弄清从哪里着手。要先从一两件事上着手,不能一下子大干,那样就乱了。国家这么大,情况太复杂,改革不容易,因此决策一定要慎重,看到成功的可能性较大以后再下决心。"②

五、社会发展道路的历史性确立

道路决定前途命运,其正确与否制约着事业发展的兴衰成败。如何找到并确立一条适合自身发展正确的道路,是众多国家和政党苦苦追寻的目标。对近代中国来说,不同阶级所倡导的救国道路先后失败充分说明,想要探寻到适合我们国家的发展道路注定是异常艰巨的。因为找到了马克思主义,中国共产党可谓是幸运者,也注定是成功者,但我们党推进马克思主义中国化的发展之路,也必定是一个筚路蓝缕的曲折发展过程。也就是说,我们需要把这一科学理论与

---

① 《邓小平文选》第三卷,人民出版社 1993 年版,第 178 页。
② 《邓小平文选》第三卷,人民出版社 1993 年版,第 176—177 页。

现实的国情相结合。当然,我们也很难避免过程性的失败,这或许是走向成功的应有付出。究其失败的原因主要有两个方面:一方面是偏离了中国的社会主义建设实际,另一方面则是在对待马克思主义的问题上出现了教条化的倾向。对我国在社会主义建设探索时期所遭遇的曲折和失误,邓小平有着比较清醒的认识,他指出,"一个国家的问题是多方面的,不论是革命时期还是建设时期,如何使马克思列宁主义与各个时期的具体情况相结合,这是一个需要不断解决的问题。"①进入改革开放新时期,在思考"什么是社会主义,怎样建设社会主义"这一重大问题的过程中,邓小平把从基本国情出发,走自己的路,"走出一条中国式现代化道路"作为重要目标。在寻路的过程中,只有看准和把握住中国的现实,才能推进马克思主义与中国具体情况的结合。社会主义事业总是在承前启后、继往开来中不断向前推进的,开创中国特色社会主义道路是中国共产党人接续探索的结果。邓小平指出:"从许多方面来说,现在我们还是把毛泽东同志已经提出、但是没有做的事情做起来,把他反对错了的改正过来,把他没有做好的事情做好。今后相当长的时期,还是做这件事。当然,我们也有发展,而且还要继续发展。"②可见,邓小平所开创的有中国特色的社会主义道路,就是在推进马克思主义与中国实际相结合,就是在新的历史条件下接续毛泽东所开创的社会主义事业,就是在用发展道路的历史性转变来继续解答毛泽东未能成功解答的政治难题。

(一)中国特色社会主义道路的确立

经过长期酝酿,邓小平在十二大开幕词中阐释了"把马克思主义的普遍真理同我国的具体实际结合起来,走自己的道路,建设有中国特色的社会主义"③的重要论断,这一论断集中反映了党的十一届三中全会的精神实质,明确了中国社会主义建设的根本问题和基本路径,用发展道路的历史性转变开创了社会主义建设的崭新局面。尽管这是在改革开放新时期提出的一个新概念,而"走自己的路",则是邓小平在很早以前就形成的一个思想观点。早在 20 世纪 60 年

---

① 《邓小平文选》第一卷,人民出版社 1994 年版,第 258 页。
② 《邓小平文选》第二卷,人民出版社 1994 年版,第 300 页。
③ 《邓小平文选》第三卷,人民出版社 1993 年版,第 3 页。

代,邓小平就用"走自己的路更快、更好些"①来总结我们国家探索社会主义建设的基本经验。在新的历史条件下,邓小平实现了把自己的宝贵历史实践经验与现实发展状况的有机结合,开创了具有显著中国特色的社会主义发展道路。在中国这样一个经济文化发展滞后的东方大国建设社会主义,这是科学社会主义和马克思主义发展史上的全新课题。作为认识世界和改造世界的根本方法论,马克思主义向来不是无产阶级得以实现社会主义理想的具体手段。历史和实践证明,如果简单地重复马克思主义普遍原理,或者是以教条化的方式来对待马克思主义,不仅无助于社会现实问题的解决,还会危及我们的社会主义事业。在中国的具体实际中运用发展的马克思主义来研究新情况、解决新问题,在总结实践经验的基础上形成新的认识,这是中国共产党的成功经验。饱经实践磨炼的邓小平对此有着清醒的认识,他在会见外宾时指出,"我们取得的成就,如果有一点经验的话,那就是这几年来重申了毛泽东同志提倡的实事求是的原则。中国革命的成功,是毛泽东同志把马克思列宁主义同中国的实际相结合,走自己的路。现在中国搞建设,也要把马克思列宁主义同中国的实际相结合,走自己的路"②。

走自己的路,是对社会主义建设初步探索经验教训的深刻总结。实事求是是毛泽东思想活的灵魂,然而毛泽东在社会主义建设道路的探索中却背离了他本人提出并一贯坚持的实事求是思想路线。正是由于对实事求是思想路线的背离,对社会主义的坚守就变成了固守一些在特定历史条件下形成的认识和结论,对马克思主义的坚持也就演变为执着于一些个别论断和个别结论。因此,具有高超政治眼光和理论智慧的邓小平提出要解放思想、实事求是,这既是从思想深处坚持和发展毛泽东思想,也是对毛泽东的晚年错误从思想深处来加以纠正。在坚持解放思想、实事求是的基础上,邓小平才提出了"走自己的路"这一论断。因此,走中国特色社会主义道路,并不意味着要抛弃毛泽东所探索的社会主义建设道路,而是在新的条件下继续完成毛泽东所未完成的事业。科学总结历史经验,有助于正确认识和把握社会现实。实践证明,在经济文化比较落后的国家,

---

① 《邓小平文集(1949—1974)》下卷,人民出版社 2014 年版,第 193 页。
② 《邓小平文选》第三卷,人民出版社 1993 年版,第 95 页。

选择走社会主义道路不失为一种能够让他们加快经济社会发展,改变贫穷落后面貌,追赶西方发达资本主义国家的有效途径。但是,究竟该如何建设社会主义则是经济文化比较落后国家需要面临的历史性新课题。无一例外,很多国家在社会主义建设初期选择仿效苏联的社会主义建设模式,这种曾经创造辉煌的经典社会主义模式即使这些国家品尝到取得经济社会快速发展的喜悦,也使他们遭遇了与本国国情不相适应的沮丧。对于这样一个也曾经让中国共产党困扰、迷茫的问题,思想深邃的邓小平给出了明确的答案,他指出:"我们的现代化建设,必须从中国的实际出发。无论是革命还是建设,都要注意学习和借鉴外国经验。但是,照抄照搬别国经验、别国模式,从来不能得到成功。这方面我们有过不少教训。把马克思主义的普遍真理同我国的具体实际结合起来,走自己的道路,建设有中国特色的社会主义,这就是我们总结长期历史经验得出的基本结论。"①显然,邓小平的回答是以历史经验为依据的。他提出的"走自己的路,建设中国特色社会主义"的基本结论,既继承了前人的社会主义探索经验,又打破了因循守旧的陈规旧俗,为社会主义开辟了一条崭新道路。

"走自己的路,建设有中国特色的社会主义",是立足中国现实国情的必然选择。1956年,中国确立社会主义制度之后,我们国家就开始照搬苏联模式来建设社会主义。1957年至1977年这二十年间,我们在探索社会主义的进程中,既取得了一些成绩,也有着深刻的教训。究其原因,主要在于受"苏联模式"的影响,我们国家的社会主义建设没有能够摆脱教条化的倾向。由于文化背景、历史条件不同,各个国家的社会主义革命和社会主义建设必然要采取不同的路径。邓小平对此认识尤为深刻,他指出:"革命是这样,建设也是这样。在革命成功后,各国必须根据自己的条件建设社会主义。固定的模式是没有的,也不可能有。墨守成规的观点只能导致落后,甚至失败。"②也正是基于这样的认识,邓小平提出"走自己的路,建设中国特色社会主义"。走自己的路,并不是要放弃社会主义的根本要求,而是要突破苏联模式,解决毛泽东过去想要解决而未能解决的问题。改革开放之后,我们党从客观实际出发认识中国国情,得出了一个

---

① 《邓小平文选》第三卷,人民出版社1993年版,第2—3页。
② 《邓小平文选》第三卷,人民出版社1993年版,第292页。

重要论断,就是我国的社会主义建设还处于初级阶段,我们还是一个综合国力不强、社会生产力不发达、人民生活水平不高的"不够格"的社会主义。我们党认为,社会主义初级阶段的首要任务,就是要通过大力解放和发展社会生产力把我们国家建设成"够格"的社会主义。

（二）改革创新,不走封闭僵化的老路

从批判和改造资本主义社会的过程中一路走来,一定意义上来说,社会主义就是改造旧社会、建设新社会的一套新方案、新方式。但是与马克思主义创始人原有设想不同的是,社会主义却首先在经济文化相对落后的俄国实现了历史性的突破,俄国自然也就成了全世界的第一个社会主义样板,后来逐步被演变为传统社会主义模式。所谓传统社会主义模式,也被称为苏联模式,就是指斯大林领导苏联社会主义建设时期形成的一种社会主义实践形式。这种社会主义模式的显著特点,就是用高度集中的经济体制和与之相对应的政治体制来推进社会主义建设和发展。在特定的历史条件下,苏联模式推动了苏联经济快速发展并造就了一个工业化强国,在其夺取反法西斯战争胜利以及巩固社会主义制度等诸多方面发挥了重要作用。苏联的迅速强大赋予了苏联模式独特的绚丽光环,作为社会主义的成功样板,这一模式很快被移植到许多新兴社会主义国家。但随着时间的推移,苏联模式的一些弊端逐步显露出来,许多社会主义国家都试图对这种已经演变成为经济社会发展严重体制障碍的发展模式进行改革。总体来说,苏联模式的弊端集中表现在以下几个方面:一是经济上排斥市场,把发展市场经济看成是发展资本主义,一直沿用高度集中的计划经济体制来推进社会主义建设。二是政治上缺少民主法治,像民主选举、民主监督这样一些基本原则,大都流于形式。三是思想文化没有自由,教条化地对待马克思主义必然导致思想僵化,思想僵化又会对教条主义产生固化作用。四是发展思路及相应战略严重滞后,人民生活水平长期得不到应有的提高。五是滞后于时代潮流的发展变化,轻视与外部世界的联系与交往,使本国经济发展长期处在相对封闭落后状态。中国特色社会主义道路的开辟,实现了对我国原有封闭僵化发展模式的突破,也是对传统社会主义模式的超越。

中国特色社会主义道路不是凭空出现的,它源之于党的十一届三中全会之后历史方位的重大转变,源之于中国共产党人对改革开放历史使命的自觉肩负。

新时期,要想巩固党的执政基础和执政地位,要想在激烈的国际竞争中掌握主动权,中国共产党亟须转变引领经济社会发展的思维方式。也就是说,在建设中国特色社会主义进程中,中国共产党人必须弘扬我们党解决问题和治国理政的政治智慧,自觉扬弃以往抽象的"定性思维",注重坚持根本政治制度原则下的"功能思维"和"创新思维"。换言之,整个中国特色社会主义建设的进程,就是不断运用创新思维和功能思维来解放思想、解放人的过程。粉碎"四人帮"之后,"实践标准"冲破了"两个凡是"的思想禁锢;改革开放进程中,我们党又用"生产力标准"打破了传统的社会主义观;之后,又以"三个有利于"标准冲破"姓资姓社"的抽象思维定式。在一些社会主义的根本政治原则问题上,我们必须牢牢坚守底线,而在一些具有广泛灵活性的问题上,我们必须以"创新思维"和"功能思维"进行大胆的探索和实践,这样才能保证我们不会再走那种封闭僵化的老路。邓小平指出:"思想一僵化,不从实际出发的本本主义也就严重起来了。书上没有的,文件上没有的,领导人没有讲过的,就不敢多说一句话,多做一件事,一切照抄照搬照转。把对上级负责和对人民负责对立起来。不打破思想僵化,不大大解放干部和群众的思想,四个现代化就没有希望。"①改革开放以来,也正是这样一种打破僵化思维方式的探索与创新过程中,在扫除一系列僵化的体制机制过程中,我们党在立足现阶段国情的基础上找到了一条有利于社会主义稳健快速发展的道路,这条社会主义道路的独特优势,就在于它聚焦改革创新的问题意识,它运用注重内在实力、后天作为和实践效果的创新思维和功能思维,在不断解放生产力和解放思想、解放人的过程中,解决了中国社会主义发展和前进中出现的一系列问题。此外,由于实现了原则性和灵活性的有机统一,我们的中国特色社会主义道路既牢牢坚守了社会主义的根本政治底线,又使其所进行的各种探索和创新实践不像过去那样僵化保守。

思想是行动的先导,思想的解放必然会推动发展道路的创新。从20世纪中后期开始,苏联模式所固有的高度集中的计划经济体制对各社会主义国家的经济社会发展的严重制约日益显现出来。经济发展缓慢,社会没有活力,人民生活水平提高不快的常态化,使社会主义国家的发展普遍出现危机。面对社会主义

---

① 《邓小平文选》第二卷,人民出版社1994年版,第142—143页。

固有体制弊端带来的危害,唯有转变发展思路,对这一僵化的经济体制进行变革和完善才是能够持续发展的"王道"。毛泽东较早地发现了苏联模式的问题以及照搬苏联做法的危害,他及时提出了"以苏为鉴"的破解之道,试图在深入推进马克思主义中国化的过程中找到一条适合中国实际的发展道路。但是,由于当时的国内外形势、思想理论上的偏差以及实践经验的局限等诸多因素,毛泽东的探索可谓是一波三折,最终也没有取得成功。"文化大革命"结束以后,邓小平对我们党长期照搬苏联做法搞社会主义的封闭僵化模式进行了深刻总结,提出了改革创新的不同发展道路。邓小平在会见外宾时坦诚地指出,"什么叫社会主义的问题,我们现在才解决。坦率地说,我们过去照搬苏联搞社会主义的模式,带来很多问题。我们很早就发现了,但没有解决好。我们现在要解决好这个问题,我们要建设的是具有中国自己特色的社会主义。"①正是基于对苏联模式的反思与总结,邓小平才得以在改革开放的进程中实现了中国社会主义的体制转变,推进了社会主义制度和经济体制的完善发展。由此可见,中国特色社会主义道路的成功开辟,既是社会主义实现改革创新的现实需要,也是突破和摆脱封闭僵化苏联模式的必然选择。

(三)廓清迷雾,不走改旗易帜的邪路

改革开放的进程中,为了实现中国的经济社会发展,走好我们国家自己的中国特色社会主义道路,邓小平可谓是不遗余力地使尽了浑身解数。为了尽快解决人民群众的温饱问题,邓小平把发展作为我们国家的第一要务;为了打破封闭僵化的计划经济体制,邓小平创造性地把市场经济引入了社会主义中国;为了解决资金短缺和技术落后的问题,邓小平主导引进外资和国外先进技术;为了激发劳动者的生产积极性,邓小平大力支持包产到户、国企改革和创办私有企业;等等。这些具有针对性的有效举措推动了我国经济的快速发展,增强了我们国家的综合国力。但是,一些质疑和反对的声音也随着而来,他们认为我们搞的已经不是社会主义,而是中国特色的资本主义,新中国成立前被我们赶走的资本家又卷土重来,资本主义的市场经济也开始在我们国家大行其道,"时间就是金钱"的拜金主义思想泛滥等。深思熟虑的邓小平在多个场合对这些质疑给予了明确

---

① 《邓小平文选》第三卷,人民出版社1993年版,第261页。

的回应,阐释了我们发展道路的社会主义本质属性,有力地回击了上述错误言论。比如,在如何看待市场经济的问题上,邓小平就有着不同寻常的真知灼见,他指出:"说市场经济只存在于资本主义社会,只有资本主义的市场经济,这肯定是不正确的。社会主义为什么不可以搞市场经济,这个不能说是资本主义。我们是计划经济为主,也结合市场经济,但这是社会主义的市场经济。虽然方法上基本上和资本主义社会的相似,但也有不同,是全民所有制之间的关系,当然也有同集体所有制之间的关系,也有同外国资本主义的关系,但是归根到底是社会主义的,是社会主义社会的。"①在南方谈话中,邓小平郑重指出:"计划多一点还是市场多一点,不是社会主义与资本主义的本质区别。计划经济不等于社会主义,资本主义也有计划;市场经济不等于资本主义,社会主义也有市场。计划和市场都是经济手段。"②此外,对个体经济、民营经济等私有制重现对社会主义公有制冲击等其他质疑,邓小平也都有针对性地进行了一一回答,他用毕生所坚持的实事求是的马克思主义观演绎了中国特色社会主义道路的社会主义属性,并不是所谓的改旗易帜的邪路。

从思想根源上揭批各种改旗易帜的错误观念。有没有改旗易帜?如何看待中国道路的根本属性?要厘清这些问题,我们还要从马克思主义理论中寻求答案。辩证唯物主义告诉我们:在矛盾的诸多方面之中,必有一方占主导地位,它的存在和发展决定和影响着事物的性质及其存在发展。同时,唯物辩证法还要求我们坚持"两点论"与"重点论"的统一,"两点论"要求我们实现最基本矛盾关系双方的结合,也可以称为"两基结合","重点论"就是要把握住矛盾的主要方面,也可以称为"一元主导"。在中国特色社会主义的建设进程中,实现"两基结合"至关重要,关系到社会的和谐稳定,如实现坚持改革开放与坚持四项基本原则的结合、加强党的领导与尊重人民首创精神的结合、发展市场经济与坚持社会主义基本制度的结合、坚持效率优先与实现社会公平正义的结合等。注重"一元主导"是彰显和判定中国特色社会主义根本属性的核心指标。"一元主导"是贯穿于中国特色社会主义经济、政治和意识形态之中的根本政治原则。

---

① 《邓小平文选》第二卷,人民出版社 1994 年版,第 236 页。
② 《邓小平文选》第三卷,人民出版社 1993 年版,第 373 页。

在基本经济制度和所有制形式上,尽管中国社会还存在着多种所有制形式和多种分配方式,但是我们始终坚持以公有制和按劳分配为主体;在政党制度上,尽管我们国内还存在着不少其他政党,但是我们始终坚持中国共产党的领导地位;在意识形态方面,尽管国内存在着多种社会思潮,但是我们始终坚持马克思主义、毛泽东思想以及中国特色社会主义理论的指导地位。"一元主导"的根本政治原则具有旗帜鲜明的政治导向功能,有助于我们始终坚持社会主义政治方向。显然,这种"一元主导"政治原则的独特优势在于可以使我们避免在改革开放和社会主义现代化进程中迷失方向,更不会在浑浑噩噩中踏上改旗易帜的邪路。

扫除"乱花渐欲迷人眼"的政治迷雾,才能走好中国特色社会主义道路。1978 年以来,中国共产党人所开创的中国特色社会主义道路,是前所未有的伟大事业,难免会要经历一段摸索的过程。在我们党"摸着石头过河"的改革实验期,我们党从没有也不会背离公有制、人民民主专政等社会主义所固有的政治原则。在"摸着石头过河"的推进改革和扩大开放的历史进程中,邓小平丝毫没有忘记四项基本原则的重要性,他指出:"实现四个现代化,我们必须坚持社会主义道路,坚持无产阶级专政,坚持共产党的领导,坚持马列主义、毛泽东思想。中央认为,今天必须反复强调坚持这四项基本原则,因为某些人(哪怕只是极少数人)企图动摇这些基本原则。这是决不许可的。每个共产党员,更不必说每个党的思想理论工作者,决不允许在这个根本立场上有丝毫动摇。如果动摇了这四项基本原则中的任何一项,那就动摇了整个社会主义事业,整个现代化建设事业。"[①]显然,邓小平所开创的中国特色社会主义道路绝对不会背离他一贯秉持和强调的四项基本原则,而是始终坚守科学社会主义的基本原则。在把中国引向现代化的进程中,中国特色社会主义道路把社会整体利益置于首位,廓清了改旗易帜的重重迷雾,消除了社会发展中的诸多对抗性,以团结协作的方式推进了经济社会发展,实现了对资本主义道路诸多方面的成功超越。

---

① 《邓小平文选》第二卷,人民出版社 1994 年版,第 173 页。

中　篇

摸着石头过河：
中国特色社会主义的探索

　　从历史视角来看,任何一种社会制度或者发展道路在确立之后都必须经历一个使其自身得以巩固完善的发展期,它所创造的价值以及它所容纳的生产力都将会在这一时期得到应有的体现。中国特色社会主义也概莫能外,也要经历一个丰富完善发展的探索历程。在党的十一届三中全会之后的改革开放新时期,中国特色社会主义的成功开创,是科学社会主义实现理论与实践高度融合的重大创新。中国特色社会主义的开创是立体性的综合变革,既是经济体制的历史性融合创新,又是思想观念的整体性创新,还是社会体制机制的深层次转型,实现了中国特色社会主义道路、理论和制度的有机统一,指明了中国实现现代化和走向民族复兴的经济基础、理论准备和实践路径。

　　中国特色社会主义的探索发展期,在充分肯定发展是马克思主义永恒主题、发展是社会主义本质的内在要求的基础上,邓小平把发展生产力作为社会主义初级阶段的根本任务,主张运用发展解决中国所面临的现实问题,推动中国社会"一心一意谋发展",中国社会经济的快速发展不仅彰显了社会主义制度的优越性,也成功解决了中国人民的温饱问题。在坚持发展是硬道理的基本原则的前提下,以江泽民同志为主要代表的中国共产党人提出,发展是执政兴国的第一要务,聚焦对共产党人先进性和执政能力的准确把握,在成功应对各种风险考验和严峻挑战的复杂环境中,使中国特色社会主义在 21 世纪依然能够保持政治引领的先进性。进入 21 世纪的新发展阶段,以胡锦涛同志为主要代表的中国共产党人立足于厘清科学发展观的哲学基础,把以人为本作为科学发展观的核心,提出了贯彻科学发展观的实践路径,在积极应对国内外复杂形势的过程中,进一步坚持和发展了中国特色社会主义。

第四章　发展才是硬道理

马克思主义唯物史观明确指出,生产力是整个社会发展最为重要的基础性力量,而且也是推动整个社会发展的根本动力所在。对一个整体上经济文化比较落后的国家来说,在中国建设和发展社会主义,发展生产力具有非同寻常的独特重要性。回顾科学社会主义筚路蓝缕的实践进程,苏联解体和东欧剧变等历史悲剧之所以会发生,一个重要原因在于这些国家在较长的时间内没有能够搞好自身的经济,进而导致大部分民众失去了信心。新中国成立之后的20多年当中,我国的社会主义建设走过了一段曲折发展历程,这与我们国家没有能够很好地发展生产力有着必然的联系。所以,和平与发展之所以能够成为世界所公认的时代主题,显然取决于其对经济发展的重要推动作用。同时,市场经济环境下的当今世界发展竞争日益激烈,所以要想在竞争过程当中保持优势就必须毫不动摇地坚持自身的发展。作为一个世界大国,中国国内的经济社会发展本身存在着许多特殊性,我们国家在维护世界和平的同时也要兼顾好国内的发展基础,在为解决国际上的发展问题贡献中国智慧的同时,更要不断强化自身国家的发展能力。在全球化的经济体系之下,中国的发展将成为推动世界发展的最主要驱动力。作为社会主义建设探索历史的亲历者,邓小平对中国在发展问题上的经验和教训有着比其他人更加深切的体会,"发展才是硬道理"[1],这既是他顺应中国改革开放的发展大势提出的针对性治国方略,更是他内心深处对改变中国贫穷落后状况和让广大人民群众过上社会主义社会应有幸福生活迫切愿望的生动表达。

---

① 《邓小平文选》第三卷,人民出版社 1993 年版,第 377 页。

一、发展是马克思主义理论的永恒主题

作为在 19 世纪欧洲工人运动的实践中应运而生，并能够对新的工人运动实践继续指导的科学理论，马克思主义具有与时俱进的理论品质，发展是其永恒不变的理论主题。发展是唯物辩证法的主要观点和基本原则，能够有效避免人们陷于封闭僵化之中无法自拔。正是在这一意义上，列宁强调指出："我们决不把马克思的理论看作某种一成不变的和神圣不可侵犯的东西；恰恰相反，我们深信：它只是给一种科学奠定了基础，社会党人如果不愿落后于实际生活，就应当在各方面把这门科学推向前进。"①由于马克思主义是开放的理论体系，教条主义和经验主义与其发展实质始终是背道而驰的，民族化、具体化才是其发展进程中的本质要求。只有深度结合民族国家的具体实际，才能够与时俱进地丰富发展马克思主义。

（一）发展是唯物辩证法的基本原则

发展是马克思主义唯物辩证法的基本原则。唯物辩证法认为世界是不断运动和永恒发展的，无论从自然界、人类社会还是人的思维来看，发展都具有普遍性和客观性。发展的实质是事物的前进和上升运动，是人类普遍的追求方向。因此，人们只有坚持发展的观点看问题，才能逐步形成正确的发展观。在社会历史领域，发展观主要是指发展需求在思想观念上的集中反映，是一个国家或一个民族在发展进程中对怎样发展、如何发展的一种认知和设想。确立什么样的发展观，是世界各国面临的共同课题，也是需要世界各国在经济社会的演变进程中进行不断完善的核心理念。在中外哲学史上，历来就存在着"形而上学"和"辩证法"两种对立的发展观：形而上学的发展观，习惯于用片面的、孤立的观点来看待和把握世界的发展问题。唯物辩证法的发展观，则主张用全面的、联系的观点来看待和把握世界的发展问题。

唯物辩证法认为，世界上的所有事物本身就有着互相联系和互相作用的内在关系，并且由于事物内部所固有的矛盾而处于永恒发展的过程中。唯物辩证

---

① 《列宁选集》第 1 卷，人民出版社 1995 年版，第 274 页。

法本身主张从内部关注整个事物的发展状态,要将事物的发展看成是一种必然的运动模式。关于发展问题,恩格斯曾明确指出,"一个伟大的基本思想,即认为世界不是既成事物的集合体,而是过程的集合体,其中各个似乎稳定的事物同它们在我们头脑中的思想映象即概念一样都处在生成和灭亡的不断变化中,在这种变化中,尽管有种种表面的偶然性,尽管有种种暂时的倒退,前进的发展终究会实现"。① 显然,按照恩格斯所指出,一切事物包括人的思维都处于永恒的发展变化之中,即便是暂时的停止和倒退,也只是发展过程中一个阶段或环节,事物最终都还是要向前发展的,任何事物都处于发展的过程之中。

作为唯物主义基本原则的发展是全面的、联系的,既包括自然界和人类社会的发展,还包括人类思维的发展。自然界在哲学上也被称为自在世界,主要是指没有被人类所改造,没有打上人类活动印记的客观存在。但是自人类诞生以来,自然界就不是一个真正意义上的自在世界,它总是要受到人类活动的直接或者间接的影响,这也就是我们在自然界发展问题上也要坚持全面和联系观点的原因所在。森林被砍伐、矿山被开采、水资源被浪费等这些自然界被人类破坏的情况是我们每个人都显而易见的,即便是不运用全面的和联系的思维方式我们也能够切切实实地感受到这些状况将会产生的严重危害。但是,气候变暖、冰川融化、物种灭绝等比较隐蔽的自然现象,却是人们很难轻易发现的,只有运用全面的、联系的辩证发展观我们才能察觉端倪,才能积极地采取行动,否则等待我们的将是大自然的疯狂报复。人类社会的发展更是如此,无论是王朝更替演进,还是生产力变革,唯有坚持辩证的发展观,运用全面的、联系的观点来处理发展问题,才能确保国家的长治久安、生产力的快速发展。相反,一个王朝如果片面孤立地把王权看得没有边界,肆意在骄奢淫逸中为所欲为,必将被受到欺压的人民群众所推翻。同样,如果在社会发展中一味地只注重生产力的发展而忽视了社会积累和人民群众的福祉,同样会事与愿违、事倍功半。马克思在《哲学的贫困》中指出:"'是'和'否'。这两个包含在反题中的对抗因素的斗争,形成辩证运动。'是'转化为'否','否'转化为'是'。'是'同时成为'是'和'否','否'同时成为'否'和'是',对立面互相均衡,互相中和,互相抵消。这两个彼此矛盾

---

① 《马克思恩格斯文集》第 4 卷,人民出版社 2009 年版,第 298 页。

的思想的融合,就形成一个新的思想,即它们的合题。这个新的思想又分为两个彼此矛盾的思想,而这两个思想又融合成新的合题。"①可见,人类思维的发展依然要坚持辩证的发展观,只有联系、全面地看问题,才不会出现"只见树木,不见森林""一叶障目,不见泰山""'是'就'是','否'就是'否'"等形而上学的僵化认识论,才能透过种种纷扰的现象去认识事物的本来面目。

(二)与时俱进是马克思主义的理论品格

马克思主义的内涵是什么?它有那些显著的特征?如何把握和实践马克思主义?这无疑是每一个马克思主义理论者和践行者需要深深思考和正确面对的最为基本的理论课题。当然,这些问题并没有固定的和永恒不变的答案。一方面,马克思主义是改变世界的科学方法论,它的理论张力和实践指向注定了这一理论不是固定而僵化的。另一方面,作为改造世界的行动指南,马克思主义理论不是封闭的,它需要随着实践的发展而不断使自身得到丰富发展。马克思主义这些本质特征都是需要我们在认识进而信仰马克思主义的实践当中才能体会到的。在马克思主义艰辛而曲折发展的数百年历史进程中,很多眼高手低、自以为是的所谓马克思主义理论家,都因为脱离实际或者不能在变化的实际中运用马克思主义而遭遇了挫折和失利,僵化地秉持抽象理论的一些所谓理论家往往会被生动的社会现实打击得灰头土脸、狼狈不堪。恩格斯说:"我们的理论是发展着的理论,而不是必须背得烂熟并机械地加以重复的教条。"②列宁也说过:"只有不可救药的书呆子,才会单靠引证马克思关于另一历史时代的某一论述,来解决当前发生的独特而复杂的问题。"③作为革命家,列宁显然不会满足于对马克思主义的理论创新,他尤其注重在实际生活中应用和发展马克思主义,列宁指出,"现在必须弄清一个不容置辩的真理,这就是马克思主义者必须考虑生动的实际生活,必须考虑现实的确切事实,而不应当抱住昨天的理论不放,因为这种理论和任何理论一样,至多只能指出基本的、一般的东西,只能大体上概括实际生活中的复杂情况"④。中国共产党人对马克思主义的发展是极富创造性的。

---

① 《马克思恩格斯文集》第4卷,人民出版社2009年版,第601页。
② 《马克思恩格斯选集》第4卷,人民出版社1995年版,第681页。
③ 《列宁选集》第1卷,人民出版社1995年版,第162页。
④ 《列宁选集》第3卷,人民出版社1995年版,第26—27页。

江泽民同志在 2001 年"七一"讲话当中正式提出了"与时俱进",这个马克思主义者因袭传承并历久弥新的理论精髓。尽管是系统完备的科学理论,马克思主义在时代的发展变化过程当中,也依然会出现不尽相同的历史变动,要使我们能够从整体上把握在实践中变动不拘的马克思主义,就要始终做到与时俱进。与时俱进的科学方法论,在新的时代条件下以独特的视角和哲学维度彰显了马克思主义具有现实性的显著特征,使马克思主义能够始终成为"自己时代精神的精华"。

第一,马克思主义具有鲜明的实践性,这决定着它在实践过程中具有与时俱进的理论品质。列宁曾经概括了整个马克思主义的灵魂所在,就是要求对其具体的情况进行概括和分析。1992 年,邓小平在南方谈话当中也着重强调,马克思主义的精髓必须落脚到实事求是,这是其战无不胜的根本。邓小平指出:马克思主义"打不倒,并不是因为大本子多,而是因为马克思主义的真理颠扑不破。实事求是是马克思主义的精髓。要提倡这个,不要提倡本本。我们改革开放的成功,不是靠本本,而是靠实践,靠实事求是"①。显然,在实事求是的原则下解决问题是马克思主义的根本要求,因为我们的理论既来源于实践又服务于实践,在具体的实践过程当中能够形成具体的历史性马克思主义。我们必须坚持以实践为基础,站在时代的最前沿,既要抓住时代发展的特点,又要反映整个时代的需求,并能够根据时代问题进行新的理论探索,提出更加优质的发展措施和方案。

第二,马克思主义本身所具有的革命性和批判性,使其理所当然地也具备与时俱进的革新品质。列宁说过:"马克思认为他的理论的全部价值在于这个理论'按其本质来说,它是批判的和革命的'。"②作为在无产阶级斗争实践基础上凝结升华而成的科学理论,马克思主义的革命性以及批判性都表现在它本身属于无产阶级,在实践中服务于无产阶级,在批判旧世界的同时创造新世界的人类解放事业。就像辩证法不崇拜任何东西一样,马克思主义的批判性也是全方位面向所有事物的,在科学性和革命性的真理指引下,马克思主义的理论批判可以指向一切不符合其价值观的人和事物,无论是不合理的社会现象、不科学的思想理论、不符合历史走向的社会制度,甚至包括批判者自身都可以成为被批判的对

---

① 《邓小平文选》第三卷,人民出版社 1993 年版,第 382 页。
② 《列宁选集》第 1 卷,人民出版社 1995 年版,第 82 页。

象。总体来看,在研究人类社会发展历史时,马克思主义不仅能够说明一切历史和现实存在的合理性,还能够更坚决地指明它们所存在的不合理的一面。

第三,马克思主义与生俱来的开放性,使与时俱进应当成为其固有的理论品格。马克思主义是在吸收了近千年的人类文化和思想成果的基础上所形成的科学理论体系,这一善于吸纳前人优秀成果的科学理论在自身的发展中自然也不会封闭僵化,必然会在一定基础之上进一步丰富发展。因此,作为全新的开放思想体系,只要能够秉持既不盲目拒拆,也不照单全收的开放姿态,马克思主义就能够从四面八方汲取源源不断的新的精神食粮。同时,在坚持自身的科学世界观前提之下,马克思主义还注重有目的地去吸收和消化自己所需要的理论养分,通过博采众长、吸取精华、丰富自身,以创造和开辟更新更高的理论境界,实现其在不同历史阶段的创新发展。

第四,与时俱进始终是马克思主义永葆生命力的理论特质。回顾数百年的马克思主义发展史,我们可以看出,伴随着时代背景和具体形势所发生的剧烈变化,马克思主义也会随之与时俱进地发生着改变,从而形成真马克思主义和假马克思主义等一系列分水岭。一百多年来,马克思主义随着时代的进步获得了与时俱进地丰富发展,在虽然经历挫折但依然向前的发展历程中展现出它独有的生命力。从中国社会主义产生的源头回顾开来,真假马克思主义的斗争可以说是贯穿于中国社会主义发展过程之始终,基本上从未停息过。在我们党幼年时期,就发生了教条主义与尊重中国实际的争论。教条主义者总是不加调研思考就机械地照搬苏联的革命经验,一度导致我们的革命事业遭受重创。以毛泽东同志为主要代表的中国共产党人坚持从中国的积极状况、敌我力量对比等实际情况出发来制定革命对策,使我们的革命火种在危机中得以延续并逐步发展壮大。针对教条主义的错误领导和严重错误,毛泽东从其现实表现和理论根源相结合的视角进行揭批,他指出:"读过马克思主义'本本'的许多人,成了革命叛徒,那些不识字的工人常常能够很好地掌握马克思主义。马克思主义的'本本'是要学习的,但是必须同我国的实际情况相结合。我们需要'本本',但是一定要纠正脱离实际情况的本本主义。"①社会主义探索进程中,在与时俱进方面,我

---

① 《毛泽东选集》第一卷,人民出版社 1991 年版,第 111—112 页。

们尽管犯过一些错误,但是最终还是实现了马克思主义与时俱进,在新的社会实践中推进了马克思主义中国化。改革开放初期,邓小平运用实事求是的方法论对高举毛泽东思想旗帜方面的问题进行了生动阐释,充分展现出马克思主义与时俱进的理论品格,邓小平指出:"凡是毛泽东同志圈阅的文件都不能动,凡是毛泽东同志做过的、说过的都不能动。这是不是叫高举毛泽东思想的旗帜呢?不是!这样搞下去,要损害毛泽东思想。毛泽东思想的基本点就是实事求是,就是把马列主义的普遍原理同中国革命的具体实践相结合。"①显然,邓小平以如何对待毛泽东的言行和毛泽东思想为切入点,秉持实事求是的科学态度为马克思主义与时俱进的理论品质赋予了时代内涵和蓬勃生机。

(三)中国共产党实现了马克思主义在中国的与时俱进

马克思主义创立时就提出了这样一个观点:"运用和发展理论,要把一般原则与具体实际相结合正确的理论必须结合具体情况并根据现存条件加以阐明和发挥。"②列宁后来也说过:"我们不否认一般的原则,但是我们要求对具体运用这些一般原则的条件进行具体的分析。抽象的真理是没有的,真理总是具体的。"③这充分说明,马克思主义自创立伊始,就被创始人赋予了鲜明的实践特性,而不是仅仅局限于去阐释和解释世界。正是在这一充满实践性和战斗性的理论指引下,无产阶级反对剥削压迫的斗争才得以取得很多超乎寻常的胜利,直至推翻资产阶级的腐朽统治,建立起无产阶级专政的社会主义国家。很快这一洋溢着实践性的科学理论传到中国并成为先进分子改造旧世界的强大思想武器。当然,与其他思想理论的传播和发展一样,马克思主义理论在中国的传播和运用也经历了一个从"水土不服"到"逐步适应"再到"得心应手"的渐进过程,在这其中,马克思主义中国化是贯穿始终的一条主线。在我们不去推进马克思主义中国化或者马克思主义中国化做得不好的时候,我们的事业就会遭遇这样那样的困难和挫折,而我们党一旦能够做到马克思主义中国化,就会推进我国社会主义事业实现顺利发展。

中国共产党成立后,我们党在不同历史时期创造性地推动了马克思主义中

---

① 《邓小平文选》第二卷,人民出版社 1994 年版,第 126 页。
② 《马克思恩格斯全集》第 27 卷,人民出版社 1972 年版,第 433 页。
③ 《列宁全集》第 2 卷,人民出版社 2017 年版,第 273 页。

国化,实现了科学社会主义在中国的与时俱进。在大革命时期,中国共产党就已经认识到工农联盟和民主革命的领导权问题。在国内革命战争时期,我们党在实践探索中找到了建立农村根据地、农村包围城市的革命道路。抗日战争阶段,毛泽东既不像投降派那样认为装备精良的日本军队神乎其神地不可战胜,也不像速胜派那样不深入了解日军情况就仅凭抗日热情断言日军不堪一击、很快就会败亡,他在深入分析中日双方军事力量和综合实力整体状况的基础上写出了深得多方力量认可的《论持久战》,在战争观方面与时俱进地推进了马克思主义中国化。毛泽东还强调:"马克思主义一定要向前发展,要随着实践的发展而发展,不能停滞不前。停止了,老是那么一套,它就没有生命了。"①因而,在探索中国社会主义发展道路和体制机制的过程中,毛泽东倡导并号召全党在"我们要进行第二次结合,找出在中国进行社会主义革命和建设的正确道路"②。显然,在与时俱进地推进和发展马克思主义方面,毛泽东始终是一个先行者,也是一个取得显著成就的成功者。

中共十一届三中全会之后,邓小平在立足中国实际的前提下发展了马克思主义,他郑重指出:"我们多次重申,要坚持马克思主义,坚持走社会主义道路。但是,马克思主义必须是同中国实际相结合的马克思主义,社会主义必须是切合中国实际的有中国特色的社会主义。"③同时,他认为要"把马克思主义的普遍真理同我国的具体实际结合起来,走自己的道路,建设有中国特色的社会主义,这就是我们总结长期历史经验得出的基本结论"④。在此基础上,邓小平同志想方设法发展科学社会主义,并就社会主义初级阶段、社会主义本质、初级阶段的根本任务等许多方面提出了富有创造性的新论断,丰富了科学社会主义的理论内涵,在新的历史阶段发展了马克思主义。

面对世情党情的深刻变化,以江泽民同志为主要代表的中国共产党人始终坚持科学社会主义与时俱进的理论品质,创造性地提出了"三个代表"重要思想,深化了我们党对共产党执政规律的认识,在新的实践中丰富了科学社会主义

---

① 《毛泽东文集》第七卷,人民出版社 1999 年版,第 281 页。
② 《十七大以来重要文献选编》(上),中央文献出版社 2009 年版,第 254 页。
③ 《邓小平文选》第三卷,人民出版社 1993 年版,第 63 页。
④ 《邓小平文选》第三卷,人民出版社 1993 年版,第 3 页。

理论。江泽民强调指出:"马克思主义不是教条,只有正确运用于实践并在实践中不断发展才具有强大生命力。"①进入 21 世纪以后,胡锦涛赋予科学社会主义以新的内涵。他在 2007 年 10 月总结指出:"改革开放以来我们取得一切成绩和进步的根本原因,归结起来就是:开辟了中国特色社会主义道路,形成了中国特色社会主义理论体系。"②党的十八大以来,习近平总书记在复杂的国内国际局势下,在新的历史时期不断推进理论创新,用勤政为民的情怀,用接地气的通俗表现形式阐释了其治国理政的价值指向、思想理念和实践路径,丰富了科学社会主义的具体表现形式,推进了其在当代中国的发展进程。

二、发展是社会主义本质的内在要求

理论联系实际是马克思主义的本质要求。科学的发展理念只有应用到发展社会主义的实践活动中才能形成改造现实世界的物质力量,才能彰显出社会主义的优越性。马克思主义的开创者不止一次谈到其改造世界的理论初衷,实践性也就是理论联系实际由此成为马克思主义的显著特征之一。实现人的全面发展、为人民谋求幸福生活不仅仅是我们党经常用以强调的奋斗目标和远大梦想,关键在于要将其变成人民幸福、社会和谐的生动现实。为此,我们党在执政实践中一定要注重经济社会发展,尤其是要设身处地去考量老百姓能否在发展中真正得到实惠。改革开放初期,邓小平意味深长地指出:"如果经济发展老是停留在低速度,生活水平就很难提高。人民现在为什么拥护我们? 就是这十年有发展,发展很明显。"③为此,中国共产党人一定要把发展作为体现社会主义本质的内在要求,并且还要在发展的同时逐步实现马克思主义所设定的本质性目标。

(一)解放和发展生产力是发展社会主义的应有之义

马克思主义非常重视发展,但在其视域下的发展是具有多种层次的,或者说是有着轻重缓急的,这显然是由马克思主义所秉持的矛盾观点所决定的。在复杂事物中要抓住主要矛盾,在马克思主义视域下解决发展问题显然也是要首先

---

① 《江泽民文选》第三卷,人民出版社 2006 年版,第 270 页。
② 《十七大以来重要文献选编》(上),中央文献出版社 2009 年版,第 45 页。
③ 《邓小平文选》第三卷,人民出版社 1993 年版,第 354 页。

解决关键性的根本问题。人的自由全面发展尽管是至关重要的,但它是马克思主义发展观的终极问题,在解决其他发展问题之后才能解决。而生产力是社会发展的根本推动力量,具有"牵一发而动全身"的关键性拉动作用,将其作为首要任务有着不容改变的客观必然性。社会主义改造的成功使我国迈入社会主义社会,但由于国家的总体生产力水平还很低,这种不利状况影响到我国社会生活的方方面面,内在要求我们必须把发展生产力摆在首要地位。从我国当前的实际情况来看,发展生产力更具有特殊的重要性和迫切性。这是因为,只有发展生产力,才能构筑起更加强大和坚实的物质基础,从根本上提高和改善人民的物质文化生活。只有发展生产力,才能够有效地提高物质文明水平,并在此基础之上逐渐满足人们的精神文明追求。只有发展生产力,才能够从根本上保障我们国家的独立自主,并完成社会发展方案。发展生产力与解放生产力互为前提、相互促进,而且解放生产力本身也有着不同的含义,首先是对社会进行改革并摧毁原本的生产关系,建立起更加优质的生产关系,从而让生产变得更加优质,所以革命就是解放生产力的一种重要途径。另外,我们还可以从根本上改变生产力的外在束缚,并且对传统的经济体制进行改革,建立起更加优质的社会经济体系。这样,就能够使整个社会的劳动变得更加积极主动,而且不再承受传统体制机制的压抑,使有限的社会资源得到合理的分配,进而推动社会生产力的跨越式发展。

把社会建立在深厚的物质基础之上是社会主义的内在要求。回顾人类社会发展演进的历史进程,从表面上来看,是阶级斗争或战争革命推动了政权的更替、社会的变革。但是,我们如果要透过纷繁芜杂的社会现象去探究其背后的根本推动力量,那么,物质的力量或者说生产力的发展所引发的物质财富积聚才是社会发展最具决定意义的根本动力。马克思恩格斯指出:"一个阶级是社会上占统治地位的物质力量,同时也是社会上占统治地位的精神力量。支配着物质生产资料的阶级,同时也支配着精神生产资料,因此,那些没有精神生产资料的人的思想,一般地是隶属于这个阶级的。"[①]显然,在马克思主义视域下,物质生产资料的地位和作用是显而易见的,它不仅是社会变革的推动力量,还是造成人

① 《马克思恩格斯选集》第 1 卷,人民出版社 1995 年版,第 98 页。

们的精神活动和思想观念转变的决定性力量。那么,物质生产资料是如何创造和积累起来的呢? 一定的社会如何才能聚集起满足社会发展和人民群众基本需求的物质生产资料呢? 要做到这些,路径和手段显然是复杂的,必然是需要通过人的因素、物的因素以及制度的因素等诸多方面的综合作用才能实现的。然而,在上述因素之中,生产力无疑是最具推动作用的决定性力量,因为生产力是整个人类社会之所以能够建立起来的最本质的力量。就生产力在推动社会发展以及提升人民生活质量等方面作用的重视程度而言,邓小平无疑是一个出色的理论家和杰出的实践者。面对改革初期人民生活水平窘迫的社会现实,邓小平强调:"经济长期处于停滞状态总不能叫社会主义,人民生活长期停止在很低的水平总不能叫社会主义","讲社会主义,首先就要使生产力发展,这是主要的"①。在 1992 年初的南方谈话中,邓小平又进一步强调,"不坚持社会主义,不改革开放,不发展经济,不改善人民生活,只能是死路一条"②。显然,只有通过发展生产力积累起坚实的物质基础,才能够更好地发展其他的事业,也才能建设好我们国家的社会主义。

发展社会生产力是展现社会主义优越性的必然要求。把发展生产力确定为社会主义的根本任务,这不仅是社会主义的本质需要,更是发挥社会主义优越性的必然要求。按照科学社会主义理论的设想,从初级阶段的社会主义直至发展到高级阶段的共产主义,相对于以前的社会制度是更为先进和理想的社会形态,这种先进的社会制度具有很多方面的比较优势,无论是物质生活水平,还是民主政治制度建设,抑或是人们的精神面貌,都会展现出更高阶段的发展水平和更具竞争力的比较优势。但是,由于社会主义在由理论到实践的转变过程中,不经意地跨越了"卡夫丁峡谷",在资本主义的薄弱环节甚至是半殖民地半封建社会率先建立了社会主义社会,在此情况下建立的社会主义,其生产力水平显然不如一些发达的资本主义国家。那么,发展社会生产力,实现经济社会的超常规发展,自然成为发挥社会主义制度比较优势的必然选择。拿中国来说,对比改革开放四十多年前后的历史性变化,用沧海桑田来形容显然并不过分,而推动这沧桑巨

---

① 《邓小平文选》第二卷,人民出版社 1994 年版,第 312 页。
② 《邓小平文选》第三卷,人民出版社 1993 年版,第 370 页。

变的根本动力则是改革开放所引发的社会生产力的解放和快速发展。改革开放前后深圳和香港人员流动的对比变化则是见证中国生产力发展所引发的巨大历史性变革的晴雨表。改革开放前,宝安县(今深圳)的民众为了生计和更好的生活不惜冒着生命危险通过"偷渡"的方式逃到香港。历经改革开放四十多年后的今天,很多香港人为了更好发展转而到深圳来"淘金"。中国人对待出国和外国的态度也显示了中国生产力快速发展所引起的历史性变革对展现社会主义制度优越性和广大民众坚定中国特色社会主义"四个自信"的独特性作用。改革开放初期,大部分中国人都对西方的"花花世界"充满羡慕和憧憬,还有一部人为了能够移民海外可以说是不惜牺牲自己的一切。改革开放四十多年后,人们不再像过去那样一谈到西方国家就津津乐道,也不再为移民而挖空心思,绝大部分人都能感受到生活在社会主义中国的岁月静好。最近几年的新冠疫情更是让人们感受到中国在疫情防控中所展现出的强大力量,也由此感受到社会主义制度的巨大优越性和比较优势。当然,中国上述成就的取得与我们党一贯重视发展生产力的治国理政实践是分不开的。早在1975年的全面整顿期间,邓小平就认识到发展社会主义生产力的紧迫性。邓小平曾指出:"正确的政治领导的成果,归根结底要表现在社会生产力的发展上,人民物质文化生活的改善上。如果在一个很长的历史时期内,社会主义国家生产力发展的速度比资本主义国家慢,还谈什么优越性?"①"社会主义如果老是穷的,它站不住,社会主义就有失去物质基础的危险。"②在此,邓小平讲话的核心要义在于,我们国家之前所强调的社会主义更多的强调了它的理论优势和美好前景,而对生产力这个决定性要素不够重视,这在一定程度上直接导致了我们社会主义事业的曲折和困难。马克思主义一贯是依据生产力发展的水平来判定和划分社会发展阶段的,共产主义也由此被分为不发达的和发达的两个阶段。邓小平非常认同马克思的共产主义两个发展阶段理论,他指出:"马克思主义最注重发展生产力。我们讲社会主义是共产主义的初级阶段,共产主义的高级阶段要实行各尽所能、按需分配,这就要求社会生产力高度发展,社会物质财富极大丰富。所以社会主义阶段的最根本

---

① 《邓小平文选》第二卷,人民出版社1994年版,第128页。
② 《邓小平文选》第三卷,人民出版社1993年版,第191页。

任务就是发展生产力。"①由此可见,坚持生产力标准是唯物史观的根本原则,也是其优于唯心史观的重要标志。改革开放以来,中国共产党始终不渝地坚持把发展生产力放在突出位置,为人民群众将来的全面自由发展奠定了坚实的物质基础。

（二）消灭剥削和消除两极分化是发展社会主义的本质要求

在资本主义社会,生产力逐步向着社会化和现代化的方向不断发展,但是生产资料却始终掌握在少数人的手中,这就使得生产资料的私人占有与社会生产效率的提高之间产生了巨大的张力,在此意义上,资本主义制度与剥削和两极分化相伴而生。尽管在第二次世界大战之后资本主义社会的生产力与生产关系的矛盾得到一定程度的缓解,但这对基本矛盾并没有得到实际的消除,而是仍然在不断地积累与发展。整个社会的生产力发展依然遭受到无形的阻碍,解决这一基本矛盾必然要求建立更加先进的社会生产关系,进而解放整个社会的生产力。在充分了解资本主义社会基本矛盾的前提下,在建立社会主义制度的过程中,我们国家必须使社会生产力发展保持一定的合理速度,如果生产发展太慢就会导致社会生产供给无法满足整个社会发展的需求,也就无法显示出社会主义的优越性所在。只有建立起能够促进社会生产力发展的更加先进的社会制度,才能够满足人民在物质和文化等方面的现实需要,并在经过一段时间的飞速发展而达到超越资本主义生产力水平的价值目标。基于私有制的现实基础,只有少数人可以垄断生产资料,但是绝大多数人都是通过自己的劳动力来获取一定的资源,而少数有产者却获取了比广大劳动群众多得多的社会资源,这很容易导致资源浪费,也是一种非常不合理的剥削现象,并且在这种剥削制度之下,资本主义社会也会产生严重的两极分化,一方面资本家积累更多的财富,另一方面劳动人民生活水平却无法得到实质性的提高。在物质资料占有非常不合理的资本主义社会,广大无产阶级的物质生活永远无法与少数的资本家相比,这种人剥削人的现象使两极分化变得非常严重。

消灭剥削和消除两极分化是实现共同富裕的基本前提。20 世纪 80 年代初,我国在实行改革开放的初期,就针对一些特殊群体而设立了许多配套政策,

---

① 《邓小平文选》第三卷,人民出版社 1993 年版,第 63 页。

以调整收入差距拉大等一系列社会问题,邓小平在论述这些事关发展全局的大问题时推动了理论创新。1992年春,在经过一段时间的实践探索和深入思考之后,邓小平在南方谈话中重点阐述了社会主义本质理论的基本内涵。这里所讲的社会主义本质也就是要强化生产力的突出作用,并且要在社会主义实践中不间断地进行发展,为消除两极分化并达到共同富裕奠定物质基础。只有快速发展生产力,社会才能逐步走向共同富裕,并随之消除两极分化。社会主义的发展目标就是要将社会主义和资本主义严格区分开来,这也是中国特色社会主义发展进程中最为重大的政治理想所在。社会主义体现出来的是一种社会生产力,并且强化整体性,致力于达到共同富裕,消灭剥削、消除两极分化。邓小平坚定地认为社会主义最大的特点就是能够实现共同富裕,这也是标志社会主义本质的一大特性。如果在社会发展过程当中不能够消除两极分化,最终也是无法实现共同富裕的,所以消灭剥削、消除两极分化是达成共同富裕最为关键的前提条件。

消除两极分化是一个需要持续努力的长期过程。在整个社会的发展过程当中,如果有极少数人是富人,绝大多数人都是穷人,这是极其不合理的社会现象,显然与社会主义的本质背道而驰,即便是少数的穷人与大多数的富人也无法组成真正的社会主义。邓小平强调指出,"如果导致两极分化,改革就算失败了"①。可见,社会主义的目的和价值取向聚焦于共同富裕,如与此相违背显然就很难说是社会主义了,那么国家的发展就会以失败告终,也就不可能会在将来建成共产主义社会。在社会主义的发展过程当中,我们党必须调动全国人民的热情来发展生产力。发展生产力是为了能够消灭贫穷,让社会财富不断地增加,但是如果这些社会财富不能通过正确的途径获取,那么就会让少数投机专营的人走向富裕,大部分人依然还是十分贫穷,这就完全背离了整个社会的本质。所以社会主义非常重要的本质性特征就是要走向共同富裕,这也是社会主义社会的优越性所在。从另一个方面可以看出,只有在消灭剥削和消除两极分化的状况下,共同富裕才能逐步实现。因此,实现共同富裕是社会主义的内在要求。在一个社会当中,社会成员的贫富差距状况,能够反映出一个社会的实际分配制度

---

① 《邓小平文选》第三卷,人民出版社1993年版,第139页。

和发展状态。在资本主义社会,社会成员之间存在着非常悬殊的贫富差距,这无疑能够反映出这一社会在资源分配过程当中所存在的严重不平等。在社会正常运转的情况下,尽管大量劳动份额被资本家无偿占有,但是只要能够创造出更多的财富,广大劳动人民也能够获取更多的劳动所得。但是如果一旦社会发展出现问题,伴随着失业率的上升,将会产生贫富差距更加悬殊的两极分化现象。可见,在社会财富的积累过程当中,贫困也在不断积累,社会主义在以生产公有制为主体的同时,广大人民群众本身也将作为社会的主人生产出更多的社会资料,这种社会制度也会反映出整个社会的财富分配制度,即通过引导全体人民的共同努力来达到实现共同富裕的效果。邓小平曾经说过,在没有剥削阶级或者是没有剥削制度的情况下,那么全民的经济收入都将纳入整个社会当中,并且分配给一部分人民,而由于资本主义贫富差距过大,许多财富都掌握在资本家的手中,这就形成了资本主义私有制。因此,邓小平主张在与资本主义的比较中推动我国的社会主义得以健康发展。

总体来说,在整个社会主义制度的发展过程中,生产资料公有制以及与之相适应的按劳分配将变得越来越重要,因为这种所有制和分配制度是我们国家得以消灭剥削现象的基石。两极分化,往往是伴随剥削制度而产生,只有从根本上消灭剥削制度,才能消除两极分化。就目前我国社会当中所存在的各种各样群体而言,他们的收入差距也非常大,这从一定意义上来说也是两极分化,凸显出整个社会的分配制度存在一定的问题。因此,我们亟须将更加合理的收入分配政策融入整个社会的发展过程当中,才能逐步消除两极分化,并且建立起更加科学的管理体制。另外,一部分地区在自身率先富裕起来之后,要积极主动地带动其他地区也能够提升致富能力与发展水平,最终达到共同富裕。正如邓小平同志所说,要走向社会主义发展道路,就必须要实现共同富裕,如果有一部分人变得更加富裕,而有些穷人却变得更加贫穷,两极分化就会产生,从而导致社会主义制度出现严重的两极分化。社会主义在进行发展的过程当中,必须消除两极分化,进而实现共同富裕,这是坚持马克思主义的应有之义。

(三)实现共同富裕是社会主义发展的最终目的

社会主义是致力于无产阶级摆脱贫穷状况而奋斗的,共同富裕自然也是社会主义本质所在,但实现共同富裕的过程也绝不会是轻而易举的,需要全体人民的共同努力。共同富裕的重要内涵就是让人民群众生活变得更加富裕,这主要是相对于我们国家还有一部分人没有摆脱贫困而言的,坚持共同富裕原则就是要让社会的所有人都走向富裕。邓小平一直都在强调消灭贫穷和消除两极分化,在他的努力下,我们国家绝大多数人口摆脱了贫困生活,基本上算是达到了整体小康,离共同富裕的目标越来越近。贫穷并不是社会主义,社会主义的最终目的就是要实现共同富裕。邓小平认为,1958 年到 1978 年这 20 年的发展经验,主要是让社会主义变得不再贫穷,而且要在消除贫穷的基础上增强生产力,提高人民的生活水平,这也就是整个社会发展最为重要的前提所在。社会主义如果是贫穷的,那么也就很难引领人们能够投身到其发展进程之中。邓小平强调:"贫穷不是社会主义。我们坚持社会主义,要建设对资本主义具有优越性的社会主义,首先必须摆脱贫穷。"[1]邓小平所阐释的核心要义为,社会主义的特点并不是穷,而是要引导人们消灭贫穷,激发人们投身发展的意愿和热情,进而走向富裕,这样才能实现所有人共同富裕。正是基于这种判断,邓小平也告诫我们国家在发展的过程当中必须坚持公有制的主体地位以确保人民的根本利益,并且让人民群众在支配自己财富同时也能够平等的分享社会财富。同时,也要始终坚持按劳分配制度,确保人民群众能够公平公正的获得应有利益,还要加强宏观调控的力度,保证人民群众能够实现共同富裕。

社会主义就是要让人民群众共同富裕。共同富裕的内在要求是让社会成员能够普遍富裕起来,但是普遍富裕并不仅仅只是社会财富的平均分配,也就是说坚持共同富裕也不可能实现让人民群众同步同时的走向富裕。邓小平也曾认为,我们国家所坚持的社会主义发展道路本身就是建立起共同富裕的道路,然而发展本身就存在着不均衡的问题,而大家如果都去主张同等富裕的平均主义,所以实际上也就容易导致共同贫困的出现。从社会公平的发展角度,共同富裕本身不仅仅是为全体成员建立更加优质且平等的发展关系,而是要在原本的普遍富裕基础之上逐步实现内涵更加丰富的共同富裕。也就是说,当今社会的成员有着不同的发展潜质,有着不同的社会贡献,在社会当中的财富分配必定会有所不同。实际上,只有承认和鼓励在普遍富裕基础上的一定收入差距,才能够有效

---

① 《邓小平文选》第三卷,人民出版社 1993 年版,第 225 页。

地调动社会发展的积极性,才能够有效地提升整体的富裕层次。如果没有差别富裕,那么人们可能就没有追求更加优质生活的动力,也就不会激发出其自身的发展积极性,更不会有人去追求共同富裕。也正是因为在共同富裕当中找出了普遍富裕的实际概念,邓小平才得以勾画出更加具有针对性的发展战略,并且开辟出具有中国特色的共同富裕道路。

实现共同富裕是一个动态的过程。作为社会主义的本质和始终不渝的发展目标,共同富裕本身就是在不断从低层次朝着高层次的方向发展,因而绝不可能是我们在短时间内就能够达到的目标。从整个社会主义的发展进程视角来看,共同富裕是一个固态的表现形式,而解放和发展社会生产力则是一个动态的发展过程。一个人从贫困到富裕的发展过程被称为一个全程的发展致富过程,这就是我们国家当前用发展生产力的动态过程来实现共同富裕的固态指标所展现出的鲜明发展特色。邓小平指出,"社会主义的本质,是解放生产力,发展生产力,消灭剥削,消除两极分化,最终达到共同富裕。"①显然,共同富裕并不能即时性地立刻实现,而必然要有一个渐进的发展过程,关键是要通过发展生产力来把"蛋糕"做大,增加能够用来分配的产品总量,立足社会主义的发展进程,我们党的目标就是要实现最高层次的共同富裕,而不是满足于小富即安的小康生活。实际上,对共同富裕的追求也是一个历史性的动态过程。原始社会,人们也曾把朴素的共同富裕理念付诸实践,但是囿于生产力水平的限制这种共同富裕的美好理想在现实中演变成了"共同贫穷"。随着生产力的快速发展,物质资料变得日益丰富了,可是少数人的贪欲和对个人财产的无限制追求推动了所有制的私有化变革,奴隶社会、封建社会乃至资本主义社会,私有制社会的扩展演进形成了人民群众平均分配财产的制度性障碍,但却阻碍不了他们对共同富裕的不懈追求。在当代中国,社会主义社会的实现和跨越式发展,实现共同富裕具备了前所未有的良好条件。邓小平从两种制度的对比来谈共同富裕问题,并以此来阐释共同富裕的必然性和必要性,他指出,"如果搞资本主义,可能有少数人富裕起来,但大量的人会长期处于贫困状态,中国就会发生闹革命的问题。"②显然,

---

① 《邓小平文选》第三卷,人民出版社 1993 年版,第 373 页。
② 《邓小平文选》第三卷,人民出版社 1993 年版,第 229 页。

社会主义要想实现共同富裕,就要把解放和发展生产力作为实现共同富裕的物质保障,就要以按劳分配制度作为实现共同富裕的制度支撑,共同富裕就一定会逐步得以实现,这样社会才能和谐稳定。

三、发展是解决中国所有现实问题的关键

在推进改革开放的进程中,由于没有现成的经验可以遵循,我们只能凭借"敢为天下先"的勇气和魄力,在"摸着石头过河"的曲折探索中摸索前行。在此情况下,我们党所遇到的困难和挑战是可想而知的,但是发展中的问题还是要靠发展来解决。实现社会主义现代化要靠发展,提高人民群众的物质文化生活水平要靠发展,解决改革开放过程中不断涌现出来的突出矛盾和问题也离不开发展,抵御各种风险和挑战还是要靠发展。总体来说,发展是解决中国所有现实问题的最关键因素。

(一)实现社会主义现代化需要发展

随着中国社会主义道路的开创,我们国家在不断完善中国特色社会主义制度的基础上,开始集中力量进行社会主义现代化建设。尤其是在 1992 年邓小平发表南方谈话之后,我们国家又一次掀起了集中力量推进现代化建设的热潮。

实现现代化是中国人民历经艰辛探索的必然选择。在总结近代中国一百多年发展历程的基础上,中国共产党把实现现代化作为中国特色社会主义的重要发展目标。早在鸦片战争结束之后,中国就开启了通过引进西方先进的科学技术来推进中华民族发展的道路。即便是在西方洋枪洋炮的威胁之下,仍然有许多仁人志士提出富有成效的救国方案。戊戌变法提出的改良方案以及革命先行者孙中山先生提出的民主革命方案,都是以振兴中华民族为宗旨,力图把中国带进现代化进程的有益性尝试。但是,回顾中华民族在 1840 年以来致力于中华民族崛起而进行的所有现代化尝试,无论是学习西方先进技术,还是效仿西方国家进行资产阶级改革,抑或是进行轰轰烈烈的资产阶级革命,这些艰辛探索都没有能够使中国走上现代化道路。1921 年,中国共产党正式成立之后,我们党探索出了有别于西方的全新道路,遵循这条发展道路,不仅能够实现民族解放,而且还能够把我们党建设得更加强大。当然,中国共产党认为要从根本上改变中国

的落后状况,既需要推翻帝官封的反动统治,还需要建立起确保人民当家作主的新政权。在新生政权的组织下,推翻旧制度的反动政策,积极推进经济发展,组织人民进行社会改革,在此基础之上开启社会主义现代化建设进程。1921 年至 1949 年期间,中国共产党领导广大人民群众与貌似强大的敌人浴血奋战,在扫除各类反动势力的基础上建立起了全新的国家政权。1949 年 3 月,中共七届二中全会上,毛泽东正式提出要恢复生产力,推动中国社会稳定的发展并逐步转变为工业大国。1949 年新中国成立之后,中国共产党逐步开启了建设工业化和现代化的发展进程。在 1964 年 12 月的三届全国人大一次会议上,周总理正式提出实现四个现代化的奋斗目标。

实现现代化是发展中国特色社会主义的必由之路。党的十一届三中全会之后,我们党开创了更加适合中国国情和实际的中国特色社会主义道路,为在新的历史起点上推进现代化进程奠定了坚实基础。党的十五大则提出要在坚持完善社会主义经济制度的基础上,突出社会主义的中国特色,同时还要大力推进我们国家的现代化建设。在建设中国特色社会主义的发展进程中,不同时期推动经济社会发展的侧重点是有所不同的,中国的现代化建设也随之经历了一个漫长的发展过程,当然,这也是一个走向成熟的过程。社会主义现代化建设的根本目标就是在提升人民群众经济收入的基础上,实现民族的复兴与强盛,让整个国家变得更加强大。在社会主义的发展过程当中,生产力是推动整个社会发展进步的主要动力之一。生产力的发展水平也决定着一个国家的经济水平和人民的生活水平。建设社会主义首先就要提高生产力水平,并且逐步建立现代化管理制度,要集中精力推动以社会生产力为引擎的现代化建设。只有生产力得到提升才能够更好地维护人民的利益。在一定阶段,曾经有一些人民群众对我们以实现现代化为根本任务不太理解,甚至觉得干扰到了他们的日常生活。但是我们国家快速发展的现代化道路让这些人逐渐改变了想法,有了对我们现代化道路的情感认同。只要牢牢抓住发展的时代主题不放松,坚持改革开放不动摇,我们的现代化事业必将迎来更加辉煌的未来。

实现全面快速发展是推进现代化进程的迫切要求。由于长时间处于社会主义发展的初级阶段,我们国家在实际的发展过程中需要面对不少困难,十几亿人口的庞大基数也使得社会保障方面临着巨大的压力。在深化改革的过程当中,难免会遇见各种各样的问题与矛盾,比如产业结构存在不平衡的突出矛盾、城乡之间也存在着收入差距较大的问题等,这些问题都会影响到整个社会的安定和经济的可持续发展。为了能够解决这些矛盾和问题,我们就需要克服一定的困难,通过实现经济社会的快速发展,让人民生活早日达到全面小康水平。如期完成建党一百周年建成全面小康社会的重要目标,我们国家顺利将社会上一些发展"不平衡"的社会问题转变成为"相对平衡"。就当前的国际环境来看,只有通过不断地快速发展才能让中国成为世界强国。从人均国民收入的角度上来看,我国与西方发达国家相比仍然存在着较大的差距,西方国家的人均经济收入相对较高,而且经济科技方面也存在各种各样的优势,只有不断地实现社会主义的完善和发展才能够缩短与其之间的差距。在全面建成小康社会的过程当中,必须融入实现中国特色现代化的全新内涵,只有这种发展才能够发展生产力,推动整个社会的全面进步,进而实现广大人民群众的最大利益。在进行发展的过程当中,必须控制人口数量的增长,同时还要提高人口的质量。在进行全面发展的过程中需要我们合理的开发资源,既要节约资源保护生态环境,还要协调好人与生态环境之间的关系。在进行发展的过程当中,我们不仅只是进行经济发展,而且要满足人民群众的精神文化需求,同时也要发展更为先进的生产力。只有坚持这样的发展,才能够凝聚起广大人民群众的磅礴力量,才能顺利推进我们国家的现代化进程。

(二)提高人民生活水平需要发展

长期以来,尽管中国在经济社会发展的许多方面都取得了令世人惊叹的可喜成就,具有了当今世界最为完整的工业体系,但是我们仍然不否认中国与发达国家还存在较大的差距,还有很多方面需要向一些发达国家学习。当然,这种学习和改革开放初期的全面学习、某些方面的盲目学习有着本质的不同。当前我们国家在很多方面都已经和发达国家站在同一起跑线上,还在很多方面实现了超越,这决定了我们国家今天的学习应该是在比较鉴别中实现交流提高,进而推动自身的创新发展。但是面对相对薄弱的历史积累和人口众多以及经济社会发展不平衡的社会现实,唯有发展才能不断提高人民群众生活水平,只有在快速发展中逐步解决人均产值较低和发展不平衡等主要问题,未来的中国才有可能迈入发达国家的行列。

提高人民群众的物质生活水平要靠发展。物质生产是人类社会产生和发展的前提和基础，人类社会的每一步发展演进都离不开物质资料的供给和支持，因此，物质生产是人类社会第一位的基础性生产。马克思恩格斯在《德意志意识形态》中指出："人们为了能够'创造历史'，必须能够生活。但是为了生活，首先就需要吃喝住穿以及其他一些东西。因此第一个历史活动就是生产满足这些需要的资料，即生产物质生活本身，而且，这是人们从几千年前直到今天单是为了维持生活就必须每日每时从事的历史活动，是一切历史的基本条件。"①从原始社会的茹毛饮血到刀耕火种，从奴隶制社会的青铜器到封建社会铁制生产工具的演进，从工厂手工业到机器大生产的转型，伴随着生产工具的变革，人类的物质生活水平也经历了从靠自然馈赠到自给自足再到现代化丰富供给的跨越式发展。一定程度上来说，人类社会的发展史就是人们的物质生活水平逐步提高的历史，这也是社会发展演进最为显著的标志。重视并致力于人民群众物质生活水平的提高是中国共产党一贯坚持的政策取向和优良传统。革命时期，我们党依靠"打土豪分田地"的政策使农民群众获得了他们赖以改善物质生活的宝贵土地。新中国成立后，我们党通过富于创造性的社会主义改造扫除了在中国社会延续几千年的私有制，为人民群众提高物质生活水平奠定了坚实基础。当然，受国内外形势和主客观条件的影响，我们党在提高人民物质生活水平方面也经历过挫折和失利，用"以阶级斗争为纲"代替了应当居于中心位置的经济建设。历经这一苦难历程的邓小平深切地体会到我们国家在发展方面出现问题的症结和根源所在，他以一个马克思主义政治家的敏锐性坚定地指出："马克思主义历来认为，社会主义要优于资本主义，它的生产发展速度应该高于资本主义。"②在邓小平的努力推动下，发展成为当代中国的"硬道理"，人民的物质生活水平也随之得到前所未有的快速提升。

提高人民群众的精神生活水平也要靠发展。重视精神生活是人与动物能够区别开来的显著标志，也是中华优秀传统文化得以创新发展并形成丰厚积淀的内在动因，更是人类社会发展演进的显著特征。"仓廪实而知礼节"，这句简短

①　《马克思恩格斯文集》第 1 卷，人民出版社 2009 年版，第 531 页。
②　《邓小平文选》第二卷，人民出版社 1994 年版，第 312 页。

通俗的话语道出了人类社会物质生活和精神生活相辅相成的辩证关系,这就是精神生活水平的提高离不开社会发展所形成的厚实物质积累,发展才是解决精神生活方面各种问题的关键。在原始社会,物质生产落后、物质产品极度匮乏,人们没有条件和能力去思考精神层面的问题,而是以生产物质资料的多寡来决定和形成人们的社会地位,母系氏族社会的形成也就是基于妇女在物质资料生产方面的压倒性优势和掌控地位。到了奴隶制社会,随着生产力发展所引发的剩余产品的出现才催生了专门从事精神生产的群体,这类人的产生实在是社会发展的产物。到了后来的封建社会、资本主义社会,甚至是我们国家的社会主义社会,生产力的高度发展带来了一系列社会问题,其中精神层面的问题也越发的层出不穷并日益尖锐,迫切需要构建专门的精神生产部门来解决。比如,我们常说的"不患贫而患不均"的问题就比较突出,生产力的日益发展和收入分配差距的逐步拉大引发了人们的精神焦虑,进而引发社会动荡问题。要解决上述问题,除了要有针对性地进行人文关怀和心理疏导之外,通过推动社会的进一步发展来把蛋糕做大无疑是最具实效性的基本路径。针对东欧剧变在我们国家所引发的人们对社会主义信心不足以及对改革开放所持的观望态度,这些问题看似人们精神层面的问题,实则牵涉改革开放的前途命运和社会主义事业发展全局。在此情况下,邓小平依然用"发展"这把万能钥匙来破解这一社会难题,他明确指出:"抓住时机,发展自己,关键是发展经济。现在,周边一些国家和地区经济发展比我们快,如果我们不发展或发展得太慢,老百姓一比较就有问题了。所以,能发展就不要阻挡,有条件的地方要尽可能搞快点,只要是讲效益,讲质量,搞外向型经济,就没有什么可以担心的。低速度就等于停步,甚至等于后退。"①当然,邓小平还不止一次地强调了抓精神生产也就是精神文明建设的重要性,他在会见印度外宾时指出:"我们要特别注意建设物质文明。与此同时,还要建设社会主义的精神文明,最根本的是要使广大人民有共产主义的理想,有道德,有文化,守纪律。"②可见,邓小平把发展尤其是发展经济作为我们国家最为紧迫的头等大事的同时,也把提升人们的精神文明程度放在同等重要的地位。

---

① 《邓小平文选》第三卷,人民出版社 1993 年版,第 375 页。
② 《邓小平文选》第三卷,人民出版社 1993 年版,第 28 页。

解决人民生活水平不均衡问题依然要靠发展。提到人民群众的生活水平我们一般会从其基本内涵上来理解,注重去考量其物质生活水平或者经济生活水平。还有人会倾向于从纵向方面来理解,去深入探究从原始社会以来在五种社会形态发展演进过程中而随之发生的生活质量和水平的相应提升和转变。按照这些思路来思考人们的生活水平问题显然是无可厚非的,也是能够探究出一定的状况和问题的。但除了纵向的探讨思路之外,横向的考察和思考则更能发现在人民生活水平方面存在的问题,也就更容易在此基础上梳理出行之有效的破解之道。我们中国古代"不患贫而患不均"的平均主义思想、现代社会所出现的"仇富"心理以及"外国的月亮要比中国的圆"的惯性思维以及社会主义所倡导的共同富裕原则,这些都是在对自身生活水平和别人、别的地区甚至是别的国家进行比较后所产生的主观倾向或理性思考,也是我们党要解决人民生活水平不均衡问题所要聚焦的发力点。平均主义和"仇富"心理是具有紧密联系的一个问题的两个方面,正是由于"平均主义"的大锅饭被打破,有些人脱颖而出地快速富起来了,社会上才会出现"仇富"心理。反之,如果始终坚持平均主义,就永远不会产生"仇富"心理。而对"外国的月亮要比中国的圆"的考察则要坚持历史的观点,这是改革开放初期以及此后的一段时间中国社会的一种现象,到了2010 年人们(包括西方人)的这种观念就有了明显改观,更不用改革开放四十多年之后的今天了。张维为曾经指出:"一个'文明型国家'的影响力将是全方位的:经济、政治、外交、文化、军事等无所不包。西方正在重新认知中国,但这个过程才刚刚开始。"①当然,由于中国的发展在很多方面还存在较为严重的发展不充分和不平衡的问题,中国也并没有而且不可能完全解决人民生活水平的不均衡问题,这就需要我们始终坚持社会主义的共同富裕原则,唯其如此,我们才能够为提高人民生活水平打下坚实的基础。总体来看,只有尽快提升发展速度和发展水平,逐步解决国内的发展不平衡、不充分的现实问题,我们国家才能够在缩小区域、城乡、行业等各种差距的过程中,逐步在发展中提高人民的生活水平。

(三)解决突出矛盾和问题需要发展

依靠发展来解决中国的突出矛盾和问题,是中国特色社会主义道路的一个

---

① 张维为:《中国震撼:一个"文明型国家"的崛起》,上海人民出版社 2011 年版,第89 页。

显著特点。从历史演进的视角来看,中国近代以来有两大历史性课题,一个是民族独立、人民解放;另一个是国家富强、人民幸福。第一个问题需要靠革命来解决,而第二个问题显然要靠发展才能够解决。历经中国共产党领导中国人民的长期浴血奋斗,新中国的诞生和社会主义制度的确立,第一个问题被我们党成功解决了。接下来,就是如何来用发展解决第二个问题。从宏观的视野来看,国家的强大和人民的幸福显然是事关国计民生的大问题,但立足社会现实,这一问题又有着实实在在的具体内涵,没有经济社会的全面发展就谈不上国家富强,没有每一个的全面小康也难以实现人民幸福。由此,社会主义制度确立后人民群众在经济文化等方面的发展需求和社会生产的相对落后就成为我们国家亟须解决的主要矛盾。这个社会主要矛盾贯穿于我国社会主义初级阶段社会生活的方方面面,同时也决定了只有依靠发展才能解决我们面临的突出矛盾和问题。从世界的角度来看,中国依然是一个发展中国家。尽管我们已经跃居世界第二大经济体、第一外汇储备大国、第一货物贸易大国,但我们国家区域之间、城乡之间发展很不平衡,还有不少落后地区、贫困人口,还有工业化的历史任务尚未完成。依据中国社会发展进程和发展状态,党的十八大作出"三个没有改变"的明确判断:"我国仍处于并将长期处于社会主义初级阶段的基本国情没有变,人民日益增长的物质文化需要同落后的社会生产之间的矛盾这一社会主要矛盾没有变,我国是世界上最大发展中国家的国际地位没有变。"①因此,对当代中国来说,发展依然是一项需要长期坚持的历史任务,是解决我们所面临的突出矛盾和问题的关键。

要解决矛盾问题就必须依靠发展,这也是我国改革开放以来长期积累的发展经验。党的十一届三中全会正式开启了改革开放新征程,是我们国家发展历程中的一次重大历史变革。改革开放初期,邓小平同志就认为,只有依靠发展才能增强我们国家的核心竞争能力,发展才是硬道理,是我们必须坚持的重要战略。邓小平善于从不同的角度去观察问题,他还认为要从全世界的层面来考虑发展问题,在发展中解决全人类面临的矛盾和问题。改革开放以来,正是因为坚持了正确的发展理念,中国特色社会主义制度才得以不断发展完善,我们国家的

① 《十八大以来重要文献选编》(上),中央文献出版社 2014 年版,第 12—13 页。

综合国力也有了显著提升,社会主义的经济建设与社会发展等方面都取得了巨大进步。伴随着社会生产力水平的不断提高,人民的生活水平的持续跃升,我们国家的国际地位和国际影响力也得到了大幅度提升。改革开放以来的发展实践充分证明,必须坚持发展才是硬道理的科学理念,要设定好科学的发展方案,始终扭住发展这一根本任务不放松。只有通过经济社会的快速发展积累起坚实的物质基础,才能有效解决坚持和发展中国特色社会主义进程中的各种矛盾和问题。

紧紧依靠发展才能解决我们国家面临的突出矛盾和问题。随着基本制度和体制机制的完善和优化,中国特色社会主义道路的引领性得到凸显,中国的发展经验得到世界上越来越多国家的欢迎和认可,中国的国际竞争能力日益增强。与此同时,在我国发展过程当中的一些不平衡的问题变得越来越严重,如经济发展总体水平仍然较低,经济的增长效率不强,这导致人民群众的整体消费水平失衡、消费能力分化严重。再加上社会基础资源还没有达到科学合理的优化配置,农业基础设施建设整体上过于薄弱,产业结构还不够合理,城乡之间、地区之间的发展不平衡还没有得到有效解决,这些问题使我国经济社会的整体发展面临着突出矛盾和问题。同时,公共设施建设水平较低再加上社会公共事业发展相对滞后使一些老百姓的自身基本利益也受到了一定影响。总体来说,我国的社会主义还处于不发达阶段,我们国家还没有成为发达国家,这样的国际地位仍然没有发生根本改变。在这样的情况下,我们国家要在保持社会稳定性的基础上,积极主动地参与国际竞争,不断提高自身竞争能力,增强国际话语权,这样才能在全面深化改革的历史进程中,实现全面建成小康社会和实现中华民族伟大复兴的"两个一百年"奋斗目标,这样才能更好地坚持和发展中国特色社会主义,实现国家长治久安。只有牢牢抓住"发展"这一核心要素才能够增强社会经济发展水平,只有一心一意地谋求发展,才能增强我们国家的经济实力,才能解决各种矛盾和问题,进而提高人民的生活水平,获得人民群众的认可和支持。

(四)抵御各种风险挑战更需要发展

改革开放以来,在经济社会发展突飞猛进的同时,我们也面临着许多风险和挑战。1989年的政治风波就是我们国家所面临风险的一次集中体现。对此邓小平有着清醒的认识和客观的判断,他在会见非洲外宾时指出:"西方国家正在打一场没有硝烟的第三次世界大战。所谓没有硝烟,就是要社会主义国家和平演变。东欧的事情对我们说来并不感到意外,迟早要出现的。东欧的问题首先出在内部。西方国家对中国也是一样,他们不喜欢中国坚持社会主义道路。"①由此可见,邓小平对中国的政治风波是有预见性的,这也正是我们国家能够快速应对并有效处理这次政治风波的重要原因。当然,邓小平"发展才是硬道理"的理念对解决问题也是大有裨益的,正是依靠发展我们党才成功抵御住了各种风险。当前,我国社会发展中所面临的新型挑战和风险日益增多,主要包括伴随网络社会兴起的挑战与风险、异化思潮涌动所带来的挑战与风险、负面舆情多发所产生的挑战与风险、基本公共服务非均等化所产生的挑战与风险、社会阶层结构及利益格局复杂化所导致的挑战与风险、个别共产党员理想信念弱化和异变所带来的挑战与风险等。此外,传统领域的挑战和风险也呈现出日益加剧的态势,住房、医疗、教育这"三座大山"让人民群众倍感压力,食品安全、生产安全也让人民群众时刻揪心,公平正义环境、良好生态环境让人民群众充满期待而又无法真正安心。此外,个别领导干部"四风"频发和严重的贪腐问题也在消解着当今社会好不容易形成的正能量。

要有效应对我们国家所面临的风险挑战,政府部门需要对这些挑战风险的形成机理、发展规律、作用形式等情况进行深入研判,掌握其对我们国家的影响深度和影响范围,区分其轻重缓急,做好化解和防范,规避其失控之祸。从根本上看,要驾驭当今社会的复杂局面,抵御各种风险挑战,如果没有经济社会发展所积淀的基础和实力,显然是不可能做到的。"5·12"汶川特大地震,给中国带来了一场深重灾难。这是一场新中国成立以来破坏性最强、波及范围最广、救灾难度最大的地震——受灾人口和面积相当于好几个中等人口和规模的国家。在如此广阔的土地上,唤起千万颗心灵的希望,重塑安居乐业的家园,我们国家仅用了三年的时间。从瞬间"归零"到灾后重建、经济重振、文化重兴、社会重构,仅仅用了一千多个日夜,一场惨烈的天灾变成新跨越的起点。灾后重建的"汶川答卷"震撼了世界。面对重大自然灾害恢复重建的世界难题,中国凭借着发展的实力和众志成城的人民力量,逆转了被灾难倒拨的时钟。"超越自然的奇

---

① 《邓小平文选》第三卷,人民出版社1993年版,第344页。

迹,总是在对厄运的征服中出现。"汶川、北川、青川……早已不只是川西崇山峻岭间一座座小小县城,而是中华民族崛起的象征,是彰显社会主义中国发展之力的窗口,更是解读"发展是硬道理"的生动密码。

改革开放以来,中国在世界上的地位日隆,影响力也随之不断扩大。中国可以办一些大事,可以举办令世人难忘的奥运会,可以在抗震救灾中攻坚克难,这充分彰显了中国的发展实力。正如习近平所指出:"只要我们万众一心、众志成城,就没有克服不了的困难。"①在面临世界金融危机的环境之下,中国仍然保持着较快的发展速度,让全世界的国家都为此感到震惊。但是作为发展中国家,在发展的过程中我们必须时刻保持清醒,我们国家在很多方面比起发达国家仍然有着较大差距,我国仍然需要不断增强自己的发展水平和实力。国际金融危机让许多国家的经济发展遭受了重大损失,这也为一些国家带来了机遇。在经济危机发生之后,世界经济开始朝着前所未有的方向进行发展,许多国家利用这一契机对经济体制进行改革,强化经济的管理,修补各种各样的经济漏洞,并增强经济发展的稳定性,不断提高防御能力。许多国家注重在发展的过程中进行创新,并利用新能源和新材料,实行低碳环保的绿色发展措施,在大力对产业结构进行转型之后,抢占了世界发展先机。国际社会在强化整体市场经济的发展规则之后,形成更加优质的金融体系,并对原本的经济体制进行改革。世界经济的调节力度在不断地强化,全球范围之内的竞争也随之大规模展开,"逆水行舟,不进则退",这也是中国在面对全新的市场竞争当中所遇到的机遇与挑战。要有效应对这些机遇和挑战,中国必须增强自身的能力,只有抢抓机遇,掌握主动,使我国的经济社会实现更好更快的发展,才能进一步缩小与世界先进水平的距离,才能进一步改善我国发展所面临的国际环境,使我们国家在世界经济和政治舞台上争取到更加有利的位置。

---

① 《习近平谈治国理政》第一卷,外文出版社 2018 年版,第 5 页。

第五章　发展是党执政兴国的第一要务

发展，主要是指一个国家或社会由相对落后状态向比较发达状态转化或转变的过程。对近代中国来说，在发展问题上我们可谓是饱尝辛酸。鸦片战争之后，在西方列强的野蛮侵略和大肆掠夺之下，中华民族在苦难中明白了"落后就要挨打"的道理，我们国家开始向西方学习，发展科技、发展军事，期盼走上富强的道路。但是，在腐朽落后的封建制度之上是难以建立起现代科技所维系的"富强大厦"的，众多仁人志士的努力最终都以失败而告终，腐朽的清王朝逐步陷入半殖民地半封建社会的深渊。辛亥革命的胜利唤起了中华民族的觉醒，民主共和观念日益深入人心，但是由于其革命成果被封建军阀所窃取，最终没有能够使中国走上富强的道路。一些各自为政的封建军阀在帝国主义的支持下，为了掌控政权和瓜分利益连年混战，导致民生凋敝，国家积贫积弱。在此情况下，中国人民想通过发展走向国家富强、民族振兴的强烈意愿，一度成为难以企及的最大奢望。

中国共产党成立后，其以民族独立和人民幸福为己任的责任担当使中华民族迎来了光明的前景。经过28年的浴血奋斗，中国共产党领导中国人民推翻了反动军阀的腐朽统治，把反动的帝国主义扫除出中国，中国人民站起来了，中华民族也迎来了实现发展的良好契机。经过卓有成效的社会主义改造再加上"一五"计划所取得的巨大成就，中国实现了前所未有的快速发展，先进的社会主义制度也在中国得以确立。但是在快速推进社会主义建设事业的过程中，由于急于求成的迫切心理，我们党犯了急躁冒进的错误，社会主义的发展进程也因之而缓慢前行。邓小平等革命前辈所引领的真理标准大讨论使我们党正确的思想路线得以乘势回归，中国社会进入了改革创新的新阶段。以邓小平同志为主要代表的中国共产党人所开辟的中国特色社会主义道路，把我们国家送上以经济建设为中心的发展快车道,中国实现了经济社会的全面发展。

江泽民对发展的重要性也有着深刻的认识,他对邓小平提出的"发展是硬道理"非常认可,主张用发展的思路、发展的眼光、发展的办法解决中国的现实问题。江泽民指出,"在中国这样一个经济文化落后的发展中大国领导人民进行现代化建设,能不能解决好发展问题,直接关系人心向背、事业兴衰。党要承担起推动中国社会进步的历史责任"。① 可见,对长期执政的中国共产党来说,要想始终赢得人民群众的认可和支持,要想使中国社会摆脱贫穷落后和文明程度低下的标签,我们党就要在始终保持自身先进性要求的基础上紧紧扭住发展这个强有力的"驱动器",促进经济社会和人的全面发展,把实现全体人民共同富裕的社会主义本质要求落到实处。

一、近代中国曲折发展之经验教训的深刻总结

多难兴邦,用来形容近代中国的曲折发展历程可谓是恰如其分。当中国还沉醉于"天朝大国"的美梦中浑浑噩噩的时候,西方国家却在拥抱工业文明的快速发展中走上强国之路。鸦片战争的炮火,惊醒了沉睡的封建王朝,也给中国社会带来了野蛮侵略和深重灾难。"落后就要挨打"的沉痛教训激发了中国人寻求发展、走向富强的强烈愿望。历经近百年血与火的奋起抗争,中华大地才得以重新迎来民族独立。新中国的成立,使我们迎来了一个快速发展期,并使我们国家在取得阶段性发展成就的基础上进入了社会主义社会。但是,一旦期盼快速发展的愿望严重超越客观实际的时候,遭遇挫折就在所难免。代表全国人民心声的真理标准大讨论使"实事求是"这一朴素而管用的根本方法论在中国社会得到重新认可和贯彻执行,我们国家随之步入了快速发展的新道路。

(一)鸦片战争使中国陷入"落后挨打"的局面

悠悠 5000 年的发展历程,我们国家历经辉煌,在较长时期都站在人类文明的制高点。明朝中叶以后,几千年封建制度日积月累的问题逐渐显现,中国开始走下坡路,而同时期的一些西方国家却在工业革命的进程中不断崛起。18 世纪

---

① 《江泽民文选》第三卷,人民出版社 2006 年版,第 538 页。

的工业革命、19世纪的大机器广泛应用,使得世界的力量对比发生着悄然变化。由于在制造业方面遥遥领先,堆积如山的产品使得英国对市场的需求越发迫切。在此情况下,英国殖民者们开始涌向世界各地,试图打开新的商品市场。法国紧随其后,经济排在第二,也有着开拓世界市场的强烈愿望。作为新兴国家,美国也始终没有停下发展的脚步。在19世纪前期,美国的资产阶级掠夺者发动对土著居民与南部种族人民的进攻,将欧洲残留势力扫除后侵占市场。由于整体实力不如英法两个帝国主义国家,美国在西方列强侵略中国的行径中充当了帮凶的角色。相对落后的沙皇俄国也在1861年的农奴改革之后,迎来了资本主义经济的迅速发展。整体上,西方诸多国家都搭上了工业革命的快车,将自身经济快速发展起来。然而此时的中国却因为痛失发展良机,而成为资本主义发展的牺牲品。在西方列强的武力侵略下,我们屡尝败绩,在一次次割地赔款中逐步沦为半殖民地半封建社会。我们国家在1840年之后的百年近代历史基本上在"落后挨打"的屈辱中度过,这种痛苦而漫长的经历给中国人民造成了永久的伤害。

相比技术的落后,制度的腐朽落后才是挨打的根源。中日甲午战争的结果,再一次印证了"落后就要挨打"的事实,制度腐朽落后的危害也得到凸显。近代以来,中国与日本同样是在西方列强的尖船利炮下被迫打开了国门,但是之后的发展道路,两国却走出了不一样的结局。维新变法之后的日本开始向资本主义方向发展,在推进现代化建设的进程中逐渐崛起,面对19世纪后半期世界被西方帝国主义所主导的局面,日本提出的"脱亚入欧"等一系列的口号,暴露了这个国家对外侵略扩张的巨大野心。而同样被打开国门的中国,却没有能够走上资本主义的发展道路,虽然在此期间曾出现过一些自强、变法运动,但这些运动都本着挽救腐朽没落的封建王朝之目的,其最终走向失败也在所难免。甲午中日战争的爆发以及日本所获得的压倒性胜利,再加上巨额的战争赔款使得两国之间的力量对比更加悬殊。历史学家胡绳曾经指出了一个"恶性循环",即由于实力的落后,会挨打,但越挨打,越落后,不断循环往复。胡绳的描述可谓是对近代以来中国遭受的苦难的深刻总结。中日战争让中国处于更加不利的地位,同时日本在中国获得了大量的好处,使得其称霸亚洲的野心进一步膨胀,这就为中日两国被侵略与侵略的关系埋下了伏笔。20世纪30年代,随着日军在对华逐渐渗透基础上所发动的全面侵华战争,中国人民再次迎来"落后就要挨打"的厄运。

斯大林曾经提出"落后"会使国家遭到欺凌,但在他的理论中,只是简单地认为所谓的"落后"是指在工业方面的缺失,更确切地说是重工业方面的落后。这样的言论在某些角度上是部分适合于当时的中国的,但是它并不全面,因为当时中国的滞后表现在诸多方面,除了政治经济方面外,还有更为严峻的是缺乏民族凝聚力和很多方面都实力不足的问题。但"落后就要挨打"却是中华民族所经历的不争事实,值得我们每个中国人永远铭记。毛泽东曾经指出,"如果不在今后几十年内,争取彻底改变我国经济和技术远远落后于帝国主义国家的状态,挨打是不可避免的"①。前事不忘,后事之师。我们要清楚地认识到,即便是如今的中国已经成为世界第二大经济体,我们也依然还是发展中国家,很多方面仍相对落后的问题依然困扰着我们,在建设中国特色社会主义的道路上,我们还有很长的路要继续前行,要想让中华民族真正站起来,我们所有人还要为推进中国的发展而继续努力。

(二)新中国成立后既快速发展又遭遇重大挫折

新中国成立,点燃了我们国家迈向现代化的满满激情,我们快速取得了社会多方面进步的喜人成绩,也出现了一些挫折和失误。1949 年 10 月 1 日,新中国宣告成立,一个崭新的大国在世界的东方巍然屹立,中华民族也实现了久违的民族独立,迈出了走向复兴征程中最为坚实的一步。在中国共产党的正确领导下,国民经济一步步实现好转,一些遗留的历史问题也逐步得到解决,中华民族迎来了前所未有的经济社会快速发展阶段。当然,这一过程并不是一帆风顺的,而是历经了重重困难。对一个拥有几亿人口的大国来说,仅仅是解决人民的生存问题就是一个异常艰巨的重大课题。1949 年 7 月,当时的美国国务卿艾奇逊曾经预言,"人民的吃饭问题是每个中国政府必然碰到的第一个问题。一直到现在没有一个政府使这个问题得到了解决"②。很显然,艾奇逊认为新中国依然解决不了中国人民的吃饭问题。艾奇逊的预言并不是空穴来风,而是有着一定的现实依据,这是因为当时中国的基础太为薄弱。在新中国成立前期,由于"三座大

---

① 《毛泽东文集》第八卷,人民出版社 1999 年版,第 340 页。
② 《毛泽东选集》第四卷,人民出版社 1991 年版,第 1510 页。

山"长期以来的压榨和破坏,中国方方面面的物质基础都十分落后。数据表明:新中国成立之时的1949年,与历史最辉煌时期的经济相比较,在工业的生产总值方面,数值下降了一半,其中重工业部分的减少尤为突出,达到70%,轻工业也达到了30%。部分矿石的开采量也大大下降,如煤炭的开采量下降了50%,钢铁的冶炼也下降了80%以上。在其他生产方面,粮食生产减少了25%,棉花的产量下降了48%。交通方面,全国的铁路总里程仅仅数万公里,境内3200余座桥梁遭到了破坏。而与此同时,由于国民党政府滥用职权,长期不遵守经济规则随意发放货币,这使得通货膨胀的情况越发严重,市场价格开始向非正常的方向发展。新中国成立时,城市人口中,有400万人失业,在农村更是有着4000万的穷苦难民,广大人民群众的生活质量都十分低下。

　　快速发展是解决新中国所面临众多现实问题的关键。想要解决中国的基础薄弱问题,就必须加快国家的工业化进程,走好工业化发展道路,在经济方面取得长足的进步。1952年,毛泽东指出,我们国家基本上完成社会主义改造的时间是在10—15年之间,而不能浪费时间在漫长的过渡阶段上。1953年,我们党经过深思熟虑后,正式提出了过渡时期的总路线。在这一过渡时期,我们要"逐步实现国家的社会主义工业化,并逐步实现国家对农业、对手工业和对资本主义工商业的社会主义改造"①。在总路线的激励下,1953年,第一个五年计划在我们国家顺利开展,在此过程中,重工业的建设质量得到了显著提升,成为整个一五计划的核心组成部分。重工业是一个国家得以发展强大的坚实基础,近代以来,众多救国救民的有志之士都希望我们国家能够拥有强大的重工业。毛泽东同志在《论十大关系》中,阐释了多种关涉国计民生的重要关系,其中位居前列的重大关系,包括有重工业和轻工业以及农业的关系、沿海工业与内地工业的关系、经济建设与国防建设的关系等。他强调,要抓住一切有利时机和积极条件,调动一切可以调动的积极因素,为实现社会主义工业化而奋斗。1956年9月,中共八大在北京召开。新中国成立以来的长期实践摸索所积累的发展经验,在这一次大会中得到了总结与提升。大会对新中国成立以来以及社会主义制度确立后的基本国情进行了客观分析,并对今后国内社会的主要矛盾及任务进行了

---

　　① 《毛泽东文集》第六卷,人民出版社1999年版,第316页。

研判与规划。大会认为，我国当时社会的基本矛盾是"人民对于经济文化迅速发展的需要同当前经济文化不能满足人民需要状况之间的矛盾"。大会强调，现阶段党和国家的根本任务，是"在新的生产关系下保护和发展生产力"，把资源服务于生产，将工业化进程向前推进，让人民的需求得到进一步的满足，让人民的满足感进一步提高。面对当前的经济建设问题，大会认为，不能过于急躁冒进，也不能在原地止步不前，二者需要做到平衡，经济社会发展要在适当的速度下平稳前进。

新中国成立后经济社会发展取得了显著成就。在正确指导思想和发展理念的引导下，我们的经济在朝着更好的方向发展，社会建设也取得了长足的进步。当时的主要发展成就在于，我们仅在1949年及以后的两年内，就使得千疮百孔的国民经济得以恢复，在1952年的年末，相比三年前，工农业整体产值已经提高了77.5%，工业方面的增长高达145%，农业的增长也达到了48.5%，一系列产品的生产总量大大增长，超过了历史最高纪录。随着物质条件的提高，人民的生活条件也随之得到了改善，全国范围内的职工工资普遍提高，农民的收入增长也超过30%，国家的财政状况在根本上得到了恢复，交通状况也有了明显好转。在社会多方人员的努力下，仅1949年的一年内，修复铁路与受损桥梁的数量总量就达到了一万以上，到1950年，仅修复的铁路里程就到达了14000多公里，国内原有的铁路基本可以实现运行。与此同时，除铁路外的公路与水路、空运等交通线路纷纷得到恢复。1956年，长春汽车制造厂缓缓驶出一辆"解放牌"卡车，在众人的簇拥下，我国的汽车行业开启了新的征程。1960年，在酒泉升起的浓浓烟雾中，第一枚中国制造的火箭，离开地面冲向天空，就像是新中国的发展，一飞冲天。1964年的一声巨响，第一颗原子弹在我国爆炸成功，结束了我国没有核武器的历史。1964年我国自主研发的中近程导弹通过实验，宣告成功。1965年，在医学方面的研究也取得了重大突破，我们完成了结晶牛胰岛素的人工合成工作，这是世界上史无前例的实验，我国开辟了人工合成蛋白质的新纪元。原子弹爆炸成功后，在1967年氢弹也紧随其后，完成爆炸试验。1970年我国的"东方红一号"飞入太空，我们国家成功跻身当时世界上仅有的五个能够发射卫星国家的行列，与此同时中国的航天时代随之到来。1959年，一代劳模王进喜，带领老一辈吃苦耐劳的石油工作者们，面对恶劣的自然条件，凭借尚不发达的技术和设备,筚路蓝缕,兢兢业业。三年时间,我们国家果断迅速完成了大庆油田的相关建设工作,让这座石油宝库得以问世,从此将我国"无油"的标签被彻底甩掉。1957年,武汉长江大桥,这座让我们引以为豪的桥梁工程竣工通车,成为中国桥梁建设的辉煌节点,意义非凡。1965年,袁隆平同志研制出杂交水稻,不论在理论还是现实层面都推翻了米丘林等人提出的"无性杂交"理论,在某种程度上讲,杂交水稻使大量挣扎在饥饿边缘的人解决了温饱问题。随着国民经济的快速恢复,各项事业的有序推进,我国经济社会发展呈现出欣欣向荣的喜人局面。

认识的偏差导致我国发展遭遇重大挫折。在发展问题上曾经走过弯路,这是我们不得不承认的客观事实。确立社会主义制度的欣喜和迈进新社会所面临的经验不足,使我们国家在急切建成社会主义的探索进程中出现了认识偏差,在"大跃进"、人民公社化、"文化大革命"等超越当时中国实际的政治运动影响下,我们的经济社会发展在较长时期停滞不前,国民经济和人民生活水平都遭受了严重的负面影响。但是,乌云和迷雾不能永远遮蔽光芒四射的太阳,历经挫折越发让我们对正确的发展道路更加渴望。对社会主义建设探索进程中所遭遇的挫折,我们也要一分为二的理性看待。邓小平断言:"过去的成功是我们的财富,过去的错误也是我们的财富。我们根本否定'文化大革命',但应该说'文化大革命'也有一'功',它提供了反面教训。没有'文化大革命'的教训,就不可能制定十一届三中全会以来的思想、政治、组织路线和一系列政策。三中全会确定将工作重点由以阶级斗争为纲转到以发展生产力、建设四个现代化为中心,受到了全党和全国人民的拥护。为什么呢?就是因为有'文化大革命'作比较。'文化大革命'变成了我们的财富。"①

(三)党的十一届三中全会开启改革发展新时期

革故鼎新是中华民族优秀传统文化的核心理念,"治世不一道,便国不法古",是我国古代崇尚变革的政治家所信奉的座右铭。在古人看来,只要是有益于让国家朝着更好的方向发展的策略,皆可酌情实施,而不一定死板的要固守前人的经验,商鞅、王安石等就是中国历史上变法人物的著名代表。在探索社会主

---

① 《邓小平文选》第三卷,人民出版社1993年版,第272页。

义建设规律的进程中,中国共产党人也是中华民族革故鼎新理念的优秀继承者。1978 年 12 月召开的党的十一届三中全会,打破了计划经济体制对人们的长期禁锢,作出了实行改革开放的重大决策。此后,在中国共产党的领导下,我们国家开创了中国特色社会主义道路,并在这条走向现代化的康庄大道上进行着不懈的探索,促进我国生产力的快速发展,让全国人民也都逐步过上小康生活,并朝着共同富裕的美好前景阔步前进。

实行改革开放是有效应对国内外发展形势的必然选择。一方面,改变经济社会发展的落后局面需要改革开放。当时我国正处于"文化大革命"刚刚结束的时期,生产力发展缓慢,人民群众的温饱还没有解决,科技教育也比较落后。"文化大革命"时期,党和人民正遭受了严重的灾难,社会的发展受到了很大的阻碍,相关的制度也被严重的破坏。在这样的情况下,弥补"文化大革命"给中国带来的伤害,通过改革开放来改变当时的困顿局面是非常必要的。"文化大革命"结束后,当时的农民生活依然非常艰难,甚至连基本的温饱问题也解决不了。根据当时的统计,在 1978 年,全国农民的总收入非常的低,平均年收入仅有 74 元,全国大部分的农民收入都不足 50 元,甚至有些人每天只能挣到一分钱。万里担任安徽省委书记后,对安徽的农业现状大为震惊,当时的农民生活普遍非常困难,有很多农民们的吃穿问题都解决不了,很多农民没有像样的房子,没有一件像样的家具,可以说是家徒四壁。令万里没有想到的是,在中国解放了几十年之后,居然还有这么穷的农村。正是基于对这一问题的深刻思考,安徽省对农民的禁锢相对宽松,这也与家庭联产承包责任制能够在安徽省率先发起有着一定的必然联系。另一方面,缩小与国外科技实力和生产力水平差距需要改革。20 世纪 70 年代末,新科技革命在全球方兴未艾,对推动全世界的经济发展起着不可或缺的重要作用。相比全世界来说,由于缺乏先进的科学技术,我国经济的总体水平非常低,与世界发展水平有着较大的差距。在 1978 年,我国的国民生产总值与西方国家有着很大的差距,科技的发展水平也远远的落后于大部分现代化国家。面对着这样严峻的国际竞争局面,我们党和全国人民都意识到了问题的严重性,要尽快地化解这种危机,必须尽快地发展起来,提高我国的经济实力和科技水平,赶上国际先进水平。例如,当时我国和德国的生产力水平相差比较大,生产相同数量的煤需要的工人居然相差近 80 倍;瑞士使用低水头水力发电的容量与我国相同,但是职工却远远的少于我们;与德国相比,北京首都国际机场起落的飞机数量相差甚远;等等。

实行改革开放是完善发展社会主义制度的客观要求。新中国成立以后,在进行社会主义改造的过程中,我们照搬苏联模式逐步建立起高度集中的计划经济体制,这一经济体制在促成新中国成立初期一段较长时间的快速发展之后,又日益成为阻碍中国生产力发展的严重障碍。要扫除这一障碍,进一步解放和发展社会生产力,中国就需要进行第二次革命。生产力与生产关系的矛盾运动贯穿社会主义发展进程的始终,在社会主义社会的各个历史阶段,我们既要考察生产力的发展速度和水平,还要考察生产关系容纳空间以及它所反映出的社会阶级状况,最终在综合考察的基础上找到维持二者关系的平衡点,而改革无疑是调试二者在社会主义制度框架内的张力,激发其生机和活力的重要手段。当然,要想早日实现社会主义现代化也离不开改革,这里所说的改革不仅是指致力于建立和完善社会主义市场经济体制的经济改革,还包括以维护社会公平正义为价值指向的政治体制改革以及提升社会成员道德水准和文明程度的精神文明建设等。此外,只有实行改革开放,我们国家才能尽快地发展经济,提高人们的生活水平,才能拥有与其他国家进行竞争的资本。邓小平对改革开放对发展中国社会主义的重大意义认识尤为深刻,改革开放初期,他就振聋发聩地指出不改革社会主义事业就会被葬送。在推进改革开放的进程中,邓小平指出:"谁也不能阻挡中国的改革开放继续下去。为什么? 道理很简单,不搞改革开放就不能继续发展,经济要滑坡。走回头路,人民生活要下降。改革的趋势是改变不了的。"[①]也正是在持续推进改革开放的进程中,我们国家的经济社会发展才能够取得巨大成就,人民生活水平才能得到持续提高,中国特色社会主义制度才得以不断完善和发展。

改革开放成为新时期的最显著特征。1978 年 12 月,党的十一届三中全会作出了改革开放的历史性抉择。这次全会的重大决定标志着我国正式开启了改革开放新征程,从中华民族的发展史上来看,这次全会是一个伟大的转折,具有深远的意义。在改革开放进程中我们党实事求是的思想路线得以重新确立,开

---

① 《邓小平文选》第三卷,人民出版社 1993 年版,第 332 页。

放的思潮打破了人们长期以来的思想禁锢,中国社会和人民群众的面貌发生了重大变化。在全国人民积极主动的努力奋斗下,我们国家取得前所未有的发展成就,中国社会主义的面貌也发生了巨大的改变。党的十一届三中全会,使我们国家决定改变过去"以阶级斗争为纲"的错误做法,打破封闭僵化的经济体制,决定以经济建设为中心来推进经济建设,以改革开放来大力发展市场经济。我们国家拥有大量的人口,只有通过实现社会主义现代化来提高人民生活水平,才能够发展好中国特色社会主义,使我们在当今世界占据一定的位置,并日益走近世界舞台的中央。在改革开放的不断探索中,我国开始走上了中国特色社会主义道路,党的事业也迎来了新的局面,马克思主义也得以发展到新的阶段。在这次全会精神指引下,我们国家开始走上全面推进改革开放的有别于传统社会主义模式的崭新社会主义发展道路,党和人民开始在立足自身特殊状况的基础上推进社会主义建设的探索进程。

我们国家的改革首先在农村拉开序幕,进而在城市逐步全方位推进,改革开放是发展社会主义的强大助推器,是引领中国人民创造富裕生活的强国之路。在改革开放进程中我们国家逐步建立了社会主义市场经济体制,使中国的社会面貌发生了巨大变化。中国对外开放也很快实现了从沿海向内地的发展,形成经济特区——沿海开放城市——沿海经济开放区——内地,这样一个全方位、多层次、宽领域的对外开放格局。改革开放以来,中国"最显著的成就是快速发展。我们党实施现代化建设'三步走'战略,带领人民艰苦奋斗,推动我国以世界上少有的速度持续快速发展起来。我国经济从一度濒于崩溃的边缘发展到总量跃至世界第四、进出口总额位居世界第三,人民生活从温饱不足发展到总体小康,农村贫困人口从二亿五千多万减少到两千多万,政治建设、文化建设、社会建设取得举世瞩目的成就。中国的发展,不仅使中国人民稳定地走上了富裕安康的广阔道路,而且为世界经济发展和人类文明进步作出了重大贡献"①。社会主义新时期的实践发展充分证明,改革开放是决定当代中国命运的关键抉择,是我国经济社会发展状况实现历史性进步的助推器,是发展中国特色社会主义、实现中华民族伟大复兴的必经之路。可见,只有社会主义才能救中国,只有改革开放

---

① 《十七大以来重要文献选编》(上),中央文献出版社 2009 年版,第 7 页。

才能发展中国。改革开放是我国的强国之路,是国家发展进步的活力源泉,我们要毫不动摇地坚持改革开放。

二、对中国共产党的先进性建设和
执政能力建设的准确把握

发展是解决中国一切问题的关键,也是中国共产党人治国理政所要解决的首要任务,贯穿于我们党治国理政的全过程。面对世纪之交风云际会的复杂国内外局势,以江泽民同志为主要代表的中国共产党人,尤其注重把发展作为执政兴国的第一要务,始终把发展问题置于党和国家工作的首要位置,我们党不仅注重推动经济社会发展,还想方设法持续推进人的全面发展。江泽民多次强调,"发展是硬道理,这是我们必须始终坚持的一个战略思想。对这个问题,不仅要从经济上看,而且要从政治上看。二十多年来,我们党的路线方针政策得到全体人民的拥护,我们经得起国际国内各种风浪的考验,我国的国际威望和影响不断提高,都与我国社会生产力的迅速发展、综合国力的显著增强和人民生活的不断改善密切相关"[1]。社会主义建设的实践充分证明,对像中国这样的发展中大国而言,能不能解决好发展问题,直接关系人心向背、事业兴衰。离开社会主义事业的发展,社会主义制度的优越性、中国共产党的先进性和实现中华民族伟大复兴都无从谈起。为了共产党员的先进性和社会主义优越性融为一体,我们党要承担起推动当代中国发展进步的历史责任,必须牢牢把握发展这一关键要素,在激发先进生产力、培育先进文化的过程中确保人民根本利益,在促进社会全面进步的过程中逐步实现人的全面发展。

(一)"三个代表"是共产党人先进性和执政能力的集中体现

永葆先进性是中国共产党在执政实践中的永恒追求。在治国理政实践中,要想赢得人民群众的衷心拥护,就一定要在党的领导下朝着解放和发展生产力的正确方向不断前进,在制定路线方针政策时一定要充分考虑到人民群众的根本利益,在为广大人民群众的利益谋划中推动经济社会发展。2000 年,江泽民

---

① 《江泽民文选》第三卷,人民出版社 2006 年版,第 118 页。

同志在广东考察并就如何保持党的先进性发表的重要讲话中指出:"总结我们党七十多年的历史,可以得出一个重要结论,这就是:我们党所以赢得人民的拥护,是因为我们党在革命、建设、改革的各个历史时期,总是代表着中国先进生产力的发展要求,代表着中国先进文化的前进方向,代表着中国最广大人民的根本利益,并通过制定正确的路线方针政策,为实现国家和人民的根本利益而不懈奋斗。"[①]可见,在世纪之交新的时代背景下,我们党必须始终坚持"三个代表"重要思想,能否真正做到"三个代表"关系着改革开放能否顺利推进,关系着我国经济社会发展全局,关系着中国特色社会主义事业的前途和命运。大力发展社会生产力,发展社会主义先进文化,满足广大人民群众的根本利益,是中国共产党人历经长期奋斗得出的科学结论,是共产党人先进性和执政能力的集中体现。

践行"三个代表"是确保我们党执政地位的客观需要。在进入 21 世纪之后,我们国家的经济社会发展面临着巨大的挑战,中国的社会主义事业也遇到很多困难。在此情况下,我们党一定要从自身发展的历史进程中汲取经验和教训,在不断加强党的建设过程中应对各种困难和挑战。坚持"三个代表"重要思想,是中国共产党人紧跟时代的潮流,抓住有利时机,迎接困难挑战,通过加强自身建设,来提高执政能力和水平的重要举措。在激烈的国际竞争环境下,要推动我国经济的迅速发展,实现人民生活的显著改善,确保改革开放保持正确轨道,我们党就需要不断加强自身建设。21 世纪,人们的利益分配和就业方式都发生了新的改变,在打破了之前的平衡之后,进入一个新的平衡当中。与此同时,人民内部矛盾也在利益多元化的驱动下变得越来越复杂,个别党员干部在市场意识侵蚀下出现了腐败问题。因此,在我们国家发展的重要时期,要想始终确保中国共产党的领导核心地位,必须探索有效的途径来加强党的建设,必须要从严治党,健全相关的法律法规,不断提高党员干部的个人素质。积极贯彻落实"三个代表"重要思想,就是要在加强党的建设过程中坚持党的领导、强化党的领导,为实现中华民族的伟大复兴提供坚强的政治保障。

"三个代表"是中国共产党先进性的集中展现。"三个代表"是党和国家的全部理论和实践活动的集中概括,指明了一切工作的基本原则和根本方向,具有

---

① 《江泽民文选》第三卷,人民出版社 2006 年版,第 2 页。

鲜明的时代特征,是中国共产党的立党之本、执政之基、力量之源。党的先进性是人民赋予的,这是因为我们党无论身处何种发展阶段、怎样的存在状态,我们都把人民群众看作事业之基、力量之源。由此,我们党"代表着中国先进生产力的发展要求,代表着中国先进文化的前进方向,代表着中国最广大人民的根本利益"①。作为执政党,中国共产党深刻认识到生产力、精神文化和人民利益的至关重要性,只有这些方面得到保障,才能立于不败之地。只有发展生产力,发展经济,繁荣文化,推动社会发展进步,提高人们的生活水平,才能提升我国的综合国力和国民生产总值,才能使中国逐渐实现现代化,进而实现民族复兴。要使中国拥有强大的生产力,我们党就需要按照发展规律来解放和发展生产力,制定相应方针和政策。在我国发展社会生产力,一定要结合自身的条件,这样才能使我们的生产力发展满足社会的现实需求。坚持党的领导,需要在发展社会主义文化中贯彻落实党的指导思想和方针政策,需要提高人民群众的思想道德素质及科学文化素质,还需要大力弘扬民族精神,这样才能为我国的经济发展提供源源不断的精神动力,不断逐步实现现代化,促进社会的全面发展与进步。党的先进性与人民群众的根本利益向来都是不互相违背的。社会的每一次发展进步无不展现着群众的智慧和磅礴力量,而人民的根本利益则一直是当政者要首先考虑的决定性问题。维护人民利益,就需要满足他们日益增长的物质文化需求,通过解决人民内部矛盾,在全心全意为人民服务的过程中推进经济社会发展。此外,人民的根本利益是我们党的终极价值目标和鲜明实践指向。不论是促进生产力的快速发展,抑或是推动文化的繁荣昌盛,人民的根本利益都是其不变的价值追求。践行"三个代表",就是要坚持党的基本路线,在党的领导下明确地维护人民群众应有的各种权益,确保他们的根本利益得到保障。

"三个代表"是共产党人执政能力的集中体现。对以人民幸福和民族复兴为初心使命的中国共产党来说,能否做到"三个代表"至关重要,这是检验我们党执政能力和执政水平的显著标志。中华人民共和国是工人阶级领导的,以工农联盟为基础的人民民主专制的社会主义国家。作为执政党,我们党必须牢记历史使命,将党的建设和国家发展以及人民利益融合起来,使"三个代表"重要

---

① 《江泽民文选》第三卷,人民出版社 2006 年版,第 2 页。

思想入心、入脑并见诸行动。一个国家的兴旺发达,离不开政党的支持和人民的拥护。在社会主义事业的发展过程中,我们难免会遇到很多困难和挑战,执政党要时刻做好准备迎接挑战,引导人民群众共同团结起来应对困难。面对治理国家进程中的诸多困难和问题,中国共产党人必须坚持"三个代表"重要思想,这样才能推进经济社会发展,才能无愧于广大人民群众。党的执政权力是人民赋予的,所以党必须做好自己的执政工作,巩固自己的执政地位,提高执政水平,这样才能发挥出执政党应有的领导力量。"三个代表"是中国共产党执政为民的力量源泉,中国共产党之所以能够不断发展壮大,这是因为有人民的拥护。在近代历史上我们党战胜了很多强大的敌人,这是因为我们党根据中国实际制定出正确的革命路线,并朝着正确的道路不断前进。为了确保党的执政地位,我们党始终坚持并努力确保实事求是思想路线得以践行,不断在实践中丰富发展马克思主义。近年来。社会主义中国在经济和社会发展的很多方面都取得了很大成就,这显然离不开党的领导,是我们党执政能力的重要体现。中国人民的生活水平不断提高,在解决温饱问题的基础上,我们继续朝着全面小康的目标稳步前进。当然,在历史上我们也曾经犯过错误,遇到过很多困难,但是在中国共产党人坚持不懈努力下,我们承受住了各种严峻考验,并最终在党的领导下使我们的社会主义焕发蓬勃生机。发展社会生产力、发展社会主义先进文化、坚持以人民的根本利益为基础、将全部的力量都放在为人民谋利益上,这是中国共产党人执政能力的集中体现。

(二)发展社会生产力是执政党的历史使命

重视发展社会生产力是贯穿马克思主义始终的关注点,也是一个社会得以发展的本质要求。马克思、恩格斯在《德意志意识形态》一书中提出"生产力是全部历史的基础""生产力的总和决定着社会状况"等观点来说明发展生产力的重要性。马克思、恩格斯强调指出:"一切对于后来时代来说是偶然的东西,对于先前时代来说则相反,亦即在先前时代所传下来的各种因素中的偶然的东西,是与生产力发展的一定水平相适应的交往形式。"[①]在此,我们可以充分地体悟到生产力对社会发展的重要作用。而以苏联为代表的传统社会主义模式却违背

---

① 《马克思恩格斯选集》第1卷,人民出版社1995年版,第123页。

了唯物史观的基本原则,只是注重从现存的生产关系及所有制结构来判定社会的制度属性。在社会主义建设探索时期,我们党对社会主义理解的一条重要教训,就是以唯上、唯书的思维来看待社会主义,从马克思、恩格斯所设想的理想状态和日益僵化的"苏联模式"为参照来看待和建设我们国家的社会主义,这导致我们国家也出现了在生产力发展水平相对滞后而急于实现生产关系变革的急躁冒进做法,使我们国家刚刚迈上轨道的社会主义事业因此而遭遇不应有的重大挫折。

片面发展生产关系给我们国家的社会主义事业带来严重危害。在1957年到1977年的20年间,我们国家较为注重根据抽象的社会主义一般"性质"来选择发展生产力的方式。因为商品经济是资本主义社会长期实行的经济形式,我们便和苏联一样把商品经济和社会主义相互对立起来。从本质上来看,我们这一时期的错误做法涉及如何看待资本主义文明成果和发展手段的问题。资本主义和社会主义有对立的一面,对此我们绝对不能忽视。然而,在对立中我们也要看到两者相互统一的一方面。在推进资本主义社会快速发展的诸多手段之中,很多都是反映社会化规律的先进文明成果,其本身不具备社会制度的属性,仅仅是发展社会生产力的一种手段。如果我们国家能够充分利用资本主义的资金、设备、技术和现代化经营管理方式来发展社会生产力,那我们国家就会快速积累起坚实的物质基础。

把发展生产力作为执政为民的重要历史使命。在人类发展长河中,不论是哪个阶级、哪个团体、哪个组织,只要能够代表社会先进生产力的发展要求,能够从人民群众的实际利益出发,它就能够引领社会的发展,就能够获得人民群众的拥护。由此可见,判断一个政党先进与否,最根本的还是要看该政党在推动社会生产力发展中的作用大小。中国共产党是工人阶级的先锋队,是最先进的阶级,是最先进生产力的代表,因此也能够使绝大多数人民群众的重要关切和利益诉求得到较大程度的维护。立足于人民群众的切身利益,中国共产党的路线、方针、政策无一不反映先进生产力的发展要求,并且能够在历史发展洪流中与时俱进、历久弥新。解放和发展社会生产力是我国社会主义初级阶段的根本任务,这充分体现了社会主义制度的优越性。发展生产力不仅能够在物质生活上满足人民群众的各种需求,而且能够给人民群众的精神生活提供丰富资源,进而从根本上全面提高人民的生活水平,不断彰显社会主义制度相对于资本主义社会的比较优势。中国共产党执政也是为了捍卫人民群众的利益,坚持改革开放的重大决策极大地解放和提升了生产力水平,也使人民群众丰富多样的物质文化需要得到前所未有的满足,为实现人民幸福奠定了坚实基础,因此绝大多数人民群众衷心拥护党的领导。在社会主义初级阶段,坚持党的领导与坚持中国特色社会主义道路是紧密相连的,两者是我们实现中国梦的重要基石,也是党和人民能够始终坚定"四个自信"并为了实现伟大梦想而矢志不渝、竭力奋斗的力量源泉。

在改革开放以来的长期执政实践中,我们党在实践砥砺中弄明白一个道理,唯有社会发展道路正确,我们国家的社会主义事业才能够兴旺发达,只有代表了先进生产力的发展要求,党和国家的事业才能长治久安。江泽民在党的十六大报告中指出:"我们党在中国这样一个经济文化落后的发展中大国领导人民进行现代化建设,能不能解决好发展问题,直接关系人心向背、事业兴衰。党要承担起推动中国社会进步的历史责任,必须始终紧紧抓住发展这个执政兴国的第一要务,把坚持党的先进性和发挥社会主义制度的优越性,落实到发展先进生产力、发展先进文化、实现最广大人民的根本利益上来,推动社会全面进步,促进人的全面发展。"[1]此后,也正是始终能够牢记发展生产力的历史使命,我们国家才能够在改革开放40多年的发展中取得举世瞩目的巨大成就,并且使我们的国际地位得以显著提升。正如习近平总书记所说:"我们比历史上任何时期都更接近、更有信心和能力实现中华民族伟大复兴的目标。"[2]

始终代表中国先进生产力的发展要求。发展生产力是社会主义优越性的集中体现。从根本上来说,一种社会制度是否具有优越性,取决于它能否创造出比先前社会更高水平的社会生产力,能否在新的时代背景下进一步促进社会生产力的发展。对一个执政党来说,发展社会生产力不仅是事关全局的重要经济问题,而且是影响深远的重大政治问题。一方面,发展生产力是巩固我们国家人民民主专政社会主义制度的迫切需要。人民民主专政是我国的社会主义国家制度,巩固这一制度是我们党面临的重大政治问题,解决这一问题离不开社会生产

---

① 《江泽民文选》第三卷,人民出版社2006年版,第538—539页。
② 《习近平谈治国理政》第三卷,外文出版社2020年版,第12页。

力的快速发展。作为一种先进的社会制度,社会主义的巩固与发展从根本上只能以生产力的高度发展为基础。只有实现生产力的快速发展,才能彰显出社会主义制度的优越性。另一方面,发展社会生产力是未来向共产主义过渡的必要条件。实现共产主义是每个共产党人为之奋斗的远大目标,向共产主义过渡需要我们创造一系列必备条件,而生产力的高度发展则是其中最根本的过渡条件。因此,只有不断地解放和发展社会生产力才能解决这一重大政治问题。改革开放以来,我党坚持"发展才是硬道理"的根本理念,在"摸着石头过河"的实践探索中,坚持把解放和发展社会生产力作为经济社会发展的根本任务。邓小平指出:"社会主义阶段的最根本任务就是发展生产力,社会主义的优越性归根到底要体现在它的生产力比资本主义发展得更快一些、更高一些,并且在发展生产力的基础上不断改善人民的物质文化生活。"[1]21世纪,我们党依然坚持把改革开放和发展社会生产力作为我们党执政兴国的第一要务。在总结长期执政实践经验的基础上,江泽民提出了"三个代表"重要思想,把党的建设同先进文化的前进方向,同先进生产力的发展要求,同广大人民的根本利益结合起来。江泽民强调指出,"因为我们党是代表先进生产力的发展要求的,所以全党同志的一切奋斗,归根到底都是为了解放和发展生产力,党的一切方针政策都要最终促进生产力的不断发展,促进国家经济实力的不断增强"。[2] 由此,能否始终坚持解放和发展生产力、能否把生产力的发展要求作为社会变动不拘发展进程中的永恒追求,这显然已经成为检验我们党能否保持先进性的试金石。在全面深化改革开放的进程中,中国共产党始终坚定不移地聚焦和服务于生产力的变革和发展要求,为社会主义现代化以及保障人民群众的幸福生活作出了重要贡献。

(三)人民群众是经济社会发展的强大靠山

人类社会历史的演进历程充斥着人民群众的活动印记,马克思主义认为,历史活动始终是群众的事业,随着历史活动的深入开展,群众队伍必将随之得以壮大。和以往由阶级剥削主导的社会不同,社会主义社会是有史以来最多数人民群众当家作主的社会。纵观人类发展历史,伴随着生产工具日益先进,发展模式

---

① 《邓小平文选》第三卷,人民出版社1993年版,第63页。
② 《江泽民文选》第三卷,人民出版社2006年版,第2页。

不断演进,生产方式由低级逐渐过渡到高级,这就为确立人民群众创造历史的原理奠定了坚实的基础。既然人类社会的历史首先是物质生产的历史,那么人类社会的历史也首先是物质生产者的历史;既然生产方式是社会发展的决定力量,那么以劳动群众为主体的人民群众的活动,对于社会的发展也就起着决定作用,这就从根本上揭示了人民群众是推动历史发展动力的关键性问题。历史唯物主义认为,物质是人民群众生存和发展的基础,由物质的产生再到精神的产生,从而不断创造历史。第一,社会物质财富的产生是依靠人民群众创造的。由于人民群众为全世界提供衣食住行等物质资料,才产生了人类物质文明。第二,社会精神财富的产生同样依靠人民群众。正是因为物质生活得到了满足,人们越来越注重精神世界的充实,丰富灿烂的精神文化才得以创造出来。第三,社会变革要依靠人民群众的力量来完成。从原始公有制,到私有财产日益引发社会异化的几种私有制社会,再上升到人们逐步得到解放的社会主义公有制,人类社会形态的演进都是通过人民群众艰苦奋斗创造出来的,每一次社会形态的变化都推动了人类社会向前发展,因此人民群众是推动社会变革的主力军。马克思主义第一次科学地解决了人民群众在社会历史发展中的地位和作用问题,坚持把人民群众看做是历史的创造者和推动历史前进的根本力量。中国共产党从产生到发展的每一个阶段都离不开人民群众的支持,从人民群众中来,到人民群众中去,是我们党事业成功的宝贵经验。正是在这一重要层面上,毛泽东认为:"人民,只有人民,才是创造世界历史的动力。"[①]

人民群众始终是经济社会发展的依靠力量。由邓小平所开创的中国特色社会主义事业,就是坚定地依靠广大人民群众来实现的伟大创造。能否正确理解和把握社会发展的真正依靠力量,事关人民群众利益诉求能否得到实现以及这一社会的生死存亡。发展中国特色社会主义,必须依靠工人、农民、知识分子。早在改革开放初期,邓小平就在总结新中国成立以来的历史经验时指出:"在这三十年中,我国的社会阶级状况发生了根本的变化。我国工人阶级的地位已经大大加强,我国农民已经是有二十多年历史的集体农民。工农联盟将在社会主义现代化建设的新的基础上更加巩固和发展。我国广大的知识分子,包括从旧

---

① 《毛泽东选集》第三卷,人民出版社1991年版,第1031页。

社会过来的老知识分子中的绝大多数,已经成为工人阶级的一部分,正在努力自觉地为社会主义事业服务。"①作为先进生产力和生产关系的代表,我国的工人阶级能够把自身的命运自觉地与广大人民群众的命运联系在一起,是推动社会主义事业发展进步的最基本动力。在解放思想、实事求是思想的指导下,广大农民创造了家庭联产承包为主的责任制,也创造了乡镇企业,使农村改革取得了巨大成就,是我国社会主义现代化建设事业人数最多的依靠力量。作为科学技术创新的主导者和先进生产力的开拓者,知识分子已经成为工人阶级的一部分,而且是掌握科学文化知识较多的主要从事脑力劳动的工人阶级的一部分,也是经济社会发展的重要依靠力量。

执政党要始终以维护人民根本利益为己任。人民利益是马克思主义的关注点、立足点,也是其孜孜以求的价值归宿,自然也是无产阶级政党的使命所系。马克思、恩格斯始终情系绝大多数人的利益,他们明确指出:"过去的一切运动都是少数人的或者为少数人谋利益的运动。无产阶级的运动是绝大多数人的、为绝大多数人谋利益的独立的运动。"②作为马克思主义的继承者,无数的无产阶级革命者,都能够把人民群众是历史创造者这一历史唯物主义基本原理同无产阶级的革命实际有机结合起来,把无产阶级革命事业发展成为维护广大人民群众根本利益的事业。因此,始终代表最广大人民群众的根本利益,也是中国共产党的本质特征,这是无产阶级政党区别于其他政党的显著标志。毛泽东认为:"只要我们依靠人民,坚决地相信人民群众的创造力是无穷无尽的,因而信任人民,和人民打成一片,那就任何困难也能克服,任何敌人也不能压倒我们,而只会被我们所压倒。"③可见,只有选择相信人民群众,和人民群众打成一片,进而始终代表人民群众的根本利益,我们党才能够战胜前进道路上的各种艰难险阻。新世纪,中国共产党人又把始终代表人民群众的根本利益作为我们党的使命和追求,江泽民指出:"因为我们党是代表最广大人民的根本利益的,所以全党同志的一切工作都是全心全意为人民服务的,都是为了实现好、维护好、发展好人

---

① 《邓小平文选》第二卷,人民出版社1994年版,第185—186页。
② 《马克思恩格斯选集》第1卷,人民出版社1995年版,第283页。
③ 《毛泽东选集》第三卷,人民出版社1991年版,第1096页。

民的利益,任何脱离群众、任何违反群众意愿和危害群众利益的行为都是不允许的。"①显然,创造人民群众的幸福生活离不开党的领导,而党的发展进步也离不开人民群众的支持。历史已经证明并将继续证明,中国共产党是能够始终代表中国最广大人民群众根本利益的马克思主义政党。

三、顺应世界潮流且赢得国际竞争的重大战略

发展是人类社会的永恒主题。第二次世界大战以后,全世界人民对和平更加渴求,对实现快速发展更加期待,和平与发展成为时代的主题。中国是一个社会主义国家,更是一个欠发达的发展中国家,我们对于发展的需求更加迫切。长期以来,我们党的几代领导集体围绕发展问题进行了一脉相承的不懈探索,并从思想理论上不断深化对发展问题的认识,先后提出了"落后就要挨打""发展才是硬道理""以人为本的发展观"等关涉发展问题的重要论断,最终开创了具有中国特色的社会主义发展道路,形成了重视发展、善于发展的重大战略。立足于当今世界和平与发展的时代主题,我们党把发展作为推动改革开放进程和维护社会和谐稳定的坚实基础,把发展作为在复杂局面下赢得国际竞争的根本途径和重要抓手。

(一)发展是当今世界的重要主题和迫切任务

和平与发展是人类社会的永恒诉求。追求和平与发展,是人类社会亘古不变的美好愿望,也是全世界各国人民的永恒期盼。千百年来,人们始终期盼祥和安定的太平盛世,但是却又时常在战争洗礼中遭受磨难。近代以来,一些西方帝国主义国家为了获取自身的特殊利益,不断对其他国家进行政治讹诈和暴力掠夺。帝国主义的野蛮侵略不仅给许多国家造成了无尽的痛苦和深重灾难,而且使这些国家的发展进程遭到破坏。资本主义社会的政治经济发展不平衡,引发了资本主义各国之间的利益冲突,进而导致战争灾难的产生。20世纪上半叶的两次世界大战,给人类社会带来了深重的痛苦和灾难。旷日持久的战争灾难,使世界人民对和平生活的期盼更加强烈。"二战"后,一些西方国家时常以"文明先进"典范自居,把自身的价值观视为所有国家都应当遵循的普世真理,把自身

---

① 《江泽民文选》第三卷,人民出版社2006年版,第2—3页。

的发展道路视为人类社会的必然选择,他们无视其他国家应该根据自身国情选择发展道路的自主权利,以各种方式向全世界极力输出自己的价值观,很多时候甚至依靠武力强制推行。西方国家的霸权主义行径不仅给一些国家带来了混乱,也是世界性或地区性冲突或动荡的主要根源。20世纪中后期以来,世界各国人民反对和抵制帝国主义、霸权主义、殖民扩张的呼声不断高涨,尽管局部冲突和不安定因素还依然存在,但我们党维护世界和平的力量越来越强,谋求发展的愿望也日益迫切。和平竞争、协商对话、共同发展,逐步成为当今世界的主流。对内图变、对外突变,已成为越来越多国家的战略选择。要和平、求发展,已经成为全世界人民的共同期盼。

和平与发展是当代社会长期存在的时代主题。任何社会的发展阶段都会有亟须解决的重要问题或者主要矛盾,而一旦这些反映时代特征的重要课题得到社会的普遍认可,就会成为时代主题。作为一个时代人们关注的中心问题或者说要解决的主要矛盾,时代主题并不是一成不变的,而是随着国际形势和世界矛盾的发展而变化,能否科学地认知时代主题是把握国际形势、制定发展策略的根本依据。20世纪七八十年代,在对国际形势的发展变化进行深入研究和分析的基础上,洞悉世界政治力量对比变化的邓小平提出了有关和平与战争问题的新的建设性解决方案,他指出:"现在世界上真正大的问题,带全球性的战略问题,一个是和平问题,一个是经济问题或者说发展问题。和平问题是东西问题,发展问题是南北问题。概括起来,就是东西南北四个字。南北问题是核心问题。"[①]进入21世纪,世界的时代主题依然没有发生显著变化,而这个主题的关键问题就是经济社会的发展。目前国际上有三种类型、两种制度的国家,三种类型国家是"发达国家,不发达国家,社会主义国家",两种制度是"社会主义制度和资本主义制度"。但不论是哪种类型,哪种制度,其国家发展都将经济发展作为首要问题。实际上,各国政府和人民都清楚,发展经济是关键问题,南北矛盾的根源也在于经济问题,解决世界各种矛盾最终也要靠发展经济。只有提高国家经济水平,才能保证综合国力提高,才能使国际地位提高,才能矗立于世界民族之林。因此,各国都在强调经济的重要性,各国也都在积极出台经济发展政策。而维护世界和平是各

---

① 《邓小平文选》第三卷,人民出版社1993年版,第105页。

国人民的共同愿望。在 20 世纪上半叶,发生了两次世界大战,既然存在战争,就必然会有胜负,就必然劳民伤财。因此,和平是各国人民的共同愿望,是人心所向,大势所趋。任何破坏世界和平的行为都是不为人类社会所允许的。随着现代文明社会的向前发展,各国人民都为维护和平,反对战争积极作出不同方面的贡献。

从政治上讲,和平与发展,这两大主题是统一的,也是辩证的。二者是彼此成立的相互条件,二者是互为因果。只有保证国际形势和平,才能推动世界各国的经济发展,和平是发展的前提,发展是和平的结果。同样,发展是和平的前提,如果各国连经济发展都是问题的话,和平更无从谈起,因此发展是和平的重要保障。在和平中求发展,以发展促进和平,这是两者之间一般的辩证关系。没有和平就没有发展,更没有繁荣,残酷的历史战争已给我们深刻的教训,因此我们比任何一个时期都渴望和平,都需要和平。世界和平的维护必须有一定的物质基础,没有全人类的共同发展,也就没有世界的持久和平。第一,霸权主义、强权政治的存在。霸权主义国家到处充当世界警察,给世界公平正义带来严峻挑战,说到底这是影响和平的,影响各国之间平等社会关系的。第二,世界经济的发展是规避新的世界战争的重要因素。第三,发展依然是人类社会摆脱困境的唯一方案。因此,唯有世界各国共同努力,共同为人类社会的发展贡献力量,才能将人类社会发展推进到更美好的前景。

发展是当今世界的首要任务。无论是人民生活的改善,还是国家实力的提升,都离不开发展这一根本动力。当今世界的国际形势正处在并将长期处于大变革,大调整之中。面对国际形势发展变化中贫富差距日益扩大,西方国家利用不合理的旧秩序对发展中国家的剥削和压榨变本加厉的状况,邓小平认为:"应当把发展问题提到全人类的高度来认识,要从这个高度去观察问题和解决问题。只有这样,才会明了发展问题既是发展中国家自己的责任,也是发达国家的责任。历史证明,越是富裕的国家越不慷慨,归根到底,我们要靠自己来摆脱贫困,靠自己发展起来。"①在当今世界,已经发展起来的国家的人口占世界人口的四分之一左右。只有占全世界人口绝大多数的发展中国家发展起来了,才意味着世界性的发展问题得到了解决,才能实现持久的世界和平与稳定。加快经济社

---

① 《邓小平文选》第三卷,人民出版社 1993 年版,第 282 页。

会发展,摆脱贫穷落后面貌,巩固和完善具有中国特色的社会主义制度,是中国共产党人始终不渝的奋斗目标。作为发展中的中国,在发展问题上,一方面我们要坚持自力更生,把发展的立足点放在自己身上,不要奢望西方帝国主义国家会给我们施以慷慨的援助;另一方面,我们要走自己的路,而不要盲目照搬西方的发展模式,当然走自己的路并不是让我们脱离世界共同体去自我封闭。经济全球化和日益加深的人类性问题使国家和地区之间的联系更为密切,跨国经济活动越来越频繁,各国之间的物质文化交流越来越广泛。中国经济发展起来了,实现了现代化,也能够促进全球经济的迅速发展,那么整个世界的面貌都将发生历史性变化。

(二)发展是维护人民利益的坚实基础

发展是一个国家能否兴旺发达的重要标志,而中国当前所面临的所有问题实际上都是发展问题。这些年来,中国用实际行动来增强综合国力,改善人民生活,在改革的过程中汲取历史教训与经验,不断巩固和完善社会主义制度,保持经济社会发展的稳定局面。发展是我们党执政兴国的第一要务。我们党在引领中国发展问题上所制定的路线方针政策,是经得起历史检验的,是十分正确的。发展问题的核心是经济社会的客体层面更是人民利益和关切的主体层面,

只有始终将大多数人民群众的利益放在第一位,才能获得人民群众的信任,才能够真正地维护社会和平,进而为改革发展提供安全稳定的社会环境。同时,基于人民群众对美好生活的愿景,对教育、卫生、社会保障、公共服务、生活环境以及个人全面发展等方面提出的更高现实需求,我们党也正在通过进一步加快发展来解决这些现实问题,满足人民群众对美好生活的需要。

只有发展才能引领人民群众摆脱贫困。新中国成立之初,人民生活水平相当低下,我们国家当时的状况完全可以用"一穷二白"来进行贴切的描述。1952年我国居民的实际消费水平每人每年仅有80元。到了1957年,我国城镇居民的人均可支配收入也只有254元,而其中农民的人均纯收入只有73元。如果用现在国际上通用的恩格尔系数来衡量,新中国成立直至改革开放初期,我国城镇居民的恩格尔系数都在57%以上,农村居民则高达60%以上。可见,无论是城市还是农村,我们国家民众的生活环境普遍不好,居住生活条件普遍较差。社会主义制度是马克思主义所设想的人类最先进的制度,社会主义制度在中国的确立后,广大人民群众提高生活水平的愿望非常强烈。当然,也只有不断提高人民

群众的生活水平,才能彰显出社会主义制度的优越性,而提高人民生活水平绝不能只是停留在口头上的"纸上谈兵",而应该是要靠实实在在的经济发展。改革开放以来,"以经济建设为中心"成为我们党基本路线的核心要义,这一时期随之成为我国社会面貌转变最快,人民生活水平提高最快,广大人民群众获得实惠最多的时期。用了 10 年左右的时间,我们国家就从 20 世纪 80 年代初期的贫困状态跨入了 20 世纪 90 年代初期的温饱状态;又用了 10 年左右的时间,伴随着新世纪的到来,我国人民的生活水平总体上达到了小康状态。2006 年 1 月 1 日起,中国全面废除了农业税,这正是基于中国经济社会的迅速发展所实现的历史性突破。坚持"发展才是硬道理"的理念,我们国家以改革开放以来的发展速度和发展态势,在 2020 年实现了全面建成小康社会的目标,我国人民群众的生活水平将随之大幅度提高,人民群众摆脱了贫困,过上了殷实的小康生活。

　　只有依靠发展才能实现和维护好人民利益。社会主义不仅要成为人民津津乐道的精神寄托,还要能够使群众的生活水平得到逐步提高,给人们带来实实在在的现实利益。社会发展离不开现实利益,利益决定人心,人心向背是决定社会主义生死存亡的核心要素。社会主义的发展历史启示我们:社会主义要想赢得人民群众的衷心支持和拥护,就需要时刻从人民群众的根本利益出发,着眼于维护人民群众的经济、政治和文化权利,切实满足人民群众的物质文化需要,尤其要解决好他们最为牵挂的现实物质利益,让人民群众得到看得见的实惠。如果赢得了人民群众真心实意地理解和支持,我们党就可以从容应对前进中的复杂情况和问题,即便是在实践中出现了些许的偏差和失误,我们也会比较容易在沟通中获得人民群众的谅解和支持,不至于酿成较大的社会动荡。相反,人民群众的生活水平长期得不到提高,人民群众的利益没有得到较好地维护和实现,这是许多社会主义国家酿成失败悲剧的关键因素。摆脱贫困落后的窘迫状况,过上社会主义应有的幸福美好生活,这是中国人民梦寐以求的期盼。邓小平认为:"社会主义的优越性归根到底要体现在它的生产力比资本主义发展得更快一些、更高一些,并且在发展生产力的基础上不断改善人民的物质文化生活。"[①]由于对实现人民利益的不懈追求,以及对发挥社会主义制度优越性的坚定信心,尽管

---

① 《邓小平文选》第三卷,人民出版社 1993 年版,第 63 页。

历经了挫折和失败,中国共产党人依然通过顽强地发展意志维护了人民群众的根本利益。新中国成立之初,我国人均国民生产总值还不到 30 美元,经过几十年的发展,尤其是改革开放以来的发展,中国人民的生活水平有了大幅度提高。

只有依靠发展才能实现全体人民的共同富裕。要想契合中国社会几千年来所信奉的"不患贫而患不均"平均主义心理倾向,实现大多数人期盼的共同富裕,不仅需要以公平的原则把"蛋糕"分好,更需要以"只争朝夕"的干劲把"蛋糕"做大。改革开放初期,邓小平就明确指出:"我的一贯主张是,让一部分人、一部分地区先富起来,大原则是共同富裕。"[1]在允许部分先富、要求先富带后富、逐步实现共同富裕的思想基础上,邓小平又提出了沿海和内地、东部和西部共同富裕共同推进的"两个大局"发展战略。邓小平指出:"沿海地区要加快对外开放,使这个拥有两亿人口的广大地带较快地先发展起来,从而带动内地更好地发展,这是一个事关大局的问题。内地要顾全这个大局。反过来,发展到一定的时候,又要求沿海拿出更多力量来帮助内地发展,这也是大局。那时沿海也要服从这个大局。"[2]正是基于邓小平"两个大局"战略构想和实现全体人民共同富裕的社会主义本质的需要,1999 年开始,党和国家作出了西部大开发的重大战略决策,并在改革开放的实践中逐步贯彻实施。总体来看,在实施两个大局战略的进程中,一部分人、一部分地区之所以能够先富起来,关键在于经济社会的快速发展。东部沿海地区只有在发展过程中积累起雄厚的财富基础,才能具备帮扶西部地区的物质条件,也只有这样才能够逐步实现共同富裕。改革开放以来的实践充分证明,不发展只能导致普遍贫穷,发展是实现全体人民共同富裕的坚实基础。只有实现经济社会又好又快地发展,才能逐步消除地区之间、城乡之间以及不同社会群体之间收入差距的鸿沟,最终实现全体人民的共同富裕。

(三)发展是赢得国际竞争的根本途径

发展是维护国家根本利益的客观需要。中国近代史是一部饱经心酸的屈辱史,它使每一个中华儿女都懂得了"落后就要挨打"、落后就要被欺凌的道理。为了摆脱欺凌,我们就只能自强,让自己变得强大起来,而强大的关键所在就是

---

[1] 《邓小平文选》第三卷,人民出版社 1993 年版,第 166 页。
[2] 《邓小平文选》第三卷,人民出版社 1993 年版,第 277—278 页。

发展。马克思主义认为,"经济基础决定上层建筑"。经济始终是发展前提,只有经济实力的稳步提升,才能为其他方面的发展奠定基础,才能使中国国际地位得到提高,进而实现中华民族的伟大复兴。当前,我国依然是国际社会关注的焦点,世界各国尤其是西方国家对我国社会制度和发展道路的质疑从未间断。我国是社会主义国家,走的是中国特色社会主义道路,是从根本上不同于西方国家的,长期以来屡遭一些戴"有色眼镜"者的非议和攻击。他们别有用心地放大我国改革开放初期的一些失误。我们国家在踏实发展的基础上迎来了经济繁荣、政治稳定、社会和谐的良好局面,这是西方国家所不能比拟的。可见,在坚持"发展才是硬道理"理念的中国特色社会主义发展进程中,我们国家用历史性成就回击了西方国家的各种质疑和挑衅。只要我们国家始终坚持把经济发展作为首要任务,中国人民就能够在复杂多变的国际竞争中赢得主动与先机,就能够在伟大梦想引领下走好中国特色社会主义道路。

发展是遏制和消解霸权主义的现实需要。尽管和平与发展是当今的时代主题,但局部战争与地区冲突却时常发生。推动中国特色社会主义事业的顺利发展需要一个和平的国际环境,因此,争取和维持世界局面的和平稳定,是符合中国人民根本利益的现实选择,也是世界人民的共同期盼。然而,在当今世界,要想维持和实现世界局势的和平稳定,就必须把反对霸权主义和强权政治作为不容回避的首要任务,因为霸权主义和强权政治是造成世界局势动荡不安、引发地区冲突甚至是大规模战争的总根源。但是,帝国主义的本性是异常凶残的,要反对霸权主义和强权政治,我们就需要做好充分的准备,这就需要我们通过经济社会的快速发展来形成强大的经济实力和军事实力。一方面,这是因为一些帝国主义国家之所以能够在当今世界推行霸权主义行径,通过强权政治欺压、干涉和侵略别的国家,所凭借的就是其强大的经济基础和军事实力;另一方面,我们国家目前仍然还是一个发展中国家,还需要凭借经济社会的快速发展来积聚起反对霸权主义的物质基础。邓小平强调:"中国能不能顶住霸权主义、强权政治的压力,坚持我们的社会主义制度,关键就看能不能争得较快的增长速度,实现我们的发展战略。"①因此,要想遏制霸权主义和强权政治肆虐的不良趋势,我们国

---

① 《邓小平文选》第三卷,人民出版社 1993 年版,第 356 页。

家就必须真正地牢记邓小平"发展才是硬道理"的正确指导思想,积极推进改革开放,一心一意抓好经济建设,不断发展壮大强有力的现代化军事力量,依靠我们国家自身的快速发展来实现全面现代化,形成足以震慑霸权主义国家的综合实力。

发展是获取国际竞争优势的制胜法宝。近代以来,由于中国封建统治者思想闭塞、狂妄自大,中国社会错失了走向现代化的发展良机,并逐步在与西方列强的竞争中处于被动挨打的局面,在由强盛走向衰弱的进程中,中国社会沦为一个任人宰割的半殖民地半封建国家。究其原因,完全在于反动、腐朽的封建统治严重阻碍了我国科技、教育等各项事业的发展,尤其是阻碍了我们国家经济的发展。在此情况下,我们国家在帝国主义列强的洋枪洋炮面前自然就没有还手之力,就会处于被动挨打的悲惨境地。在深刻反思历史和以往经验教训的基础上,邓小平充分认识到发展对提高我们国家国际地位以及赢得国际竞争的特殊重要性,他在党的理论工作务虚会上郑重地指出:"我们当前以及今后相当长一个历史时期的主要任务是什么?一句话,就是搞现代化建设。能否实现四个现代化,决定着我们国家的命运、民族的命运。"①显然,只有紧紧扭住实现四个现代化这个中心任务,推动经济社会的快速发展,我们才能够在国际竞争中赢得优势,不让落后挨打的历史惨剧在我们国家重新上演。邓小平还指出:"党的十一届三中全会以后,我们集中力量搞四个现代化,着眼于振兴中华民族。没有四个现代化,中国在世界上就没有应有的地位。"②可见,作为改革开放的总设计师,邓小平在这里就是要明确告诉人们,要振兴中华民族,让中华民族永远屹立于世界民族之林,让我们国家在国际竞争中占据有利局面,我们国家就必须加快发展,就必须早日实现社会主义现代化。否则,我们国家就很难在复杂多变的国际竞争中取得一席之地,我们的国家和民族亟待实现的伟大梦想就会失去希望。

---

① 《邓小平文选》第二卷,人民出版社1994年版,第162页。
② 《邓小平文选》第三卷,人民出版社1993年版,第357页。

第六章　以人为本的科学发展观

发展是人类社会永恒的法则,也是当今世界的主题。因此,探索人类社会发展的内在规律,为一定社会的发展确立正确的道路和目标,是人类历史上任何一个民族都在孜孜以求的古老而又长新的重要课题。从理论和实践结合的维度来看,发展观就是关于发展目的、发展内涵以及发展手段等方面的整体性看法和根本性观点,致力于解决为什么要发展、进行什么样的发展、怎么样发展以及为了谁而发展等系列重要课题,对人类社会的发展实践产生着全局性、根本性的影响。由于人们观察、思考和解决发展问题的原则、方法和价值取向等各不相同,那么由此形成的发展观也会大相径庭,从而会影响人们对发展模式和发展战略的选择。对于中国这个世界上最大的发展中国家而言,发展既是时代的必然要求,也是巩固社会主义制度的现实需要。中国共产党是在中国长期执政的政党,肩负着领导社会主义现代化建设,实现中华民族伟大复兴的历史重任,因而,在我们党领导下确立科学的发展观对于助推中国特色社会主义的现代化进程具有重要现实意义。

党的十六大以后,以胡锦涛同志为总书记的党中央着眼于党和国家事业发展的大局,立足国内外形势的发展变化,并借鉴西方经济发展中的经验和教训,在推进党和国家事业发展的同时,还不断推进马克思主义中国化的历史进程,在理论创新方面不断拓展新视野、作出新概括,提出了以人为本、全面协调可持续的科学发展观,成功回答了在新的历史阶段"实现什么样的发展,怎么样发展"的核心问题,把马克思主义的真理力量深深熔铸于中华民族的生命力、创造力和凝聚力之中,在对马克思主义发展观的时代概括中,不断开拓马克思主义在当代中国发展的新境界。

党的十七大报告指出,科学发展观是对党的三代领导集体关于发展思想的继承和发展,是"指导发展的世界观和方法论的集中体现,是马克思主义中国化的最新理论成果"。这一马克思主义中国化理论主要回答了"什么是科学发展""为谁发展""靠谁发展""怎样实现科学发展"等事关发展的根本问题,其"第一要义是发展,核心是以人为本,基本要求是全面协调可持续,根本方法是统筹兼顾",是我国经济社会发展的重要指导思想,是发展中国特色社会主义必须坚持和贯彻的重大战略思想。学习和实践科学发展观,有助于我们党更好地解决中国现代化进程中面临的诸多现实问题,有助于我们党更好地维护广大人民群众的根本利益,有助于我们更好地推进马克思主义中国化历史进程。

一、科学发展观形成发展的三重逻辑

科学发展观是党的十六大以来,我们党从新世纪、新阶段党和人民事业发展的全局出发提出的重大战略思想,是立足社会主义初级阶段基本国情和一系列新的阶段性特征,总结我国长期以来的发展实践,借鉴国外发展实践,适应国家新的发展要求所提出的战略选择。作为中国共产党的重要指导思想,科学发展观的形成发展不是偶然的,而是有其深厚的内在逻辑。因其所蕴含的唯物辩证法和唯物史观揭示了人类社会的发展规律,马克思主义哲学是科学发展观形成发展的重要思想基础。以毛泽东、邓小平、江泽民同志为主要代表的中国共产党人,立足中国革命、建设和改革的实践,对什么是发展、为什么要发展、如何实现发展等一系列涉及社会主义社会发展的重大理论和实践问题,作出了马克思主义理论的科学回答,为科学发展观的形成奠定了历史基础。党的十六大以来,国际形势和世界发展趋势发生了深刻变化,出现了一系列新矛盾、新态势和新特征,使我们国家的现代化建设既面临一些有利的条件,同时又面临着诸多挑战,这成为科学发展观形成发展的时代背景。

（一）马克思主义哲学是科学发展观的思想基础

马克思主义哲学是由唯物论、辩证法和唯物史观构成的科学理论体系,善于从全面的、联系的、发展的观点出发,来揭示事物发展的本质和规律。科学发展观是在马克思主义指导下所形成的事关当代中国"实现什么样的发展,如何搞好发展"这一基本问题的总体看法和根本观点,这一指导思想洋溢着马克思主义哲学的理论特质,是马克思主义中国化的重要理论成果。马克思主义哲学所包含的"生产力与生产关系辩证统一思想""正确处理人与自然和社会关系思想""实现人的自由而全面发展思想",以及其社会历史观和主体价值观是科学发展观形成发展的重要思想基础。

生产力是人类社会发展的根本决定力量。按照唯物史观的基本观点,生产力决定生产关系,经济基础决定上层建筑;社会存在及其相应的体制和机制决定社会意识;物质文明决定政治文明及其精神文明。可见,马克思主义哲学的社会历史观主要是从社会物质生产出发,以人的实践活动来考察社会发展的客观进程,在此基础上构建历史唯物主义理论体系,这也充分体现了社会发展的物质基础和客观必然性理论。从根本上来说,马克思和恩格斯把人类社会发展完全置于生产发展的基础之上。马克思在《德意志意识形态》一文中充分强调了生产力的决定作用,他指出:"一定的生产方式或一定的工业阶段始终是与一定的共同活动方式或一定的社会阶段联系着的,而这种共同活动方式本身就是'生产力';由此可见,人们所达到的生产力的总和决定着社会状况。"①恩格斯在《共产主义原理》中也着重强调了生产力对生产关系以及所有制变革的决定性作用,他指出:"社会制度中的任何变化,所有制关系中的每一次变革,都是同旧的所有制关系不再相适应的新生产力发展的必然结果。"②总体来看,马克思主义始终强调,生产力的状况决定人类社会的发展状况,诸多社会根本问题的解决都要依靠生产力的不断发展。也就是说,没有发展,我们就难以解决在社会发展演进中所面临的各种各样的现实问题。

自然是人类社会发展的前提和基础。马克思主义始终强调,必须摆正人、社会和自然三者之间的关系,要时刻注重把自然看作是人和人类社会发展的前提和基础。这是因为:人类始终是自然的一个组成部分,人类社会发展规律仅仅是自然规律中的特殊领域,它归根结底要以自然规律为基础,离不开自然规律的支配和制约。尽管自然可以被人类改造,但人类在改造自然的时候也不得不尊重和服从自然规律。那种幻想人类可以完全摆脱自然规律制约的传统——"人类

---

① 《马克思恩格斯选集》第 1 卷,人民出版社 1995 年版,第 80 页。
② 《马克思恩格斯全集》第 4 卷,人民出版社 1958 年版,第 365 页。

中心论"观点在理论上是站不住脚的,在实践中也是极其有害的。恩格斯对这种"人类中心论"观点给予严厉批判,认为其错误地把人类摆在自然界之外,盲目地把自身凌驾于自然界之上去征服自然的结果,必然会使人类的生存环境也就是生态环境遭到破坏。恩格斯还郑重警告这些"人类中心论"者,让他们,"不要过分陶醉于我们人类对自然界的胜利。对于每一次这样的胜利,自然界都对我们进行报复。每一次胜利,起初确实取得了我们预期的结果,但是往后和再往后却发生完全不同的、出乎预料的影响,常常把最初的结果又消除了"①。显然,人类的行为如果违背了维系生态平衡的自然规律,人们必将遭受自然界的惩罚。因此,我们的经济社会发展必须建立在人、社会、自然之间协调发展的基础之上。恩格斯关于人类社会与生态环境协调发展的思想是马克思主义发展理论的重要组成部分,也是科学发展观形成发展的重要思想基础。

主体价值观是科学发展观的理论之源。马克思主义不仅侧重于探讨社会发展的客观规律性,也非常注重主体价值观。立足于社会发展进步的客观进程,主体价值观重在考察人的全面发展在经济社会发展中的价值所在,侧重于探究社会发展中价值目标所具有的意义,其实质与核心就是人的自由而全面发展。这里的人的全面发展不仅是指满足人的物质生活需要,还包括满足人的精神生活、政治生活、社会生活、生态生活等方面的价值需要,使人的体力和智力的各种潜能都能够得到充分的挖掘和发挥。马克思主义坚持社会历史观与主体价值观的有机统一,这种统一的过程是马克思考察分析社会发展的基本视角和方法论原则,也是其研究社会发展问题的本质规定性。作为研究社会发展理论的方法论,马克思以此把历史观与主体性相统一于社会发展理论之中。运用历史观,旨在论证社会发展之规律;注重主体性,旨在说明人的主观能动性。这两者并不是彼此孤立、相互对立的,而是辩证统一的。一定意义上来说,社会历史观本身就蕴含着主体价值观。历史必然的独特性就在于其不能离开人以及人的活动,也离不开价值目的、价值选择和价值评价,它以多种因素的交互作用为前提,以此展示其复杂、丰富的历史进程。以人为本的科学发展观同马克思的主体价值观在目标、本质上都是一致的,实现共产主义是两者内在逻辑关系在社会制度上的集

① 《马克思恩格斯选集》第4卷,人民出版社1995年版,第383页。

中体现。可见,科学发展观有着深厚的理论底蕴,以发展生产力为核心的社会历史观是其"发展之根",以人的自由而全面发展为本质的主体价值观是其"理论之源"。

(二)中国共产党人对发展问题的接续探索

自成立之日起,中国共产党就把马克思主义确定为指导思想。在中国革命、建设和改革的实践中,以毛泽东、邓小平、江泽民同志为主要代表的中国共产党人,坚持把马克思主义的发展观与中国实际特别是改革开放和市场经济的具体实践相结合,对什么是发展、为什么要发展、如何来发展等一系列涉及中国社会主义发展的重大理论和实践问题,作出了马克思主义的科学回答,实现了马克思主义发展观的中国化。可见,从毛泽东、邓小平到江泽民等历代党和国家领导人,为寻求中国全面发展之路而所作出的不懈努力和艰辛探索,为当代中国社会的发展留下了许多实践成果和思想财富。

毛泽东对中国社会发展的曲折探索。在继承马克思列宁主义发展观的基础上,以毛泽东同志为主要代表的中国共产党人结合中国的具体实际对社会发展问题进行了深入细致的思考,形成了关于社会主义发展的丰富思想。毛泽东不仅在理论上高度认同马克思主义所揭示的社会主义价值目标,而且积极关注和解决一些直接的具体问题。毛泽东一贯坚持发展的整体性,很早就提出了城乡协调发展的"全国一盘棋"思想。毛泽东指出:"城乡必须兼顾,必须使城市工作和乡村工作,使工人和农民,使工业和农业,紧密地联系起来。决不可以丢掉乡村,仅顾城市,如果这样想,那是完全错误的。"[1]毛泽东还习惯于用社会主义制度优越性能否得到有效发挥来判定社会主义社会人的主体价值是否得以实现。早在 20 世纪 50 年代,毛泽东就提出,社会主义建设要实行统筹兼顾的原则,并在此基础上写出了《论十大关系》和《关于正确处理人民内部矛盾的问题》等优秀理论篇章。毛泽东尤其注重对发展战略的思考。早在新中国成立之初,毛泽东就提出了用十五年左右的时间建成社会主义,并提出了中国经济发展超过美国的目标。尽管后来中国赶超美国的时间被逐渐缩短,甚至严重脱离实际,但毛泽东的发展战略为探索有中国特色的社会主义道路提供了有益借鉴。因

---

[1]　《毛泽东选集》第四卷,人民出版社 1991 年版,第 1427 页。

为,毛泽东所探索的是前人没有遇到或没有正确认识的新事物的内在发展规律,所以其对中国特色社会主义发展道路的探索难免会存在一定的局限性。总体来看,毛泽东所开创的发展成就是巨大的,是占第一位的,对新中国快速迈上社会主义发展道路具有基础性的作用。

邓小平对新时期中国社会发展的探索。党的十一届三中全会以后,党的第二代中央领导集体在总结我国社会主义建设成功经验和失败教训并借鉴其他社会主义国家兴衰成败历史经验的基础上,结合中国的基本国情对新时期社会主义发展进行了深入探索,在做出一系列独创性理论贡献的同时,邓小平开辟了一条具有中国特色的社会主义建设道路。作为更为先进的社会形态,社会主义要想发挥出相对资本主义的比较优势,就要展现出其无可比拟的优越性,而社会主义优越性的发挥最终要通过人民群众物质文化需求的满足和综合国力的提高来实现。因此,对处于社会主义初级阶段的中国来说,发展社会生产力是压倒一切的中心任务。与马克思主义创始人提出的观点一致,邓小平在阐释社会主义全面发展理论时认为,在社会主义社会实现人的全面发展必须建立在高度发达的社会生产力基础之上。为此,邓小平多次强调:"贫穷不是社会主义,发展太慢也不是社会主义。"[①]在此基础上,邓小平逐步把解放和发展生产力纳入社会主义的本质范畴,并充满睿智地把社会主义本质概括为:"解放生产力,发展生产力,消灭剥削,消除两极分化,最终达到共同富裕。"[②]在对社会主义本质的阐释中,邓小平在解放生产力和发展生产力的有机统一中,凸显了社会主义全面发展的价值目标体系。总体来看,邓小平在推进中国改革开放的实践中逐步确立了以"发展才是硬道理"为核心的社会主义初级阶段发展观。这种发展观明确了中国解决所有问题的关键是要靠自己的发展,从政治意识上和思想观念上解决了中国为什么需要发展,为什么要快速发展的根本性问题。

江泽民对世纪之交中国社会发展的探索。党的十三届四中全会以后,以江泽民为核心的党的第三代中央领导集体对新时期社会主义发展问题进行了进一步探索,科学地反映了当代中国和世界的发展变化对党和国家发展的新要求,

---

① 《邓小平文选》第三卷,人民出版社1993年版,第255页。
② 《邓小平文选》第三卷,人民出版社1993年版,第373页。

创造性地丰富和发展了邓小平的发展观,尤其是在发展目的、发展战略、发展模式、发展动力和发展重要性上实现了理论创新。在发展重要性问题上,江泽民强调指出,"必须把发展作为执政兴国的第一要务"。把发展与执政兴国紧密联系起来,充分表明了中国共产党人牢记初心使命,以发展为己任的兴国富民价值取向。在发展战略上,江泽民提出了"建设全面小康社会"的全面发展思想,其实质就是要推进中国特色社会主义经济、政治和文化的全面发展,也就是实现社会主义物质文明、政治文明和精神文明的整体推进。在发展模式上,江泽民强调要"正确处理速度和效益的关系,必须更新发展思路,实现经济增长方式从粗放型向集约型转变"。在此基础上,江泽民根据新形势新任务的要求,指出建设中国特色社会主义必须走"文明发展道路"的协调发展路子。此外,江泽民面对我们党新的执政环境所提出的"三个代表"重要思想,逐步成为我们党执政和引领经济社会发展的指导思想。"三个代表"重要思想把社会全面发展问题提到更加突出和更加重要的地位,这是以江泽民同志为核心的党的第三代中央领导集体对社会主义发展理论进行深入思考所形成的新成果。

(三)科学发展观形成发展的时代背景

新中国成立以来,尤其是党的十一届三中全会以来,恢复解放思想、实事求是思想路线的中国共产党人,开始重新认识我国的基本国情。在新的思想路线引领下,党的十三大明确提出了我国正处于并将长期处于社会主义初级阶段的重要论断。在此情况下,我们国家立足社会主义初级阶段的基本社会现实,大力发展社会生产力,取得了令人欣喜的发展成就。从 20 世纪 70 年代末开启改革开放,历经 20 年的改革和发展,我们人民生活总体上达到了小康水平。我国的经济社会发展也由此站在了一个新的历史起点上,开始进入加快社会主义现代化建设的新阶段。可以说,要想在各种矛盾相互交织的社会大变革中抓住机遇,在社会结构和经济体制深刻变革中实现新突破、探索新途径,我们国家就必须在思想上有新的解放,理论上有新的发展,实践上有新的创造。站在新的历史起点上,着眼于中国特色社会主义建设的新局面,为了科学认识和准确把握我国发展的新要求和人民群众的新期待,科学的发展观成为迫切需要。

科学发展观是科学判断当今世界发展趋势的产物。党的十六大以来,国际形势呈现出一系列新特征、新态势和新矛盾,这使我国的社会主义现代化事业既面临诸多有利条件,也面临一些不利的因素。要想正确应对世界发展趋势的深刻变化,我们党能否在科学判断国际形势的基础上抓住机遇应对挑战就显得至关重要。邓小平强调指出:"现在世界上真正大的问题,带全球性的战略问题,一个是和平问题,一个是经济问题或者说发展问题。"①尽管邓小平同志对"和平与发展是当今时代主题"的判断是极其准确的,但是国际局势始终处于深刻复杂的变化之中,武装冲突和局部战争的危险依然存在。由于国际上各种力量的整合和分化始终没有停止,世界多极化的趋势也必将随之进一步发展。伴随着区域经济一体化蓬勃发展,国际产业重组和生产要素加快转移,经济全球化趋势得到了进一步发展。由于多元文化在时空中碰撞交融,世界各国的文化和信息交流得到空前发展。要想有效应对国际形势的深刻变化,我们要正确把握机遇,积极应对挑战,加快自身发展,积极主动地把中国发展放到世界的大局中来考虑。要把握有利条件,发挥比较优势,取得经济社会发展的主动权,我们就必须顺应时代发展潮流,在扬长避短、趋利避害中实现经济社会的全面协调和可持续发展。

科学发展观是牢固坚持党的基本路线的新体现。历经革命、建设和改革的长期发展,我们党已经成为对外开放和发展社会主义市场经济条件下领导国家建设的党,成功实现了从领导人民掌握全国政权到长期执政的顺利转变。伴随着我们党历史方位的转变,党的主要任务也随之发生了重要变化,这无疑对党的执政能力和执政水平提出了新的要求。如果说,在革命时期,我们党把夺取国家政权,建立新的社会制度作为自身主要任务的话,那么,新中国成立之后,我们党就应该把发展作为我们全部工作的出发点和落脚点。但是,对这样一个经济社会发展规律的认识,我们党却经历了一个曲折漫长的过程。党的十一届三中全会之后,我们党对社会主要矛盾作出了正确判断,突出强调了人民群众日益增长的物质文化需要与落后的社会生产力之间矛盾对我国经济社会发展的重要影响。在此基础上,我们党果断地把国家的工作重心转移到社会主义现代化建设上来,确立了"一个中心,两个基本点"的基本路线,把经济建设摆在了我们党执政工作的首要位置,从此开创了社会主义现代化建设的新局面。在几十年的改

① 《邓小平文选》第三卷,人民出版社 1993 年版,第 105 页。

革开放进程中,"发展是党执政兴国的第一要务"成为我们党在执政实践中得出的重要经验。解决好当今社会的主要矛盾,需要我们遵循新时期的执政规律,始终坚持以经济建设为中心不动摇,牢牢坚持党的基本路线不动摇。提出以"发展"为第一要义的科学发展观就是我们党在新时期坚持社会主义初级阶段基本路线的重要体现。

科学发展观是马克思主义发展理论的时代概括。党的十六大以来,随着改革开放的突飞猛进,我们国家进入了社会矛盾频发的改革攻坚期,也是中国特色社会主义发展的关键期。整体来看,在世界范围内综合国力和经济实力竞争空前激烈的时代背景下,我们国家也随之发生了社会结构的深刻调整、思想观念的深刻变化、经济体制的深刻变革和利益格局的深刻变动,这对我们来说既是前所未有的宝贵机遇,也是利益攸关的严峻挑战。与此同时,在我国经济社会发展进程中也涌现出一些必须引起高度重视并亟待解决的突出问题。对此,胡锦涛强调:"发展是解决中国一切问题的'总钥匙',发展对于全面建设小康社会、加快推进社会主义现代化,对于开创中国特色社会主义事业新局面、实现中华民族伟大复兴,具有决定性意义。"①可见,在国内外发展形势和利益格局深刻变动的情况下,不断创新发展理念,积极转变发展方式,在提高发展质量和效益的进程中把握中国特色社会主义发展规律,成为中国共产党人在 21 世纪面临的首要课题。在此基础上,2003 年 9 月,胡锦涛在江西考察时首次完整提出了"科学发展观"的概念,此后,科学发展观逐步成为推动我国经济社会发展的重要指导思想。

二、科学发展观的基本内涵

科学发展观是以胡锦涛同志为主要代表的中国共产党人在对"实现什么样的发展,怎样发展"这一重大时代课题进行深入思考基础上所提出的引领我国经济社会发展的重大发展战略。弄清楚科学发展观的内涵是贯彻落实科学发展观的基本前提。了解过去国内外发展的经验教训,在此基础上厘清今天国内外发展的现实条件和未来发展趋势,有助于我们理解和把握科学发展观的核心内

---

① 《十七大以来重要文献选编》(上),中央文献出版社 2009 年版,第 575 页。

容和其蕴含的发展之道。基于对发展依靠谁、发展为了谁以及为什么发展、怎样发展四个基本问题的针对性回答,科学发展观的基本内涵包括发展理念、发展主题、发展要求和发展方法四个层面。概括来说,"第一要义是发展",致力于回答为什么必须发展的问题;"核心是以人为本",这是对发展依靠谁、发展为了谁的有力回答;"基本要求是全面协调可持续",回答的是发展的基本方式问题;"根本方法是统筹兼顾",主要揭示以什么方法来推动发展的问题。

(一)发展是科学发展观的第一要义

科学发展观的第一要义是发展,重在揭示国家对发展重要性的高度认同,其实质是实现经济社会更快更好地发展。我们的科学发展观之所以要把发展作为第一要义,是因为发展是发展观的基本前提,离开发展,就无所谓发展观,更不可能形成科学发展观。坚持科学发展观,其根本着眼点就是要用新的发展思路来指导发展,使我们国家实现经济社会更快更好地发展。

发展是当代中国社会的主题。发展是当代中国的主题,也是当代世界的主题。作为全世界最大的发展中国家,而且还是发展中的社会主义国家,能否把握住发展这个时代主题来发展自己,对于实现中华民族的伟大复兴以及科学社会主义运动的繁荣兴盛意义重大。2004 年 3 月,胡锦涛在讲话中指出:"科学发展观,是用来指导发展的,不能离开发展这个主题,离开了发展这个主题就没有意义了。"①改革开放几十年来,在国内外形势复杂多变的时代背景下,中国特色社会主义之所以能够始终展现出蓬勃生机,这与我们始终坚持发展这个时代主题是分不开的。可见,发展是关系到社会主义前途和命运的重大理论和实践问题,依靠发展,中国特色社会主义事业才能够在不断巩固的基础上不断前进。一个国家腰杆子硬不硬,关键要看其发展水平。只有不断发展,人民才能过上幸福生活,国家才能走向富强。胡锦涛在党的十七大报告中指出:"发展,对于全面建设小康社会,对于加快社会主义现代化建设进程,具有决定性意义。"

发展的内涵具有多重意蕴。作为科学发展观第一要义的"发展"不仅仅是指经济的发展,而是涉及国计民生的诸多层面。第一,"以经济建设为中心"是发展的首要意蕴。实行改革开放使我国经济社会发展取得了喜人成绩,但我国

---

① 《十六大以来重要文献选编》(上),中央文献出版社 2005 年版,第 850—851 页。

发展的物质基础依然不够牢固,坚定不移地"以经济建设为中心",注重发展的经济层面仍然是我们的首要任务。第二,"科学性"是发展的应有之义。针对经济社会发展进程中出现的顾此失彼以及"见物不见人"的现象,把发展的人文取向与科学取向紧密联系起来,实现发展的合目的性与合规律性的有机统一是发展的内在要求。第三,"又好又快"是发展必须坚持的辩证法。针对长期以来的粗放型发展给经济社会造成的严重伤害,民生和生态成为发展不容回避的重要问题,为此,我们在注重提高发展速度的同时,还要注重发展的质量和效益,为子孙后代留下绿水青山。第四,"和谐"是发展的显著特征。注重发展的和谐性,追求发展的和谐社会环境是科学发展的显著特征。这里所强调的和谐,就是要消除城乡之间、区域之间、经济与社会以及人与人、人与自然之间的某种不协调关系,构建社会主义和谐社会。第五,"和平"是发展的基本方式。基于中华民族几千年爱好和平的优良传统,面对世界多极化趋势和各种矛盾冲突,我们党始终注重在和平与发展的环境中来解决问题,竭尽全力维护当今世界的和平环境。

发展是解决中国所有问题的关键。科学发展观之所以提出,其根本目的还在于强调发展的重要性。由于我们国家是在半殖民地半封建社会的薄弱基础上所确立的社会主义制度,我们的社会主义还处于并将长期处于社会主义初级阶段,所谓初级阶段也就是不发达的阶段。在社会主义初级阶段,人民日益增长的物质文化需要同落后的社会生产成为制约经济社会发展的主要矛盾。社会上存在的各种弊病和问题,在一定程度上也都是由这一社会主要矛盾直接或间接滋生出来的,解决这一主要矛盾成为发展中国特色社会的首要任务。邓小平指出:"中国解决所有问题的关键在于依靠自己的发展。"由此可见,无论是过去长期积累形成的老问题,还是未来不断出现的新问题,要解决社会主义初级阶段我们所面临的这一系列矛盾和问题,最终都要依靠发展来实现。一方面,解决长期以来形成的历史遗留问题要靠发展。相比过去,我们解决问题的物质基础雄厚了,发展手段丰富了,很多过去没有能够处理的复杂问题,现在也可以逐步从根本上得到解决。另一方面,解决当前面临的现实问题和未来可能面临的挑战也要靠发展。中国当前所面临的诸如收入差距问题、贫困问题、就业问题、教育问题等,都需要我们运用发展的思路、发展的眼光、发展的办法来解决。依靠发展,我们就能够从容应对前进道路上的各种挑战。坚持用发展的办法解决改革开放进程中所遭遇的难点和问题,这已经成为我们党推进社会主义建设的一条重要经验。

(二)以人为本是核心

以人为本是中华优秀传统文化的核心理念。管子认为:"夫霸王之所始也,以人为本。本理则国固,本乱则国危。"①这句话的大致意思是,君王要想获得事业的良好开端就必须做到将人民作为国家的根本,只有理顺了这一根本,才能够使国家得到不断巩固,否则就会加速国家的灭亡,这是"以人为本"思想在我国治国理政理念中的最早体现,具有一定积极意义和可贵之处。孟子主张"民为贵,社稷次之,君为轻",成为积极倡导民贵君轻观念的第一人。荀子在君民关系上也颇有见地,他指出:"君者,舟也;庶人者,水也。水则载舟,水则覆舟"②,这种"君舟民水"的比喻形象地形容了君民关系,也充分彰显了人本理念。基于中华民族"以人为本"的文化传统,后来的思想家和统治者大都非常重视君民关系,主张"民惟邦本",把民众看成国家、政治的根本。唐太宗长期把"君舟民水"视作自己治理天下的座右铭,黄宗羲更是公开宣称天下乃百姓之天下。尽管中国古代的民本思想旨在维护君臣在上、子民在下的封建政治格局,实际上只是封建统治阶级开明政治的一种体现,有其历史局限性,本质上是封建政治的副产品,无论统治阶级如何鼓吹,它并不能改变封建社会中人民群众受剥削、受奴役的政治命运,但它在反对专制政治、减轻人民群众受剥削的程度上依然发挥了积极的历史作用。

以人为本是马克思主义的重要价值观。唯物史观认为,"历史不过是追求着自己目的的人的活动而已"③,在这里马克思主义把人看作是社会历史的主体。马克思主义还把人类社会理解为活生生的、现实的、创造着自己的社会联系和社会本质的人的集合体,由此,历史就成为人本身的活动过程和结果的存在。在马克思那里,人的存在是"有生命的个人的存在"与"社会存在"的有机统一。由此,人的利益也是个人利益与社会整体利益的统一,在对个人利益与社会整体利益的处理上不能顾此失彼,或者说厚此薄彼。当两者出现矛盾的时候,我们既要强调个人利益服从整体利益,又要注重对集体给个人利益造成的损失给予合理的补偿。尊重人民的主体地位,还需要把尊重社会发展规律的马克思主义真理观和着眼于

---

① 《管子·霸言》。
② 《荀子·王制》。
③ 《马克思恩格斯文集》第1卷,人民出版社2009年版,第295页。

实现人民根本利益的马克思主义价值观有机贯通起来。在此意义上，促进人的全面发展就是马克思主义给未来新社会所设定的终极价值取向。在马克思主义唯物史观看来，人类的全部历史就是一个不断地走向人的全面发展的历史，而对人的全面发展的美好憧憬和不懈追求也就构成了人类历史活动的总目标。

以人为本是中国共产党一脉相承的执政理念。"以人为本"是科学发展观的根本理念，这是由中国共产党全心全意为人民服务的宗旨所决定的。在过去的发展中，我们曾经错误地将发展等同于经济发展和国内生产总值的提高，忽视了对人民需要的维护，甚至对人民群众的利益造成了某种程度的伤害。这种错误的发展观过分强调了以物为中心的经济发展，而忽略了人本身的发展，从本质上来说体现的是"以物为本"，这和我们党一贯强调的"以人为本"是背道而驰的。全心全意为人民服务是中国共产党维持生命力的源泉和动力。在革命战争时期，以毛泽东同志为核心的党中央严格遵循马克思主义的群众观点和群众路线，这不仅确保了中国共产党执政能力的不断提升，还为中国革命的成功积聚了源源不断的力量源泉。作为中国特色社会主义的开拓者和领路人，邓小平同志的领导地位不仅获得了全国人民的认可，他也赢得了全国人民的尊重和拥护，这显然与他一贯尊重人民群众主体地位的执政态度是分不开的。显然，中国共产党的理论和主张只有与人民群众的根本意愿相符合，确保人民群众能够获得实际利益，才能够获得人民群众的充分信任和鼎力支持。

科学发展观视域下以人为本的科学内涵。"以人为本"可以说是一个关系型理念，在不同关系中具有不同的含义，在科学发展观视域下，以人为本主要有三个方面的基本含义。第一，强调人在社会发展中的主体作用，即发展要依靠人。党的十七大报告提出"尊重人民主体地位，发挥人民首创精神"的重要表述就是对人的主体性的充分肯定，重在解决人的主体性的某种缺失问题。所谓人的主体性缺失，就是指人在社会历史发展过程中仅仅具有受动性和依附性。第二，在分析和解决一切问题时，把人看作一切问题的最高尺度，即尊重人。党的十七大报告提出，"要始终把实现好、维护好、发展好最广大人民的根本利益作为党和国家一切工作的出发点和落脚点"①，这实质上就是在坚

---

① 《中国共产党第十七次全国代表大会文件汇编》，人民出版社 2007 年版，第 15 页。

持历史尺度和人的尺度有机统一中把人的价值看作是至高无上的。第三,强调把人当作目的,不断满足人民群众的合理需求,即发展为了人。长期以来,我们较多关注人以外的世界,当代中国的发展一定要进一步关注人本身的生活世界。这种以人为根本目的的价值理念,就是要超越过去仅仅把人当作手段的错误认识。

(三)全面协调可持续是基本要求

在发展成为时代主题的当今社会,各个国家都在寻求自身的发展路径,都在探寻提炼本国的发展战略。在此形势下,"发展就是硬道理"逐步成为引领中国发展的核心理念,在全世界来说,它也是指导经济社会发展的铁的规则。全面协调可持续,既回答了我们"要实现什么样的发展",又揭示出新时期发展的鲜明特点,深化了人们对发展规律的认识。作为科学发展观的总体思路,全面协调可持续还系统回答了应该依据什么样的总体思路来谋划当代中国发展的整体问题。只有实现全面协调可持续发展,才能顺利推动中国特色社会主义事业快速发展。

全面发展是科学发展观的广度要求。我们党之所以强调全面发展,是因为在"以经济建设为中心"的改革开放进程中出现了经济发展较快,而政治发展、文化发展、社会发展、生态发展与经济发展不能够完全相适应的状况。长此以往,我们的经济社会发展就会出现一定程度上的无序状态,习近平总书记在党的十八大以来所提出的"五位一体"总体布局就是要强调全面发展。我国当前社会上所出现的某些突出问题,很大程度上就是政治发展、文化发展、社会发展、生态发展与经济发展不相适应所造成的。经济快速发展而政治发展相对滞后,就很容易出现资本通过与权力结合来获取特殊利益的社会不公现象;经济快速发展而文化发展相对落后,很容易出现因人被"物化"而导致的道德滑坡、信仰缺失现象;经济发展较快而社会发展相对滞后,就很容易出现因民生问题没有有效解决而导致的社会不和谐现象;经济快速发展而生态发展相对薄弱,就很容易出现因环境污染问题而引发官民冲突的公共事件。当然,需要强调的是,全面发展并不是要均衡发展。改革开放以来,我们党所确立的"以经济建设为中心"的发展战略是适合社会主义初级阶段实际的,也取得了显著成就,在今后的很长时期我们依然需要坚持这一发展战略。

协调发展是科学发展观的动态要求。科学发展观意蕴下的协调发展,着重指社会有机体的和谐发展,通过调整好区域之间、城乡之间、经济社会之间、人与自然之间等诸多方面的有序发展,充分发挥各系统要素的优势和潜力,促进中国特色社会主义建设各个方面、各个环节相协调,尤其是要促进生产力与生产关系、经济基础与上层建筑相协调。特别需要指出的是,这里所强调的上层建筑与经济基础的协调以及现代化建设各个方面之间的协调,主要是基于我国经济基础变化相对较快而上层建筑变化相对较慢的状况。上层建筑变化较慢就会日益成为经济发展的障碍,现代化建设的各个方面不协调,就会导致各方面相互牵制而不是相互促进的不利局面。

可持续发展是科学发展观的持久性要求。作为科学发展观的基本要求,可持续发展是基于我国经济社会发展进程中人口、资源和环境的矛盾而提出来的。在通过改革开放推动我国经济快速发展的同时,我们也要充分考虑资源、环境和生态的承载能力,要着力实现对自然资源的永继利用,推动人与自然的和谐发展,进而走上一条生产发展、生活富裕、生态良好相统一的可持续的文明发展道路。当然,生产的发展和良好的生态最终还是要服务于人的生活,可持续发展就是要实现人在物质无忧、环境美好中生活。从本质上来看,可持续发展就是既要考虑当前发展的需要,又要考虑未来发展的需要,绝不能以牺牲后代人利益为代价来换取当代人的利益和经济的一时发展。

(四)统筹兼顾是根本方法

针对我国经济社会发展的多样性和不平衡性,以及如何处理发展中国特色社会主义事业中的一系列矛盾关系,胡锦涛同志所提出的科学发展观明确指出实现发展的根本方法是统筹兼顾,从而在基本路径上解答了"怎样发展"的问题。一个国家的发展往往不是单向的,而总是处在矛盾双方的对立统一之中。当今中国改革发展进程中呈现出的问题具有复杂性,各种利益、观念、力量交织在一起,这就决定中国问题的解决一定不能顾此失彼,必须做到统筹兼顾,学会"两面性"地看问题。统筹兼顾,就是指在工作中要做到统筹谋划、兼顾全面、总览全局、协调各方,在妥善协调各种利益关系的基础上,调动一切积极因素来加强对经济社会发展薄弱环节的重点关注。

统筹兼顾是我们党长期形成的宝贵经验。在革命、建设和改革的实践中,我们党形成了统筹兼顾的宝贵发展经验。党的十六大以后,以胡锦涛同志为总书记的党中央围绕经济社会发展面临的突出矛盾和问题,对统筹兼顾思想逐步进行了充实和完善。先是在党的十六届三中全会上提出了"五个统筹"思想,也就是要"统筹城乡发展、统筹区域发展、统筹经济社会发展、统筹人与自然和谐发展、统筹国内发展和对外开放"。紧接着,党的十七大在"五个统筹"思想的基础上,又增加了"统筹中央和地方关系、统筹个人利益和集体利益、局部利益和整体利益、当前利益和长远利益""统筹国内外两个大局",从而形成了"八个统筹"。上述思想是我们党关于统筹兼顾思想的继承和发展,是科学发展观思想体系中不可分割的有机组成部分。

统筹区域发展和城乡发展是迫切任务。唯物辩证法认为,平衡是相对的,不平衡是绝对的,事物的发展是平衡与不平衡的有机统一。由于历史传统、自然条件、努力程度等主客观条件的差别,在我国城乡和区域之间存在着发展的不平衡,这种不平衡有着历史的必然性。只有统筹区域和城乡发展,贯彻落实科学发展观,才能打破区域和城乡之间的不平衡,使发展不平衡、不充分的地区和群体迎头赶上,才能促进社会和谐稳定。

统筹兼顾效率和公平是科学发展的本质要求。妥善处理社会主义发展进程中的重大关系,是科学发展观得以应运而生的时代背景。在建设和发展中国特色社会主义事业中,必然会遇到各种各样的矛盾和问题,其中如何处理效率和公平的关系问题是能否实现经济社会科学发展的首要问题。改革开放初期,为了调动人们的生产积极性,打破滋生懒汉思想的平均主义大锅饭,解放和发展社会生产力,我们提出了"效率优先,兼顾公平"的发展策略。随着改革开放进程中一些社会矛盾的凸显,尤其是贫富差距逐渐拉大,一些人认为这一策略存在着重效率而轻公平的倾向,应该把公平放到与效率同等重要的位置。当前,人们之所以日益关注公平问题,主要是因为人民群众已经由追求基本的"生存"上升到追求更好的"发展"。发展性需求是一种多样化需求,涉及经济、政治、文化、社会、生态以及人自身的发展等诸多领域,要满足这些多样化需求,就涉及如何有效化解社会矛盾问题,因为今天许多社会矛盾的产生,很大程度上与利益分配不公有着千丝万缕的关系,只有统筹好效率与公平的关系,才能用公平正义的理念解决好利益分配问题。

三、科学发展观的实践价值

作为马克思主义关于发展的世界观和方法论的集中体现，科学发展观既能够为人类社会生产方式变革提供精神指引，又能够为人类社会历史的变化提供价值支撑，也就是在揭示人类社会变化的一般规律中指导人类社会的发展进程。在社会主义建设进程中，如何运用科学发展观指导实际工作，是人们更为关心的现实问题。由于科学发展观在前人的基础上进一步回答了"实现什么样的发展，怎样发展"这一具有极强针对性和可操作性的重大实践命题，这使它大大超越了一般的学理性命题而富有重要的实践价值。运用科学发展观指导工作，把科学发展观落实到思想观念、政绩考核标准以及经济发展方式的转变上来，才能够在发展中国特色社会主义事业中充分展现出其实践价值。

（一）树立科学发展新理念

运用科学发展观指导实际工作，首先需要逐步转变那些不符合、不适应科学发展观的思维方式和思想观念。当然，由于改革开放初期长期奉行"摸着石头过河"的粗放型实践，我们需要转变的思维方式和发展理念是多方面的，但这其中执政理念和发展观念的转变是最为紧要和迫切的。

执政理念发展的新境界。作为历史和人民选择的执政党，中国共产党是中国特色社会主义事业的领导核心，在推进社会主义建设的任何情况下，我们都必须始终坚持中国共产党的领导。邓小平在中央干部会议上明确指出："从根本上说，没有党的领导，就没有现代中国的一切。"①在党的纲领和实际工作中，中国共产党始终把人民群众的根本利益作为出发点，践行了全心全意为人民服务的根本宗旨，充分彰显了我们党对初心和使命的坚守。新世纪、新阶段，领导和管理经济社会工作的水平如何、执政党的执政能力和水平如何，已经越来越成为开创中国特色社会主义事业新局面进而巩固党的执政地位的关键性因素。在深刻总结我们党执政以来的具体实践、积极汲取世界上其他国家政党执政经验教训的基础上，科学发展观应运而生。科学发展观明确了"科学发展"在党的执政

---

① 《邓小平文选》第二卷，人民出版社1994年版，第266页。

使命中的首要地位,强调要注重对发展规律的认识和把握,关注发展内容和方法的科学性,赋予"发展是党执政兴国的第一要务"以新的时代内涵,并把其提升到新的理论高度,这体现我们党对自身历史方位和历史使命的清醒认识,标志着我们党对自身发展规律和共产党执政规律的认识达到了一个新的境界。

量性发展思维是发展初期的无奈选择。在改革开放初期,一谈到发展,许多地方首先想到的是发展规模、发展数量、发展速度和"物的发展",他们习惯于强调发展规模要比较宏大、发展数量要超越常规、发展速度要突飞猛进,发展手段上尤其要注重"物"的要素。在此情况下,我国的经济社会发展相对注重数量的外延型和粗放型增长,这就是我们常说的量性思维。韩庆祥认为,"所谓量性思维,主要指社会发展、尤其是经济发展相对注重数量的粗放型、外延型增长,具体表现为相对注重发展'速度上的快'、'量上的多'、'规模上的大'、'要素上的物'。"①客观上来说,在我国发展的一定时期尤其是社会主义初级阶段,"量性思维"有其存在的历史必然性,也是我们国家发展基础薄弱状况下的无奈选择。一方面,由于在社会主义建设方面所遭遇的挫折和失误,我国与西方发达国家的差距较大,要尽快摆脱贫穷落后的状况,解决人民群众的温饱问题,亟须我们奋力追赶;另一方面,在初步发展时期我们缺乏现代科学技术和具有自主创新能力的人才,只能暂时充分利用看得见、摸得着、见效快的"物的手段"来扩大发展规模,提升发展速度。在此情况下,"量性思维"催生了"发展才是硬道理""摸着石头过河"等以经济建设为中心的发展举措,这种发展理念推动了我国经济的快速发展,但也在客观上造成了一些不容忽视的社会问题。

质性发展思维是科学发展观的核心理念。尽管量性思维有其积极意义并在特定时期具有引领发展的客观必然性,但是这种思维方式的局限性也是显而易见的。从中国近代历史来看,在 1840 年鸦片战争时期,清王朝的 GDP 远远超过英国,然而拥有 100 多万军队的清王朝却在 4000 名英国远征军的武力威慑下被迫签订了丧权辱国的《南京条约》。为什么会出现这样的历史悲剧呢?从根本上来看,清王朝的 GDP 只是量上的 GDP,是由茶叶、瓷器和丝绸构成的,没有核心技术。今天来看,2010 年,我国 GDP 已经是世界第二了,算得上经济大国,但

---

① 韩庆祥:《中国特色社会主义基本原理》,人民出版社 2015 年版,第 142 页。

是我们的 GDP 依然是量的 GDP 占据主导。面对过分追求经济增长所带来的社会问题，人们开始对传统发展观进行反思和再认识。在反思和批判过度以经济为中心的各种观点中，认为生态资源和经济增长都快到极限了。增长极限论曾经得到广泛认可，受这种观点影响，人们普遍认为发展不应该仅仅围绕经济增长，还应该充分考虑到社会发展的其他因素，诸如资源、人口、环境、生态等因素。在此情况下，"质性思维"被提到议事日程。所谓质性思维，就是在经济社会发展过程中要相对注重质的内涵型、集约型增长。由此，我们亟须转变引领发展的思维方式，实现从"量性思维"到"质性思维"的跨越，把"质性思维"作为引领经济社会发展的核心理念，这也是科学发展观实践价值的应有之义。

（二）确立政绩考核新标准

政绩观是发展观的前提和基础。所谓政绩观，就是对行政部门履职尽责的行政能力进行评价所持的根本观点。政绩观与政府职能紧密相连，政府的职能转变了，领导干部的政绩观也会随之而改变。改革开放初期的一段时期内，我们的领导干部大都只重视经济建设，工作目标也仅仅是为了完成上级部门所下达的经济指标，从而在客观上忽视了其他方面的协调、可持续发展。有些领导干部急于干出政绩，不经过科学论证就盲目上项目，给其主政地域留下了一堆半截子工程，甚至造成较为严重的生态破坏和环境污染，危及我们的子孙后代；有的领导干部只关注眼前利益，甚至为了贪污腐败、中饱私囊而变卖国家的土地和财产；有的领导干部形式主义、官僚主义思想根深蒂固，动辄摆架子、讲排场，利用各种机会大搞形象工程、政绩工程，等等。这些不正确的政绩观与科学发展观的要求背道而驰。针对这些领导干部严重错位的政绩观以及涸泽而渔的执政实践给经济社会发展所带来的危害，胡锦涛在讲话中强调："发展是以经济建设为中心、经济政治文化相协调的发展，是促进人与自然相和谐的可持续发展。"[①]可见，政绩观正确与否至关重要，决定着科学发展的新理念能否应用于经济社会发展的具体实践，关系着中国特色社会主义事业的前途命运。

政绩考核标准是政府行为的风向标。对各级政府官员来说，政绩考核标准就相当于他们的"行为规范"。也就是说，绩效考核体系直接影响着政府管理者

---

① 《十六大以来重要文献选编》（上），中央文献出版社 2005 年版，第 363 页。

的行为方式,国际树立什么样的绩效考核标准,我们的各级管理者就会产生与之相适应的行为方式。改革开放初期,我们国家在发展问题上所付出的惨痛代价,很大程度上与 GDP "至上"有着必然联系。GDP "至上"的绩效考核体系,使各级政府官员对 GDP 异常重视,把 GDP 凌驾于经济社会发展的其他方面之上,把GDP 看作决定个人升迁的重要法宝。重视 GDP 本身没有错,但 GDP 至上就陷入了错误的泥潭。要确立体现科学发展观要求的政府绩效考核体系,就需要对GDP 的权重进行重大调整,把 GDP 由过去的考核"总分数"变成重要的"单科分数"。一方面,科学发展观的第一要义是发展,要实现快速发展还是要扭住以经济建设为中心不放松,所以,依然要注重 GDP 所代表的经济实际增长。另一方面,科学发展观的核心是以人为本,这意味着我们的经济社会发展要依靠人民、为了人民,想方设法维护广大人民群众的根本利益。此外,科学发展观还要求经济社会发展的全面协调可持续,还要求坚持统筹兼顾的根本方法,还要求解决好生态和环境保护问题,等等。贯彻落实科学发展观就需要我们在坚持正确政绩观的基础上,不断优化政绩考核标准,在科学用人标准引领下,提升各级管理者推动经济社会科学发展的能力和水平。

科学发展观催生了正确的政绩观。中国是一个曾被帝国主义列强蹂躏了上百年、人均资源又比较匮乏的发展中大国。近代以来的悲惨遭遇使我国的现代化面临着一系列世界罕见的历史性课题,并且没有充裕的时间去化解现代化过程中的这些突出矛盾。因此,对基础薄弱的当代中国来说,要想在赶超西方发达国家的进程中真正实现国富民强,必须要拥有一套能够超越西方国家的科学发展模式。对实现跨越式发展的艰巨使命而言,传统的发展理念和发展方式是很难实现的,这就迫切要求中国人民必须寻找新的发展模式。党的十一届三中全会之后,我们党超越了"阶级斗争为纲"的指导思想,提出了"以经济建设为中心"的发展理念,打破了长期以来对生产力的重重桎梏,促进了中国经济的快速发展。新世纪新阶段,面对改革开放进程中的贫富差距拉大、生态环境遭到严重破坏等突出的社会问题,以胡锦涛同志为总书记的党中央顺应时代发展潮流提出了科学发展观,创造性地回答了中国特色社会主义为什么要发展的问题,高屋建瓴地回答了中国特色社会主义如何发展、发展什么等重大问题。胡锦涛指出:"确立全面、协调、可持续的发展观,对提高党领导经济工作的水平和驾驭全局的能力,实现全面建设小康社会的宏伟目标至关重要。"①科学发展观蕴含着对政府履职尽责的实践要求,贯彻科学发展观需要进一步转变政府职能,全面履行好政府调节经济、监管市场以及公共服务的职能。政府职能转变了,领导干部的政绩观也会随之转变,在这种意义上来说,科学发展观催生了科学的政绩观。

(三)践行科学发展新方式

从根本意义上来讲,科学发展观就是一种实践观,是引导人们按照科学的、辩证的思维方式去改变世界的实践观。践行科学发展观需要我们在实践中揭示片面发展、畸形发展、破坏生态的短视行为,以及"以物为本"对中国特色社会主义事业的严重危害,引导人们树立全面协调可持续的科学发展新方式,也就是要自觉运用科学发展观指导我们的实际工作。当然,运用科学发展观指导实际工作,不仅需要我们从推动工作的具体路径入手,还需要我们从建立"长效机制"方面来考虑,在以人为本的基础上实现具体路径与长效机制的有机结合。

粗放型发展方式使我们付出沉重代价。改革开放初期,解决人民群众的"衣食住行"具有一定的历史必然性。自1956年以来二十多年的社会主义建设探索不仅没有能够让我们国家走上现代化道路,甚至连人民群众的温饱问题都还没有能够解决。邓小平曾经强调:"经济工作是当前最大的政治,经济问题是压倒一切的政治问题。不只是当前,恐怕今后长期的工作重点都要放在经济工作上面。"②在此情况下,为了尽快解决我国社会的物质财富积累问题,很多地方政府在实践中主要采取通过"物"的要素拉动本地区经济增长的模式。概括来说,这些粗放型的发展模式主要体现在以下几个方面:一是非常注重物质资本投资,尤其是通过各种优惠条件来引进外资;二是开办了一些高投入、高消耗、高污染的制造性企业;三是超常规的消耗了自然资源;四是依靠廉价的劳动力"成本"才能得以维系。从历史的维度来看,这种经济增长模式是当时基本国情的必然选择,对推动我国改革开放初期的经济社会发展功不可没,不应该被全盘抹杀。但这种发展模式的局限性和危害性也是显而易见的,它导致我们国家面临国内、国际两方面的困局:从国内来看,虽然各种经济指标上去了,但一部分人的

①　《十六大以来重要文献选编》(上),中央文献出版社2005年版,第605页。
②　《邓小平文选》第二卷,人民出版社1994年版,第194页。

幸福指标却下去了;物质文明建设成果上去了,但一部分人的思想道德水平却下降了;经济总量上去了,人与人、人与自然之间的关系却紧张起来了,也就是发展的不可持续问题出现了。从国际方面来看,当今世界产业分为研发、制造和营销三大链条,而从宏观利润分配比例来看,制造业仅占利润分配比例的10%,也就是说制造业处于价值链的底端。那么,作为世界制造业大国,我们国家在世界产业分工链条化新格局中就处于非常不利地位,也就是处在为"世界打工"的地位,这种发展显然是不可持续的。

实现经济发展方式的根本转变。改革开放初期的粗放型增长方式不仅使我们在资源、生态甚至是人民群众生命健康等方面付出了沉重代价,也使我们错失了很多发展机遇,一定程度上使我们国家的发展空间变得越来越小。要改变这种在发展方面的被动局面,必须实现发展方式的根本转变。为了加快推进经济发展方式的快速转变,促进国民经济又好又快发展,胡锦涛在党的十七大报告中明确提出了"三个转变",即"经济增长由主要依靠投资、出口拉动向依靠消费、投资、出口协调拉动转变,由主要依靠第二产业带动向依靠第一、第二、第三产业协同带动转变,由主要依靠增加物质资源消耗向主要依靠科技进步、劳动者素质提高、管理创新转变"①。而实现这"三个转变"的中心环节就是提高我们国家的自主创新能力,因为长期缺乏自主创新能力的粗放型发展,使我们的经济增长往往通过消耗大量的物质资源来实现。在汲取过去沉痛教训的基础上,我们才逐步把提高自主创新能力作为调整产业结构的中心环节,并以此实现经济发展方式的转变。

建立推动科学发展的长效机制。运用科学发展观指导工作,不仅要关注其具体的实践路径,推动实现生产方式的变革,还必须构建推动科学发展的长效机制。在政府主导体制下,政府在贯彻科学发展观的过程中具有无可替代的主导作用,政府的行政体制状况也就成为制约科学发展观贯彻落实的关键因素。因此,推进政府的行政体制改革对构建科学发展的长效机制至关重要。我国传统的政府行政体制的特征,是自上而下、逐级管制、政府主导、权力至上的体制。当然,这种行政体制也有其历史必然性与合理性,不能盲目加以全面否定。但这种

---

① 《十七大以来重要文献选编》(上),中央文献出版社 2009 年版,第 17—18 页。

行政体制的局限性也是显而易见、不容否认的,这就是,自上而下有余而民众参与不足;重视权力有余而重视能力不足;强制管理有余而服务意识不足。概言之,就是政府主导有余而民众主体性和参与性不足。显然,这种传统的政府行政体制在很大程度上已经成为影响科学发展观贯彻落实的体制障碍。为此,我们必须按照科学发展观的要求,从权利运作方式和权力结构上积极推进政府行政体制改革,逐步构建起政府主导与民众参与相结合、自上而下与自下而上相结合、政府权力管制与凭借治理能力为民众提供公共服务相结合的"政府与民众协商共同治理社会"的长效机制,为贯彻落实科学发展观提供科学高效的行政体制保障。

下　篇

进入新的历史方位：
中国特色社会主义主体性的彰显

习近平总书记指出,"道路问题是关系党的事业兴衰成败第一位的问题,道路就是党的生命"①。在中国这样一个经济文化落后的国家,探索民族复兴的路径,寻求现代化的道路,是一个极为艰巨的历史任务。中国革命的发展趋势和中国的基本国情,决定了中国的社会发展必然从新民主主义走向社会主义。进入社会主义建设时期固然是重大的历史成就,但又是到了另一个新的起点,为了寻找一条适合中国国情的社会主义建设道路,以毛泽东同志为主要代表的中国共产党人进行了不懈的艰辛探索。尽管毛泽东等中国共产党人对社会主义建设的探索出现了失误和挫折,但也为后人提供了宝贵经验、物质基础和理论准备。正是在毛泽东探索的基础上,深刻总结历史经验的邓小平,才得以在改革开放的进程中,带领全党成功开创了中国特色社会主义道路。此后,中国共产党人立足新的实践,不断赋予中国特色以新的内涵,在新的历史条件下坚持和拓展了中国特色社会主义道路,使中国特色社会主义道路越走越广阔。尤其是党的十八大以来,以习近平同志为核心的党中央,立足当今世界和当代中国发展的实际,从坚持和发展中国特色社会主义的全局出发,总结历史经验,提出了一系列治国理政新理念、新思想、新战略,明确了新时代建设中国特色社会主义的基本方略,提升了中国特色社会主义的新境界,提出了构建人类命运共同体的新方案,拓展了中国特色社会主义的发展视野。

回顾中国社会主义的发展历程,追求自主发展是不变的主题和永恒的追求。改革开放初期,看到搞了二十多年社会主义的中国还没有解决全国人民的温饱问题,邓小平感触良多。为此,早就发现照搬别国发展模式建设社会主义严重弊端的邓小平进一步坚定了结合中国基本国情自主发展社会主义的决心。他明确指出,新民主主义革命时期,我们党"走自己的路,也就是农村包围城市的路,中国革命成功了"。改革开放新时期,"走自己的路,建设有中国特色的社会主义,这是我们总结长期历史经验得出的基本结论。"由此,直面各种压力和挑战,坚

---

① 《习近平著作选读》第一卷,人民出版社 2023 年版,第 84—85 页。

决主张走自己的路,邓小平开启了社会主义在中国发展的新阶段。新时代,习近平充分认识到走好中国特色社会主义道路对中国发展的特殊意义,他指出,"中国特色社会主义道路,是实现社会主义现代化的必由之路,是创造人民美好生活的必由之路"。由此,习近平在国内用"以人民为中心的发展理念"来满足人民对美好生活的需要,在国际上他引领我们国家摆脱西方资本主义国家所建立的不平等的国际政治经济旧秩序的束缚,提出致力于解决人类问题的中国方案,用中国智慧赢得了世界各国的尊敬和认可,使我们国家结束了长期适应西方规则的被动"跟跑"局面,日益走近世界舞台的中央,也把充满生机活力的中国特色社会主义推进到主体性日益彰显的新时期。

第七章　中国特色社会主义进入新时代

2017 年 10 月 18 日,习近平总书记作了立意高远、大气磅礴、催人奋进的党的十九大报告。习近平在报告中指出:"经过长期努力,中国特色社会主义进入了新时代,这是我国发展新的历史方位。"①这是一个具有基础性、前提性、战略性、根本性和政治性的重大论断。可见,党的十九大报告的一条红线或者说最大亮点,就是站在中国特色社会主义进入新时代的新的历史方位和中华民族迎来强起来的新的历史起点上,坚持和发展中国特色社会主义,肩负实现中华民族伟大复兴的历史使命,提出习近平新时代中国特色社会主义思想,形成了一个逻辑严密、系统完整的科学理论体系。

新时代确定新方位。党的十九大报告所强调的"中国特色社会主义进入了新时代",就是在阐明我们国家的社会主义实现了发展进程的重大转变,有了新的逻辑起点,进入了新的历史方位,这有助于人们更好地了解党的理论与实践创新,有助于更好地读懂新时代的核心要义,党的十九大报告首次从五个方面澄清"新时代"的科学内涵:"这个新时代,是承前启后、继往开来、在新的历史条件下继续夺取中国特色社会主义伟大胜利的时代,是决胜全面建成小康社会、进而全面建设社会主义现代化强国的时代,是全国各族人民团结奋斗、不断创造美好生活、逐步实现全体人民共同富裕的时代,是全体中华儿女勠力同心、奋力实现中华民族伟大复兴中国梦的时代,是我国日益走近世界舞台中央、不断为人类作出更大贡献的时代。"②这五个方面,从中国特色社会主义到"两个一百年"奋斗目标、美好生活和共同富裕的现实目标以及民族复兴的中国梦,再到我们国家的世

---

① 《习近平谈治国理政》第三卷,外文出版社 2020 年版,第 8 页。
② 《习近平谈治国理政》第三卷,外文出版社 2020 年版,第 9 页。

界情怀,其实质和主线就是中国特色社会主义进入了主体性彰显的时代,也就是从大国走向强国的时代。

新时代孕育新思想。恩格斯指出,"每一个时代的理论思维,从而我们时代的理论思维,都是一种历史的产物,它在不同的时代具有完全不同的形式,同时具有完全不同的内容"①。在人类发展的历史长河中,人们不仅创造了丰富多样的物质财富,还打造出绚烂多彩的精神资源,但是人们的这些创造并不是随心所欲的,而是受制于特定时代的物质条件和现实需要。显然,习近平新时代中国特色社会主义思想的横空出世也自然是水到渠成的产物。习近平指出:"新时代中国特色社会主义是马克思主义中国化最新成果,是党和人民实践经验和集体智慧的结晶",显然,这一理论实现了马克思列宁主义的理论精髓和思想灵魂与新时代中国国情的有机结合,是面向 21 世纪的马克思主义。习近平新时代中国特色社会主义思想深入阐释了新时代应该如何坚持和发展中国特色社会主义这一重大历史课题,实现了对马克思主义的创造性发展,为人类社会发展贡献了中国智慧。

一、历史方位:大国迈向强国的历史转变

哲学是时代精神的精华,思想是时代的声音。历史既是对过去的回顾和再现,也是走向未来的基础和起点。如果不能从哲学维度上去把握时代和历史,就难以真正科学地把握时代和历史。在科学社会主义的发展历程中,很多马克思主义的实干家都注重运用缜密的理论思维并上升到哲学高度来思考问题,列宁的《哲学笔记》、毛泽东的《矛盾论》和《实践论》等,都是既聚焦时代现实问题又闪耀着哲学智慧的光辉典范。中国特色社会主义进入新时代,这并不是一个凭空判断,而是有着众多现实依据。实现国家富强和人民幸福是中国共产党人始终不渝的历史使命。党的十一届三中全会之后,我们党团结带领全国人民紧紧扭住"经济建设"这个中心任务,中断解放思想,快速发展社会生产力,推动中国社会实现了"全面小康"。在此情况下,中国人民日益接近于实现民族复兴的百

年梦想,"强起来"也日益成为中华民族的鲜明时代特色。作为一个重大的政治判断,中国特色社会主义进入新时代还具有丰富的哲学意蕴。一方面,我们想要深入挖掘中国特色社会主义进入新时代的来龙去脉,以及新时代所具有的科学内涵和本质特征,只有从哲学维度来分析和把握才能更有高度、更令人信服;另一方面,如果没有对中国社会发展历史逻辑和科学社会主义理论逻辑的深刻认知和哲学自觉,就难以搞清楚新时代中国特色社会主义究竟是"由何而来""现在何处""向何前行"的根本问题,就会使新时代中国特色社会主义成为"空中楼阁"。显然,立足新的历史方位,在摆脱各种处在束缚的过程中逐步实现自主发展,是中国特色社会主义在新时代能够实现主体性彰显的坚实根基。

(一)由何而来:进入新时代的根据

探寻事物发展的根源是一个既需要有缜密的历史思维又需要有深厚的哲学高度的重要课题。对中国特色社会主义进入新时代这一命题而言,也就是我们需要从过去、现在和未来三个方面的历史维度来分析其历史进程和历史规律,还需要从哲学视野来把握其内在的发展逻辑。结合现实情况,中国特色社会主义的"历史性成就""历史性变革"和"历史性影响"是影响和推动其进入新时代的根本依据。

历史性成就是中国特色社会主义进入新时代的现实基础。在新民主主义革命时期,毛泽东同志始终牢记共产党人的初心和使命,在革命实践中提出并践行着全心全意为人民服务的思想。为了找到一条引领中国革命走向胜利的正确道路,他不计个人荣辱、甘冒政治风险,顶着共产国际和当时党中央领导的压力,深入农村、扎根群众,使我们党逐步确立了农村包围城市的胜利之路,进而建立新中国。在改革开放的历史新时期,邓小平以中国人民的儿子来表达他对祖国和人民的深厚感情。为了让历经苦难的人民群众富起来,他甘于冒着挨骂的风险,实行对外开放、建立经济特区、大量引进外资,实现了中国经济的快速发展,让中国人民逐渐富了起来。世纪之交,江泽民立足人民根本利益,提出了"三个代表"重要思想;新世纪新阶段,胡锦涛同志提出了"以人为本"的科学发展观;党的十八大以来,习近平始终践行着以人民为中心的发展思想,围绕治党治国治军提出了许多战略性理念和实践性要求,引领中国特色社会主义进入新时代,使中华民族迈向强起来的伟大征程。我们党和国家取得的历史性成就是开创性的、全方位的,也是具体的、现实的。如经济、政治、文化社会以及生态文明建设等方面均取得了显著成效,全面深化改革取得重大突破,全面从严治党成效显著等。总体来说,中华民族呈现出面貌一新的良好局面。

历史性变革是中国特色社会主义进入新时代的生动体现。党的十八大以来,习近平总书记更是在新的境界上推进了具有中国特色的历史性变革。如何处理推动社会发展与维护人民利益的关系是任何执政者都需要回答和践行的重要课题。中国共产党人以全心全意为人民服务为根本宗旨,总是想法设法维护广大人民群众的利益。新时代,习近平总书记始终践行以人民为中心的执政理念,把维护人民群众的现实利益、增进中国社会的民生福祉、逐步满足人民群众的美好生活需要作为其治国理政的出发点和立足点。在以习近平同志为核心的党中央全力推动下,绝大多数人民群众得到了真真切切的现实利益,中华民族也变得日益强大起来,中国社会焕发出蓬勃生机。由此可见,习近平总书记立足坚定理想信念与维护人民根本利益的汇合点,在实现社会与个人的协调发展中推进了新时代中国特色社会主义在根本立场上的历史性变革。因此,习近平总书记立足坚定理想信念与维护人民根本利益的汇合点,在实现社会与个人的协调发展中推进了新时代中国特色社会主义在根本立场上的历史性变革。同时,习近平总书记既高度强调了中国特色社会主义植根于中国大地的鲜明民族特色,又斩钉截铁地指出中国开放的大门永远不会关上。在党的二十大报告中,习近平既强调要坚持人民至上并站稳人民立场,又强调我们"也是为人类谋进步、为世界谋大同的党"[1],这既彰显了以人民为中心的中国特色,又展现了为全人类贡献中国智慧的世界眼光。因此,我们既要不断丰富独具民族特色的中国模式,又要为解决人类社会的共同问题提供中国方案,在彰显中华民族世界情怀的进程中实现历史性变革。此外,我们国家在很多社会发展的具体方面也发生了历史性变革。如在推动实现了"三步走"发展战略向实现"两个一百年"奋斗目标的历史性转变;在生产关系上,从"允许一部分人先富起来"再逐步实现共同富裕转变到"使全体人民共享发展成果";从国家权力运行方式上,从行政主导转向更加注重"治理体系和治理能力现代化";在国际战略上,从回应挑战转

---

[1] 《中国共产党第二十次全国代表大会文件汇编》,人民出版社 2022 年版,第 18 页。

向主动谋划、积极作为等。显然,这些从根本立场、发展理念到具体执政实践等诸多方面的历史性变革标志着中国特色社会主义进入了新时代。

历史性影响是中国特色社会主义进入新时代的外在表现。一个国家进入新时代,不仅仅要看这一国家在经济社会发展方面取得了多么巨大的成就,还要看这个国家的国际地位和在当今世界的影响力。在中国古代,汉代名将陈汤曾发出"明犯强汉者,虽远必诛"的豪言壮语,唐代万邦来朝的盛世景象依然令今天的国人为之心潮澎湃,这种强大的影响力自然是不言而喻的。党的十八大以来,伴随着综合实力的快速提升,我们国家的社会主要矛盾发生了转变。伴随着"一带一路"倡议的有效实施,亚投行的良性运转,尤其是我们国家在新冠疫情防控中的良好表现,中国越来越走近世界舞台的中央,我们在当今世界的影响力日益增强。习近平总书记指出,"中国特色社会主义进入新时代,我国社会主要矛盾已经转化为人民日益增长的美好生活需要和不平衡不充分的发展之间的矛盾"①。韩庆祥指出,"大体上,社会主义初级阶段可以划分为'欠发展'时期(或历史方位)和'发展起来'时期(或历史方位)。人民日益增长的物质文化需要同落后的社会生产之间的矛盾,是我国'欠发展'时期(或历史方位)的社会主要矛盾;而人民日益增长的美好生活需要和不平衡不充分的发展之间的矛盾,则是我国'发展起来使大国成为强国'时期(或历史方位)的社会主要矛盾"②。显然,社会主要矛盾的转化标志着我们国家发展阶段的重大转型,我们国家基本上告别了"缺衣少食"的"欠发展"时期,发展到每一个老百姓都实现全面小康的"发展起来"的新时期,这就是我们发展阶段所达到的新的历史方位。中国特色社会主义的新时代是满足人民美好生活需要的时代,是我们历史影响力得到显著提高的时代,也是中国特色社会主义主体性日益彰显的时代。

(二)现在何处:进入新时代的标志

在探究和厘清中国特色社会主义进入新时代的基本依据的前提下,弄明白中国特色社会主义进入新时代的标志就成为下一步的逻辑必然。这一标志至关重要,因为它是解决好我们国家的社会主义目前"身在何处"以及今后"从何出

---

① 《党的十九大文件汇编》,党建读物出版社 2017 年版,第 8 页。
② 韩庆祥:《强国时代》,红旗出版社 2018 年版,第 67 页。

发"的历史方位问题的关键性环节。党的十九大报告指出:"中国特色社会主义进入新时代,意味着近代以来久经磨难的中华民族迎来了从站起来、富起来到强起来的伟大飞跃,迎来了实现中华民族伟大复兴的光明前景;意味着科学社会主义在21世纪的中国焕发出强大生机活力,在世界上高高举起了中国特色社会主义伟大旗帜;意味着中国特色社会主义道路、理论、制度、文化不断发展,拓展了发展中国家走向现代化的途径,给世界上那些既希望加快发展又希望保持自身独立性的国家和民族提供了全新选择,为解决人类问题贡献了中国智慧和中国方案。"①可见,我们党在十九大报告中所浓墨重彩阐释的"三个意味着"蕴含着丰富的阶段性特征,从中华民族的复兴进程、科学社会主义的发展状态、中国特色社会主义的引领性作用三个维度揭示了我们国家所处的历史方位,是中国特色社会主义进入新时代的鲜明标志。

中华民族站在强起来的历史起点上,是其在新时代所处的历史方位。第一个"意味着",阐释了中华民族从站起来、富起来到强起来的伟大飞跃,其核心要义是中华民族站在了实现强起来的历史起点上。为了践行共产党人的历史使命,以毛泽东同志为主要代表的中国共产党人历经大革命的洗礼打倒了反动的封建军阀,经过十四年艰苦卓绝的斗争赶走了日本帝国主义,经过三年的浴血奋战打败了腐朽没落的蒋家王朝,赢得了人民解放和民族独立,中国人民站起来了。党的十一届三中全会后,为了完成国家富强和人民幸福的历史使命,以邓小平同志为主要代表的中国共产党人作出了改革开放的重大决策,带领人民群众创建经济特区、实行联产承包、建设社会主义市场经济,实现中国经济社会的全面发展,中国人民富起来了。党的十八大以来,习近平总书记带领中国人民撸起袖子加油干,创新了经济社会发展理念,调整了战略思维布局,凝聚起实现民族复兴的正能量,初步形成了习近平新时代中国特色社会主义思想,开启了中国人民走向强起来的新的出发点。进入新时代,意味着站在新的历史起点上的中华民族迎来实现伟大复兴的光明前景。日趋走近世界舞台中央的中华民族将会显得更加坚强有力,在世界舞台拥有更加举足轻重的话语权。

中国特色社会主义迈进新阶段,是其在新时代所处的历史方位。第二个

---

① 《习近平谈治国理政》第三卷,外文出版社2020年版,第8—9页。

"意味着",其核心要义是中国推动了科学社会主义的历史性进步和跨越式发展。改革开放初期,我们国家经济文化相对落后,在这一基础上开创的中国特色社会主义明显会有点底气不足,我们这个时候提"中国特色",核心要义在于为我们的发展现状进行"理论辩护",让人民群众和别的国家认可我们的发展现状。比如,相对于全世界的现代化潮流和发展目标,邓小平借用中国传统文化的"小康"概念来承载我们的发展目标,这一彰显中国特色的发展目标就具有了很大的弹性,别人也很难找到客观的比较标准,有助于我们更加灵活的确定发展指标,同时也能够让一些主要的发达国家有一定的麻痹大意心理,他们会认为中国与世界的现代化标准还差得很远,不值得警惕和提防。而我们则聚焦于"立足基本国情""不照抄照搬""走自己的路"等方面进行系统辩护。之后,随着中国特色社会主义道路越走越广阔,我们在诸多方面都取得了喜人的成绩,在经济发展速度和综合国力提升方面甚至让西方发达国家都难以企及。这个时候,我们理论研究的重点变成为中国特色社会主义进行"理论阐释",也就是要让全世界了解中国的重大成就和发展道路,认可中国已经走近世界舞台中央的客观现实。相比我国在改革开放之初的"欠发达"时期的注重"理论辩护"和后来的"理论阐释",党的十八大之后的"发展起来"时期,我们在理论研究上注重"理论引领",我们国家要在越来越多的范围内为世界贡献我们的智慧和方案。

中国现代化建设进入主体性彰显时期,是其在新时代所处的历史方位。第三个"意味着",主题是发展道路,其核心要义是中国实现了从长期跟跑、到一定时期的并跑,现在迎来了在很多方面领跑的历史性转变。当然,在这期间,我们中国人付出的心血和努力是巨大的,这里面有新中国成立初期大庆石油工人"有条件要上,没有条件创造条件也要上""宁可少活二十年,也要拿下大油田"的冲天干劲,有焦裕禄"活着没有把兰考建设好,死了也要看着兰考人民把这片土地建设好"的鞠躬尽瘁死而已已,还有新冠疫情防控期间以钟南山为代表的医护人员的"最美逆行"等,这些都汇聚成了中国共产党伟大的精神谱系。对于中国的快速发展,其原因和意义也是众多专家讨论的热点问题。韩庆祥教授认为,"中国道路成果所导致的'西方中心论'的破产,是当今世界最大的变局。中国道路的成功,证明了基于西方经验的'历史终结论'是有失偏颇的,'西方中心论'是狭隘的,'文明优越论'是站不住脚的,'普世价值论'是行不通的,'别无选择论'是武断的"①。随着中国现代化建设的深入推进,我们国家的现代化逐步结束了"摸着石头过河"的"跟跑"阶段,这种"既有各国现代化的共同特征,更有基于自己国情的中国特色"②的现代化开始使"西方现代化模式"不再优越。此外,由于拓展了发展中国家走向现代化的新途径并且在很多方面贡献独居特色和成效显著的中国智慧,主体性彰显的中国式现代化开始呈现"领跑"的特点。当然,这实属来之不易,积淀了几代人接续奋斗的汗水和心血。在筚路蓝缕的发展历程中,中国为构建新型的现代化路径和全球治理体系作出了自身的贡献,为解决人类问题贡献了中国智慧。显然,进入对世界发展中国家具有引领作用的主体性彰显时期,是中国式现代化在新时代所处的历史方位。

(三)向何前行:进入新时代的目标

厘清"从何而来""身在何处"的问题之后,我们国家将"向何前行"就是逻辑上亟须解决的首要问题。也就是说,在把准历史定位之后,我们党应当尽快厘定新时代的奋斗目标。在国家羸弱、民族蒙羞的旧中国,毛泽东那一代共产党人用不怕牺牲的浴血奋斗精神回答了如何让中国站起来的问题,为了尽快结束人民群众长期挨饿受穷的困顿局面,邓小平及其后继的共产党人用"发展才是硬道理"的务实理念和"摸着石头过河"的接续奋斗解决了如何让中国富起来的问题,他们都为中国社会走向繁荣富强打下了坚实基础,作出了卓越贡献。当前,站在新的历史起点上,以习近平同志为核心的党中央则需要用"只争朝夕、不负韶华"的奋斗精神来回答中国"强起来"的崭新课题。党的十九大报告所阐释的五个方面的新时代内涵,就是要回答我们国家今后"向何前行"的方向性问题,也就是确定了新时代我们的奋斗目标。

继往开来,继续夺取中国特色社会主义伟大胜利的时代。这一方面所阐释的"新时代",就是中国特色社会主义逐步强起来的时代。习近平对发展新时代中国特色社会主义"前半程"和"后半程"的有关论述意义重大。习近平指出,我国社会主义实践前半程的主要历史任务是建立社会主义基本制度,并在这个基础上进行改革③,其核心是在改革开放中确立社会主义基本制度,这个任务已经

---

① 韩庆祥:《论"四个伟大"》,北京联合出版公司 2018 年版,第 21—22 页。
② 《中国共产党第二十次全国代表大会文件汇编》,人民出版社 2022 年版,第 18 页。
③ 《习近平新时代中国特色社会主义思想学习纲要》,人民出版社 2019 年版,第 84 页。

完成。习近平还指出,我国社会主义实践后半程的主要历史任务是完善和发展中国特色社会主义制度,其核心是推进国家治理体系和治理能力现代化,这是一个极为宏大的工程。因此,要完成中国"强起来"的目标,就需要继续夺取中国特色社会主义伟大胜利,就必须完成"后半程"的主要历史任务,那就是不断优化中国特色社会主义治理体系,提升其治理能力,在生动高效的治国理政实践中为人民谋幸福、为民族谋复兴。

建成全面小康,进而全面建设社会主义现代化强国的时代。这一方面所阐释的"新时代",其核心内涵就是要接续完成"两个一百年"奋斗目标。制定科学奋斗目标、戮力同心践行奋斗目标是中国共产党人的优良传统。改革开放初期,邓小平那一代共产党人就制定了"三步走"的重要战略。新时代,习近平总书记充分认识到建设现代化强国对于当今中国乃至全世界的重要意义。习近平指出,我们这个世界上最大发展中国家实现了现代化,意味着比现代所有发达国家人口总和还要多的中国人民将进入现代化行列,其影响将是世界性的。当我国成为世界上第一个不是走资本主义道路,而是走社会主义道路建成的现代化强国时,我们党领导人民在中国进行的伟大社会革命将更加充分地展示出其历史意义。① 为此,习近平总书记在党的十九大上宣布,"把我国建成富强民主文明和谐美丽的社会主义现代化强国"。从这一意义上来看,我们国家的社会主义新时代就是强国时代。

建设美好生活,逐步实现全体人民共同富裕的时代。这一方面所阐释的"新时代",就是要在共同富裕目标驱动下建设人民美好生活。人民的美好生活是社会主义的根本宗旨所在,只有把理想信念落脚到维护人民群众具体利益的生动实践中去,才能真正转化为推动社会实践的内生力量。因此,我们党必须找到坚定理想信念与维护人民根本利益的汇合点,才能推进新时代中国特色社会主义进程中实现全体人民的共同富裕。改革开放初期,为了调动人民群众投身社会主义建设的积极性,我们党就"允许一部分人先富起来"。党的十八大以后,我们党开始聚焦全体人民的共同富裕问题,主张让全体人民在创造美好生活中共享改革发展成果。党的十九大报告中,习近平总书记指出,"深入开展脱贫

---

① 《习近平新时代中国特色社会主义思想学习纲要》,人民出版社 2019 年版,第 60 页。

攻坚,保证全体人民在共建共享发展中有更多获得感,不断促进人的全面发展、全体人民共同富裕"①。美好生活的内涵是多方面的,脱贫攻坚只是一个前提和基础,早日实现全体人民的共同富裕才是美好生活的应有之义。

人民勠力同心,奋力实现民族复兴中国梦的时代。这一方面所阐释的"新时代",就是要汇聚其实现中国梦的全民力量。中国梦的提出既反映了中国共产党与时俱进的执政方略,也体现了中国人民作为历史主体的价值取向。实现中国梦是调动广大人民群众积极性、人人投身于中国特色社会主义建设事业的动员令。中国梦是人民的梦,实现中国梦,就是实现人民群众的主体价值目标。实现中国梦所展望的愿景,必须发挥人民群众的主体性和创造性,坚持从群众中来到群众中去,让全国人民都有可能成为"出彩中国人"的机会。唯其如此,才能让人民群众增强和提升当家作主的责任意识,充分激发和调动人民群众自主创新的热情,通过聚合千百万人的聪明才智,促使中华民族的前景充满无限生机与活力,加速中国梦的顺利实现。实现中国梦是一个曾经辉煌的文明古国逐步跻身发展中国家前列并日益发挥引领作用的过程。

关注人类问题,进而使中国日益走近世界舞台中央的时代。这一方面所阐释的"新时代",其目标就是努力使中国在世界上强大起来并为全人类作出更大贡献的时代。作为一个民族共同体,中国的根本价值追求就是谋求国家富强、人民幸福,在几千年的历史发展长河中,我们曾经长时期居于世界舞台的中央,对人类文明的发展和世界的进步作出了卓越的贡献,但近代以来却逐步没落了。之后,中国人民为国家富强尝试了各种路径探寻,但是,在中国共产党执政的新中国成立以前,中国人的"富强梦"曾经长期受制于小农经济的局限,所遭遇的灾难和挫折层出不穷。新中国成立以后,国家呈现出崭新的面貌,中国人民在正确的道路上阔步前进。党的十八大之后,中国梦的提出,既正视中华民族近代不堪回首的苦难历史记忆,又对当前中国所处的发展阶段有着清醒的认识,无疑是实现中华民族复兴梦想的行动指南,它充满自信的向世界表明,中国追求民族复兴的富强梦究竟何为?"中国共产党是为中国人民谋幸福、为中华民族谋复兴

---

① 《党的十九大文件汇编》,党建读物出版社 2017 年版,第 16 页。

的党,也是为人类谋进步、为世界谋大同的党。"①日益强大起来的中国要走近世界舞台的中央,像过去一样为解决人类问题作出更大的贡献。

二、时代理论:习近平新时代中国特色社会主义思想

坚持和发展中国特色社会主义,是自改革开放新时期以来我们党一以贯之的理论主题和实践指向。习近平新时代中国特色社会主义思想是马克思主义与中华优秀传统文化有机结合的最新成果,是 21 世纪的马克思主义。习近平新时代中国特色社会主义思想,是在当今世界处在和平与发展的时代主题下,科学社会主义运动处在挫折之后的调整发展时期,中国改革开放处在攻坚期和深水区所提出的马克思主义中国化时代化最新理论成果。这一思想立意高远、内涵深刻,既继承前人的历史经验,又敢于突破陈规旧俗,不仅要把中国人民对美好生活的向往作为奋斗目标,还庄严承诺要为解决人类问题贡献中国智慧,提供中国方案,是 21 世纪面向全人类的具有世界担当的马克思主义。作为引领中华民族走向复兴的行动指南,我们对习近平新时代中国特色社会主义思想必须长期坚持并不断发展。坚持和发展习近平新时代中国特色社会主义思想应把握好三个维度,即是要梳理把握其有紧密内在联系的核心内容,明确其科学理论定位视域下的基本方略,找准其所聚焦重大现实问题的实践指向。只有这样,我们才能初步回答新时代应该坚持和发展什么样的中国特色社会主义、怎样坚持和发展中国特色社会主义的重大现实问题,才能实现对马克思主义的创造性发展,进而为人类社会发展贡献了中国智慧,才能更好地坚持和发展好新时代中国特色社会主义,完成让中华民族逐步强起来的历史使命。

(一)习近平新时代中国特色社会主义思想的"十个明确"的核心内容

习近平新时代中国特色社会主义思想深刻、内容丰富,习近平总书记在党的十九大报告中将其概括为"八个明确",这"八个明确"从理论上回答了新时代应该坚持和发展什么样的中国特色社会主义,着重解决"是什么"的问题。在党的十九届六中全会通过的决议中,用"十个明确"概括了习近平新时代中国特色社

---

① 《中国共产党第二十次全国代表大会文件汇编》,人民出版社 2022 年版,第 18 页。

会主义思想的核心内容。对于"十个明确",可以着力从以下五个方面来深入理解和把握。

一个根本发展思想。我们党提出并始终践行着以人民为中心的发展思想,这一发展思想既是对中国古代"贵民"思想的传承,也是中国共产党人的宗旨意识在当代中国的创新性发展,是习近平新时代中国特色社会主义思想的重要发展。坚持以人民为中心的发展思想,就是要恪守人民至上的价值取向,重视人民群众的物质需求,关注老百姓的精神生活,在一切事情上始终能够做到以人民为中心。

两个重大战略构想。习近平总书记深谙中华优秀传统文化的思想精髓与核心理念,善于用中国传统文化的经典语句阐释其治国理政思想。比如,他用"长风破浪会有时"形容中华民族伟大复兴中国梦的光明前景,用"一花独放不是春,百花齐放春满园"来表述只有推动人类各种文明交流互鉴,才能丰富人类文明内涵,构建普惠共赢的和谐世界,用"计利当计天下利"来阐释中华民族的义利观和世界情怀。正是由于长期肩负这种心忧天下的世界情怀,习近平总书记先后提出了实现中华民族伟大复兴中国梦和构建人类命运共同体的两大战略构想。梦想是深藏于人们内心世界的理想信念的生动表现形式,表达了人们对未来美好生活的期盼和向往。首先,是对于实现中华民族伟大复兴的中国梦,习近平指出,每个人都有理想和追求,都有自己的梦想。"我以为,实现中华民族伟大复兴,就是中华民族近代以来最伟大的梦想。"[1]此后,共筑中国梦成为华夏儿女梦寐以求的人生追求。同时,习近平还郑重指出,中国梦是和平、发展、合作、共赢的梦,与世界各国人民的美好梦想息息相通,中国人民愿意同世界人民在实现各自梦想的过程中相互支持、相互帮助。[2] 其次,习近平总书记明确提出了共同构建人类命运共同体。面对世纪疫情和百年变局交织的复杂局面,习近平在党的二十大报告中以践行天下大道的人类情怀再次强调,"构建人类命运共同体是世界各国人民前途所在。"[3]

三个重大理论判断。为了扫除人们的思想障碍,更好地建设中国特色社会

---

[1] 《习近平总书记系列重要讲话读本》,人民出版社 2016 年版,第 5 页。

[2] 《习近平总书记系列重要讲话读本》,人民出版社 2016 年版,第 15—16 页。

[3] 《中国共产党第二十次全国代表大会文件汇编》,人民出版社 2022 年版,第 52 页。

主义,我们党提出了三个新论断。第一,以新发展理念引领经济社会发展。理念是行动的先导,正确的发展理念是事业成功的前提和基础。在全面建设小康社会的关键时期,为了能够成功地走出改革攻坚期和深水区的险滩和雷区,习近平总书记在总结改革开放实践经验的基础上,明确提出了创新、协调、绿色、开放、共享的新发展理念,使我们国家的社会主义迈进科学发展的新征程。第二,中国特色社会主义进入新时代。实现国家富强和人民幸福是中国共产党人始终不渝的历史使命。经过改革开放四十多年披荆斩棘的接续奋斗,中国社会实现了全面小康,中国人民富了起来。显然,承载着实现复兴的伟大梦想,中华民族已经日益走近世界舞台的中央,在不断向世界贡献中国智慧和提供中国方案的进程中,昂首阔步迈进了兼济天下的新时代。第三,社会主要矛盾发生了新变化。1956 年,社会主义制度在新中国确立,人民群众对崭新的先进社会制度寄予厚望,在旧社会长期被压抑的物质文化需求得到了充分释放,然而我国低下的生产力水平显然满足不了这种需求,两者的矛盾无疑成为我们国家在社会主义初级阶段的主要矛盾。党的十八大以来,我国的经济社会发展水平在三十多年改革开放的基础上又取得了长足进步,生产力发展水平大幅度提高。由此,习近平明确指出,新时代"我国社会主要矛盾已经转化为人民日益增长的美好生活需要和不平衡不充分的发展之间的矛盾"①。

　　"四个全面"战略布局。习近平总书记高度重视中国社会的发展战略问题,在推进科学社会主义与中国具体实际相结合的互动进程中,他逐步勾画出能够稳步助推中国发展的全新图景,这就是"四个全面"的战略布局。2012 年 11 月,习近平要求:全党全国要"共同为实现党的十八大提出的全面建成小康社会和全面深化改革开放的目标而奋斗"②。在此,习近平把这"两个全面"作为新时期的重要奋斗目标。2014 年 10 月,习近平指出:"全面推进依法治国是一个系统工程,是国家治理领域一场广泛而深刻的革命。"③2014 年 12 月,习近平强调:"全面从严治党是推进党的建设新的伟大工程的必然要求。"可见,习近平充分认识到深化改革、依法治国、从严治党在完成全面建成小康社会宏伟蓝图中的至

---

①　《党的十九大文件汇编》,党建读物出版社 2017 年版,第 8 页。

②　《十八大以来重要文献选编》(上),中央文献出版社 2014 年版,第 78 页。

③　《习近平谈治国理政》第二卷,外文出版社 2017 年版,第 124 页。

关重要性,必须将其置于我国社会主义发展全局的高度加以考量。由此,"四个全面"战略布局应运而生,"四个全面"战略布局把我们党对新时代中国特色社会主义的认识提到了新高度。围绕"四个全面"战略布局,习近平进行了深入阐释,他先后提出了小康不小康关键看老乡、突破利益固化的藩篱、奉法者强则国强,奉法者弱则国弱、以零容忍态度惩治腐败等微言大义、内涵深刻的思想理念,让人民群众切实感受到"四个全面"战略布局的科学性和人民性特质。"全面深化改革、全面依法治国、全面从严治党是三大战略举措,对实现全面建成小康社会战略目标一个都不能缺"①,这"四个全面"战略布局是习近平新时代中国特色社会主义思想的重要组成部分。

"五位一体"总体布局。社会主义制度在中国确立后,毛泽东等领导人先后提出了"论十大关系""四个现代化"等发展战略。可见,毛泽东当时已经敏锐地觉察到中国搞社会主义建设的复杂性和长期性,这为我们继续推进社会主义建设事业奠定了思想基础。在建设中国特色社会主义进程中,邓小平也先后提出了"两手抓""经济建设、政治建设、文化建设三位一体"等发展战略,丰富发展了社会主义建设理论。2012 年 10 月,在生态环境破坏严重、环境污染日甚一日的情况下,党的十八大提出了"社会主义经济建设、政治建设、文化建设、社会建设和生态文明建设五位一体的总布局"的思想,把人们对社会主义建设的认识提升到新的水平。"五位一体"总体布局是建设中国特色社会主义历史经验的深刻总结,是实现人民群众对未来美好生活新期待的现实路径。"五位一体"总体布局中,经济建设基础,政治建设提供内在动力和制度保障,文化建设是精神动力和思想源泉,社会建设能够创造活动平台和服务支撑,生态文明建设提供了人与自然和谐的生产生活环境。"五位一体"总体布局既相互支撑又彼此促进,是习近平新时代中国特色社会主义思想的重要组成部分,充分彰显了其"坚持系统观念"的世界观和方法论。

(二)习近平新时代中国特色社会主义思想的基本方略

基本方略,主要是指涉及大政方针方面的原则性策略。习近平新时代中国特色社会主义思想的基本方略,就是党的十九大报告所提出的"十四个坚持",

---

① 《习近平谈治国理政》第二卷,外文出版社 2017 年版,第 23 页。

它从实践上回答了新时代怎样坚持和发展中国特色社会主义,核心是解决"怎么办"的问题。深入学习贯彻习近平新时代中国特色社会主义思想,需要我们按照党的十九大报告所讲的"十四个坚持"来理解和把握其基本方略。"十四个坚持",即是要坚持党对一切工作的领导;以人民为中心;全面深化改革;新发展理念;人民当家作主;全面依法治国;社会主义核心价值体系;在发展中保障和改善民生;人与自然和谐共生;总体国家安全观;党对人民军队的绝对领导;"一国两制"和推进祖国统一;推动构建人类命运共同体;全面从严治党。① 对"十四个坚持"的内容,本书着重从经济、政治、文化、社会、生态五个方面来进行简单论述。

以新发展理念引领经济高质量发展。发展理念是既关系发展全局,又关系发展根本的指导思想,因为一方面它涉及发展的基本层面和基本关系,另一方面它体现了对发展规律的深刻认知。习近平总书记指出:"坚持创新发展、协调发展、绿色发展、开放发展、共享发展,是关系我国发展全局的一场深刻变革。这五大发展理念相互贯通、相互促进,是具有内在联系的集合体,要统一贯彻,不能顾此失彼,也不能相互替代。"②贯彻新发展理念就是要走一条公平、高效、可持续的高质量发展之路,也是我们国家从大国走向强国的必由之路。大国与强国对发展的要求是不一样的。在从贫穷走向温饱再走向小康的这一历史进程中,我国实行追赶战略,目的是尽快把"蛋糕"做大,目标是要把我国建成一个富裕的社会主义大国。在这种情况下,发展经济注重要素驱动和投资规模驱动,集中国家资源和力量推动一些地区和一部分人先富起来,就成为历史的必然。历史和实践证明,上述粗放型的发展方式确实在一定时期促进了我国经济的快速发展,但是,这种经济发展路径让我们付出的代价也是沉重的,自然环境被污染、缺乏发展获得感、发展不协调,一些地方甚至出现了畸形发展,这些负面因素制约了创新活力,影响了社会和谐稳定。因此,在从大国走向强国这一新的历史起点上,习近平总书记提出了新发展理念,并以此来引领我国经济社会发展全局的深刻变革。

---

① 《党的十九大文件汇编》,党建读物出版社 2017 年版,第 14—18 页。
② 《习近平谈治国理政》第二卷,外文出版社 2017 年版,第 200 页。

以人民当家作主发展社会主义民主政治。从民主政治建设的角度来讲，民主政治建设要以捍卫人的尊严、实现人的权利、满足人的物质和精神需要为出发点和落脚点。我们的民主政治建设的路线、方针、政策、纲领都应从人民群众的需要出发，尊重人民群众的主体地位。人民民主是我们党始终高扬的光辉旗帜，我国国家民主政治建设的核心就是保证人民当家作主。习近平总书记指出，"人民民主是社会主义的生命，没有民主就没有社会主义，就没有社会主义的现代化，就没有中华民族伟大复兴。"①如何从政治制度上保证人民当家作主的贯彻落实，一方面我们应该坚持走好党的领导、人民当家作主和依法治国有机统一的中国特色的社会主义民主道路。还要注重健全民主制度、丰富民主形式，通过制度建设保证和完善人民依法实行民主选举、民主决策、民主管理、民主监督。另一方面要积极稳妥地推进政治体制改革，建立健全权力运行制约和监督体系，推行权力运行公开化、规范化，保障人民知情权、参与权、表达权、监督权。坚持人民当家作主是中国民主政治建设的一个重要特色，是新时代中国共产党人关于社会主义民主政治建设的经验总结、理论深化和价值追求。

以社会主义核心价值体系支撑文化强国建设。从学理上和实践上来讲，在新时代坚持社会主义核心价值体系，就是要积极培育和践行社会主义核心价值观。而培育和践行社会主义核心价值观的实质则是为了建设中国人的精神世界，提升我国的文化软实力。哲学上讲的世界，主要包括物质世界和精神世界。改革开放初期，由于历史发展的内在必然性，人和物的关系表现的比较突出。那时候，我们突出强调以经济建设为中心，把解放和发展社会生产力作为根本任务，把提高人民群众的物质生活水平作为主要目标追求。历史发展到中国特色社会主义新时代，人和人的关系、人和物的关系问题依然非常突出，但人与其精神世界关系的重要性开始凸显。从国家层面上来讲，我国"物质"逐渐强大，"物质中国"的形象树立起来了，但我们的"精神形象"还不尽如人意，我们应该高度重视"精神中国""文化中国"建设。习近平总书记指出，要"用社会主义核心价值观凝魂聚力，更好构筑中国精神、中国价值、中国力量，为中国特色社会主义事

---

① 《习近平总书记系列重要讲话读本》，人民出版社 2016 年版，第 163 页。

业提供源源不断的精神动力和道德滋养"①。正是在这种情况下,我们党大力提倡践行社会主义核心价值观,以提升中国的文化软实力,建设社会主义文化强国。

以在发展中保障和改善民生推进社会建设。"社会建设为了谁,社会建设谁来建,社会建设怎样建",这是社会建设必须回答的根本问题。党的十八大以来,党中央坚持以人民为中心的执政理念,把改善民生和提升社会治理能力作为社会建设两大根本任务,致力于让改革发展成果更多更公平地惠及全体人民。习近平总书记强调,要把始终坚持和改善民生作为社会建设的核心目标,他指出:"我们的人民热爱生活,期盼有更好的教育、更稳定的工作、更满意的收入、更可靠的社会保障、更高水平的医疗卫生服务、更舒适的居住条件、更优美的环境,期盼孩子们能成长得更好、工作得更好、生活得更好。人民对美好生活的向往,就是我们的奋斗目标。"②可见,要始终坚持人民在社会建设中的主体地位,推动社会建设更好地服务人民、更好地惠及人民,实现目标主体和行动主体的统一。

以坚持人与自然和谐共生推进生态文明建设。"生态兴则文明兴,生态衰则文明衰",建设生态文明是关系人民福祉,关乎民族未来的大计。多次强调指出,环境就是民生,青山就是美丽,蓝天也是幸福。要像保护眼睛一样保护生态环境,像对待生命一样对待生态环境,把不损害生态环境作为发展的底线。③ 此外,习近平还提出了"生命共同体""环境生产力"等创新理念,"自然恢复""保护优先"等发展方略以及绿色政治观、环境民生观和"两山"理论。习近平总书记关于人与自然和谐共生等一系列生态文明重要论述,是其长期执政实践的经验总结和理性思考,具有深厚的价值意蕴和精准的指导意义,开辟了马克思主义当代发展的新境界,开启了中国生态文明建设的新时代,具有引领人类生态文明未来发展的重要意义。

（三）习近平新时代中国特色社会主义思想的实践指向

以习近平同志为核心的党中央立足社会主义初级阶段的基本国情,针对新

---

① 《习近平总书记系列重要讲话读本》,人民出版社 2016 年版,第 190 页。
② 《习近平总书记系列重要讲话读本》,人民出版社 2016 年版,第 212 页。
③ 《习近平总书记系列重要讲话读本》,人民出版社 2016 年版,第 233 页。

时代涌现出的各种突出矛盾和问题,积极回应人民群众对过上美好生活的现实期盼,推动形成了习近平新时代中国特色社会主义思想。习近平新时代中国特色社会主义思想具有十分丰富的内容,蕴含着解决新时代重大现实问题的基本方略,是党和国家在新时代的精神支柱和行动指南。坚持和发展新时代中国特色社会主义,既需要深刻把握其历史前提、丰富内容和基本方略,更需要将之应用到建设中国特色社会主义的伟大实践中,让其在经济社会发展的生动实践中落地生根,不断得以创新发展。

理想信念与问题导向:在理想与现实结合中坚持和发展新时代中国特色社会主义(增加:思想)。主义与问题的关系,历来是一个需要正确处理的重大社会现实问题。在声势浩大的新文化运动中,问题与主义之争始终是论争的中心议题。中国共产党人一直强调,既要高举主义的鲜明旗帜,又要切实解决中国的实际问题。在新的历史起点上,习近平实现了对问题与主义关系的科学把握,主张在主义引领下破解时代难题,在立足执政为民的具体实践中巩固和发展主义。一方面,我们要高扬新时代中国特色社会主义的鲜明旗帜。让世人能够真切感触到,中国的社会主义不仅能救中国、发展中国,还能够在新时代强大中国。习近平指出:新时代中国特色社会主义是全党全国人民为实现中华民族伟大复兴而奋斗的行动指南,必须长期坚持并不断发展。因此,我们要对新时代中国特色社会主义充满信心。另一方面,我们还必须脚踏实地解决事关国计民生的实际问题。空谈误国,实干兴邦,发展和完善新时代中国特色社会主义伟大事业必须要落实到我们的日常工作和具体行动中。

政治信仰与人民至上:在社会理想与人民需要在融合中坚持和发展中推进新时代中国特色社会主义。马克思主义在中国的传播,使共产主义理想一度成为大批仁人志士的人生追求,许多革命者为之抛头颅、洒热血,用壮烈的牺牲和生命换得了新中国的成立。新中国成立后,为了早日实现共产主义,许多人为之夙夜在公、殚精竭虑;相反的是则有急切人士幻想通过"大跃进"、人民公社化快速实现共产主义,结果事与愿违,使人民群众利益遭受巨大损失。如何在急遽变动的时代背景下找到共产主义理想信念与人民现实需求的契合点,成为我国发展新时代社会主义的关键性问题。习近平总书记高度强调理想信念同人民立场的有机统一,要求在执政为民的实践中强化理想信念,在理想信念的引领下让人民群众得到实惠。一方面,共产主义理想信念是我们的社会价值取向,具有极大的目标牵引力量和激励鞭策作用,是每个社会成员必须为之奋斗的崇高价值取向。另一方面,人的自由而全面发展也是社会主义的应有之义,只有把崇高的理想信念落脚到维护人民利益的生动实践中去,才能真正转化为社会实践的引领力量。因此,我们必须找到坚定理想信念与维护人民根本利益的汇合点,才能在实现社会理想与个人利益的融合中坚持和发展习近平新时代中国特色社会主义思想。

中国特色与胸怀天下:在统筹国内外发展中坚持和发展新时代中国特色社会主义。新中国成立后,我们国家一度照抄照搬苏联模式来建设社会主义。不久,苏联模式在推动中国一定时期的快速发展之后逐渐显现出其固有的弊端。之后,虽然我们党提出了以苏为鉴的发展思路,但封闭僵化的计划经济模式却长期延续下来。反思历史教训,邓小平提出了"走自己的路,建设有中国特色的社会主义"的重大战略命题。从此,中国特色成为我国社会主义建设的鲜明标识。同时,针对过去自我封闭的不正常现象,邓小平同志把对外开放也确定为我们的基本国策,中国开始主动融入世界,实现了"引进来"与"走出去"的有机结合。党的十八大以来,习近平既高度强调中国特色社会主义是植根于中国大地的鲜明民族特色,又斩钉截铁地指出中国开放的大门永远不会关上。在党的十九大报告中,习近平既强调要把中国人民对美好生活的向往作为奋斗目标,又要坚持推动构建人类命运共同体,这既彰显了以人民为中心的中国特色,又展现了为全人类贡献中国智慧的世界眼光。党的二十大,习近平进一步强调要为人类谋进步,为世界谋大同。因此,我们既要不断丰富独具民族特色的中国式现代化,又要为解决人类社会的共同问题提供中国方案,在彰显中国特色与关注人类命运的有机统一中发展新时代中国特色社会主义。

坚持本源与创新发展:在守正创新中坚持和发展新时代中国特色社会主义。历史是过去的现实,现实是未来的历史。如何在科学总结历史的过程中认识规律、把握方向、指导现实、探索未来,是考量中国共产党人能力水平的重要尺度。在马克思主义中国化的历史进程中,毛泽东坚持马克思主义暴力革命的理论,但反对机械照搬俄国的城市中心论,在守正创新中找到了农村包围城市的正确革命道路。邓小平认同计划经济对社会主义的作用,但反对封闭僵化的计划经济模式,开创了坚持四项基本原则前提下的社会主义市场经济体制。习近平赞同以经济建设为中心的基本路线,但反对唯 GDP 论英雄,主张在经济、政治、文化、社会、生态的有机融合中发展社会主义,开创了习近平新时代中国特色社会主义思想。习近平新时代中国特色社会主义思想把历史主义、现实主义和理想主义有机统一起来,贯通了历史、现实和未来,既做到了以史为鉴、知古鉴今,又不拘泥于历史陈规而大胆超越创新。坚持发展新时代中国特色社会主义,一方面,我们要坚持历史主义分析方法,向社会澄清历史虚无主义的错误观点,引导人民大众弘扬优秀传统文化,正视中国革命史,凝聚起民族复兴的强大合力。另一方面,我们要树立创新思维,突破陈规旧俗。只有善于创新才能取得更大进步、变得更加强大、实现更多胜利。全党全国人民要敢于打破不合时宜的陈旧观念和做法,以敢为人先的气魄,以创新的思维和实践,不断丰富发展新时代中国特色社会主义思想。

三、时代特征:发展—强大—引领

回顾中国特色社会主义的发展历程,注重问题意识、坚定政治方向是贯穿始终的根本遵循,国家富强、民族复兴的初心和使命是我们永恒的追求。在改写当代中国命运的历史转折点上,中国共产党人正是怀着"被开除球籍"的忧患意识,顶着"被误认为改旗易帜"的巨大压力,带着"促进社会主义制度自我完善和发展"的深刻思考,开启了改变中国命运、震撼全世界的伟大改革开放历程。正是在这种情况下,邓小平才振聋发聩地强调,改革开放是决定中国命运的关键一招。邓小平认为,"如果现在再不实行改革,我们的现代化事业和社会主义事业就会被葬送"①。他还坚定的指出,"中国要谋求发展,摆脱贫穷和落后,就必须开放"②。在改革开放遇到挫折和阻力的时候,邓小平从社会主义发展和实现人民小康的战略高度坚决主张要继续推进改革开放,他指出,"现在面临的问题是,不进则退,退是没有出路的。只有深化改革,而且是综合性的改革,才能够保

---

① 《邓小平文选》第二卷,人民出版社 1994 年版,第 150 页。
② 《邓小平文选》第三卷,人民出版社 1993 年版,第 266 页。

证本世纪内达到小康水平,而且在下个世纪更好地前进"①。可见,面对20世纪七八十年代的贫穷落后局面,如果不实行改革开放,人们的温饱问题就没法解决,四个现代化就没有希望,甚至存在亡党亡国的危险。而改革开放的顺利推进也着实发挥出改变中国社会面貌的巨大作用。改革开放大大解放了社会生产力,不断把"蛋糕"做大,激发了人们的创新活力,让创造财富的源泉充分涌流,还发挥出社会主义制度能够集中力量办大事的优势,把我们国家的资源、力量集中到解决主要矛盾、解决经济发展问题上。在改革开放的推动下,中国迅速发展起来,成为世界第二大经济体,中国人民富起来了。党的十八大以来,我们国家在全面建设社会主义现代化强国的进程中,取得了历史性成就,实现了历史性变革,迎来了使中华民族走向强起来的历史新起点。今天我们从实现中华民族伟大复兴、发展21世纪马克思主义、为人类探索美好社会制度提供中国方案的视角来思考改革开放,旨在充分阐明中国特色社会主义在解决人类问题上的引领作用。

(一)改革开放使中国快速发展起来

改革开放初期,为了尽快解决人民群众的温饱问题,在邓小平引领下我们党确立了"以经济建设为中心"的基本路线,后来还提出了"发展才是硬道理",就是要通过改革开放让中国快速发展起来。和邓小平的设想和初衷如出一辙,改革开放面临的问题和困难集中起来讲,就是解决我们国家的"欠发展问题",重在通过解放思想破除头脑僵化,进而破旧立新,从而让中国在新思想的引领下、在新机制的驱动下,快速发展起来。尽管发展的过程历经了不少曲折,但是四十多年的改革开放着实让中国快速发展起来,让中国人民也随之富了起来,实现了我们国家从"欠发展"时期向"发展起来"时期的华丽转变。从"欠发展"时期走向"发展起来"时期,中国社会完成了发展水平的"升级"。我国这种发展水平的升级是整体的,从国内到国际、从生产力到生产关系、从经济基础到上层建筑全方位展开;我国这种发展水平的升级又是"转型"的,即是发展水平和发展方式实现了转变。可见,通过改革开放进入"发展起来"时期以后,我国的发展呈现出"整体转型升级"的本质特征。作为习近平新时代中国特色社会主义思想提

---

① 《邓小平文选》第三卷,人民出版社1993年版,第268页。

出的现实依据和实践基础,中国"发展起来"时期的转型升级主要表现在以下方面。

在价值取向上,从过去在实践中相对注重以物为本转向以人民为中心。改革开放初期,由于社会现实条件的制约和历史发展的必然性,我国许多地方采取了以物质驱动调动人们积极性的发展方式,主要表现在相对注重社会物质财富的积累,在政绩考核中片面注重国民生产总值(GDP),总体上是一种见物不见人的发展思路。党的十八大以后,立足于几十年改革开放所积聚的经济实力和综合国力,我们国家引领经济社会发展的价值取向发生了重大转变,从过去的以物为本转向以人民为中心。习近平总书记明确指出,"人民对美好生活的向往就是我们的奋斗目标",要坚持"共享"发展理念,把促进社会公平正义作为全面深化改革的出发点和落脚点。

在奋斗目标上,从过去的"三步走"战略转向"两个一百年"奋斗目标。改革开放初期,为了尽快改变中国社会的贫穷落后状况,邓小平在实践探索中逐步提出了"三步走"战略,即是"第一步在八十年代翻一番……达到五百美元。第二步是到本世纪末,再翻一番,人均达到一千美元。……第三步,在下世纪用三十年到五十年再翻两番,大体上达到人均四千美元"①。在我国经过改革开放进入"发展起来"时期之后,习近平总书记在继承邓小平关于"三步走"战略思想的基础上,进一步提升了治国理政的战略目标。习近平总书记所孜孜以求的"两个一百年"战略目标既包括在建党一百周年实现"全面建成小康社会"的现实目标,还包括实现社会主义现代化和中华民族伟大复兴中国梦的未来长远发展目标。"两个一百年"战略目标实现我们党在奋斗目标上对"三步走"战略的转型升级,意味着中国共产党治国理政开启了新的历史征程。

在生产力上,从"要素驱动、投资规模驱动"转向更注重"创新驱动"。改革开放初期,"欠发展"的社会现实状况使我们不得不把快速发展生产力,迅速提高人民生活水平作为紧迫任务。为此,在"发展才是硬道理"的指挥棒引导下,加大要素投入、延长劳动时间、扩大投资规模等多种手段被轮番运用,只要是能够快速促进生产力发展的手段都被我们当作"济世良方","不管黑猫白猫,抓住

---

① 《邓小平文选》第三卷,人民出版社 1993 年版,第 226 页。

老鼠就是好猫"是对当时社会发展驱动状况的生动写照。尽管采取"要素驱动"和"投资规模驱动"在我国社会"欠发展"时期具有一定的内在必然性,但这种发展模式与现代社会的发展趋势却是背道而驰。纵观人类发展历史,创新始终是推动一个民族、一个国家乃至整个人类社会向前发展的重要力量。基于这种状况,到了"发展起来"时期,习近平总书记明确指出,"实施创新驱动发展战略,是加快转变经济发展方式、提高我国综合国力和国际竞争力的必然要求和战略举措"[①]。创新驱动战略的实施推动了我国社会生产力的进一步发展。

在生产关系上,从"让一部分人先富起来"转向更加注重"共同富裕"。改革开放之初,为了打破长期以来"平均主义大锅饭"造成人们慵懒散漫的状况,调动人们的劳动积极性,我们国家允许让一部分人先富起来,以先富带后富来解决效率问题。这实际上就是主张在收入分配上使人们之间适当拉开差距,当然必须要靠诚实劳动、合法经营来拉开差距。然而,由于法治、德治没有完全跟进以及社会制度的不够完善,很多领域在一定程度上出现了资本围猎和官员贪腐现象,这严重弱化了诚实劳动与合法经营的社会氛围,还造成了社会收入差距过大,严重影响了社会和谐稳定。党的十八大之后,伴随着改革开放三十多年的社会物质财富极大增长,习近平总书记把满足人民群众对公平正义和共同富裕的追求作为首要任务,通过"精准扶贫"、全面依法治国、全面从严治党等举措"使全体人民共享发展成果",想方设法缩小人们的贫富差距,推动中国社会尽快走向共同富裕。

在执政方式上,从"国家主导"转向党领导下的"国家治理现代化"。改革开放初期,为了提高人民群众生活水平,追赶西方的现代化进程,我国现代化建设的首要任务是"做大蛋糕"。可以集中一切资源和力量办大事的"国家主导"体制机制具有完成跨越式发展的比较优势。历经改革开放几十年的发展进步,我国在经济、政治、文化等诸多方面都发展了起来。我国相对发展起来以后,中国式现代化也进入了不同利益主体表达各种诉求时期。虽然我国经济总量已经成为世界第二大经济体,但我国人均资源占有率相对较低,公民素质还不够高,资源配置还不够公平。由于日趋增强的各种诉求难以满足,各种矛盾随之产生,使

[①]　《习近平总书记系列重要讲话读本》,人民出版社2016年版,第151页。

我国进入矛盾多发期。要破解各种日益增长的诸多矛盾及难题,仅仅靠"国家主导"体制已显然力不从心,必须提升国家的治理能力和水平。因此,推进国家治理现代化,就成为我国发展起来以后实践发展的新要求。

在对外战略上,从回应挑战式外交转向在解决全球性问题上积极作为。1978年起的我国"欠发展"时期,为了排除国外干扰,使中国社会能够聚精会神搞建设、一心一意谋发展,我们国家在总体上采取"用市场换技术"对外开放政策和回应挑战式的外交策略。韬光养晦的发展战略为我国赢得改革开放进程中的多个快速发展期,也为中国特色社会主义的快速发展奠定了坚实基础。党的十八大以来,站在我国"发展起来"新的历史起点上,习近平总书记既在某些方面坚持韬光养晦,同时又更加注重"积极作为"的对外战略。基于和平发展的初衷,坚持合作共赢的理念,我们国家主动参与全球治理,实施了"一带一路"倡议,推动构建人类命运共同体,大大提升了我国的国际话语权。从回应挑战走向更加"积极作为"与合作共赢的国际战略,充分体现了我国发展起来以后在治国理政方面实践发展的新要求。

(二)全面建成社会主义现代化强国新征程使中国强大起来

党的十八大以后,我们党和国家已经站在实现强起来新的历史起点上,正逐步迈向建设现代化强国和实现民族复兴新的实践征程。能否对这一实践征程作出科学的战略安排,直接关乎社会主义现代化强国和中华民族伟大复兴宏伟目标的实现。基于中西方现代化建设的基本经验,站在我国实现强起来新的历史起点上,习近平总书记在党的十九大报告中对全面建设社会主义现代化强国的新征程作了"两步走"战略安排。习近平指出:"第一个阶段,从二〇二〇年到二〇三五年,在全面建成小康社会的基础上,再奋斗十五年,基本实现社会主义现代化①;第二个阶段,从二〇三五年到本世纪中叶,在基本实现现代化的基础上,再奋斗十五年,把我国全面建成富强民主文明和谐美丽的社会主义现代化强国。② 这一蕴含科学谋划的战略安排,揭示了中国强起来的核心内涵、基本路径和显著标志,紧紧围绕实现社会主义现代化和民族复兴,能够使我们在走向强大

---

① 《习近平著作选读》第二卷,人民出版社2023年版,第23页。
② 《习近平著作选读》第二卷,人民出版社2023年版,第24页。

起来的伟大征程中把握住发展进步的主动权。

国家富强、民族振兴、人民幸福是中国强大起来的核心内涵。根据党中央作出的战略安排,中国强大起来,不仅是经济、政治、文化、社会、军事、国防等全方位的崛起,也不仅是硬实力和软实力的全面复兴,更是要全面实现国家富强、民族振兴、人民幸福。经济崛起显然是中国强大起来的首要意蕴,没有经济作为基础是难以实现"强大"的,即便是靠军事实力等其他核心要素勉强支撑起"强大"来,这种"貌似强大"也难免会成为水中月、镜中花。而我们中国的强大绝不仅仅满足于经济体量的增大,还包含科技实力、政治实力、文化实力、军事实力的全方位崛起。这样的崛起,才是真正的崛起。文化及其价值观的独立、自觉和自信,是中国强大起来的题中应有之义。今天,中国已经成为世界第二大经济体,进而更加接近世界舞台中央。因此,对我们国家来说,物质强大已经没有什么悬念。现在的核心问题是,中国人的"灵魂"能否跟上物质发展的步伐,实现精神和物质一同崛起,软实力和硬实力全面复兴? 作为一个有着 5000 多年灿烂历史的古老国度,中国没有理由成为一个物质崛起、精神塌陷的"跛脚国家",没有理由成为失去精神自我、被西方价值观攻陷的"流浪国家"。国与国的不同,关键不在于"硬件",而在于"软件",即文化精神、价值观念和思维方式。只有实现文化复兴、拥有文化软实力、坚定文化自信、凝聚起亿万人民的价值信仰和精神追求的强大,才是真正的强大,才是让世界认同和接纳的强大。当然,国家强大的核心内涵还是要集中体现在能否实现国家富强、民族振兴和人民幸福。国家富强和民族振兴是前提和基础,人民幸福是落脚点和归宿,这也就是习近平总书记经常讲的"国家好、民族好,大家才会好"。

实现中国式现代化是中国强大起来的基本路径。环顾世界主要强国的崛起之路,尽管走向现代化的具体道路可以有多种选择,但现代化的发展方向却是无法绕开的。当最先完成现代化任务的西方国家早已享受到现代化所带来的丰厚回报的时候,今天仍有很多站在现代化门槛之外的国家在到处张望、无所适从,为了选择现代化道路而苦恼。由于西方国家率先掌握了打开现代化之门的唯一钥匙,制定并掌握着现代化的标准。于是,拜西方为师、"走西方道路",就成为很多国家选择现代化道路时无法抗拒的致命诱惑。现代化就是"西方化"似乎成为了人们的普遍共识。而实际上,西方模式只是实现现代化的一种选择,而非唯一选择。西方社会在收获了现代化巨大成果的同时,也遭遇了"现代化之殇"。在西方社会,物质产品丰富与精神世界的贫困并存;资本价值彰显与生态环境恶化同在;工具理性弘扬与价值理性缺位并存;消费满足与消费异化共生;个人主体性张扬与极端利己主义泛滥同在;等等。概言之,西方现代化印证了这样一句话,这是一个最好的时代,也是一个最糟糕的时代,实际上就是一个"本质颠覆"的时代。而我们当代中国的现代化,尽管在一定意义上与西方的现代化有着相类似的方面,如注重民众参与和法治,发挥市场作用等。然而,由于文化传统、基本国情、意识形态、政治制度等与西方不同,因而我们的现代化形式与西方现代化有着明显的不同,是中国式的现代化。习近平总书记强调,"世界上没有放之四海而皆准的发展模式,各方应该尊重世界文明多样性和发展模式多样化。"①正是立足于走自己的路的前提下,"我们党成功推进和拓展了中国式现代化。中国式现代化,是中国共产党领导的社会主义现代化,既有各国现代化的共同特征,更有基于自己国情的中国特色。"②可见,中国式现代化道路既不是"苏联模式"的再版,也不是"西方模式"的翻版,更不是"东亚模式"的模板。坚持中国式现代化道路,我们国家才得以在改革开放进程中逐步强大起来,也给当今世界其他国家选择现代化道路提供了具有吸引力的全新选择。

实现国家治理体系和治理能力现代化是中国强大起来的显著标志。实现国家治理体系和治理能力现代化不是执政党的主观意愿,而是时代需求和社会发展到一定阶段的客观需要,有其自身的历史逻辑和实践逻辑。践行民族独立和人民幸福的初心使命,是中国共产党人的一贯追求。为此,毛泽东以毕生的精力致力于民族独立和人民解放,通过"革命"解决了"挨打"问题,使中国人民站起来了。党的十一届三中全会之后,邓小平致力于解放和发展社会生产力,通过"改革开放"实现"做大蛋糕",解决了"挨饿"问题,使中国人民富了起来。党的十八大以来,以习近平同志为核心的党中央精心致力于"两个一百年"奋斗目标,通过推进"国家治理现代化",解决了"挨骂"问题,使中国迈向强起来的新征程。就历史逻辑来看,国家治理现代化,是由传统社会向现代社会转型升级过程

---

① 《习近平谈治国理政》第一卷,外文出版社 2018 年版,第 307 页。
② 《中国共产党第二十次全国代表大会文件汇编》,人民出版社 2022 年版,第 18 页。

中凸显出来的新概念,其本质是在中国共产党领导下,逐步实现社会治理从人身依附向人格独立、从一元管制向一元主导并尊重多样、从注重人情关系向更加注重制度规范、从相对注重人治向更加注重法治的转变。就实践逻辑而言,在我国"欠发展"时期,"追赶西方"和"做大蛋糕"是首要的历史任务。而"国家主导"体制"动员能力强"和"组织资源快"的独特优势对完成这两大历史任务最为有效。不过,这种"国家主导"体制也有"权力高度集中而缺乏有效制约"和"容易滋生腐败和不良作风"的历史性短板。怎样既能保留这种体制的固有优势,又能克服这种体制的历史局限呢? 实践经验证明,国家治理现代化恰恰是一种最合理有效的选择。正因为如此,习近平总书记强调:"推进国家治理体系和治理能力现代化。这是完善和发展中国特色社会主义制度的必然要求,是实现社会主义现代化的应有之义。"[①]显然,不经过国家治理现代化的洗礼,就难以积累物质文明、精神文明、制度文明的成果,就难以使中国真正强大起来,更谈不上实现中华民族伟大复兴的世纪梦想。

(三)中国特色社会主义能够解决人类问题使中国引领现代化

从中国传统文化沿袭几千年的"天下大同"理念,到近代孙中山提出的"天下为公"方案,中华民族从没有放弃其兼济天下的情怀。强调要让中国共产党人对从"孔夫子到孙中山的历史"进行好好研究的毛泽东更是身在中国,心忧天下。1956 年,毛泽东指出:进入 21 世纪,中国的面目要大变,中国应当对人类有较大的贡献。60 年后,作为对毛泽东的预言和期待的回应,习近平总书记在庆祝中国共产党成立 95 周年大会上的重要讲话中指出:"中国共产党人和中国人民完全有信心为人类对更好社会制度的探索提供中国方案。"这一饱含世界情怀的重要论断,是习近平总书记认真审视在中国共产党领导下取得巨大成就的当代中国,立足全球和人类的高度,面向世界未来发展趋势和格局提出来的,其核心目的就是让"中国方案"能够在解决人类问题上能够"引领起来"。中国要想在全球和全人类的高度上真正实现"引领起来",不仅需要我们具有世界情怀,还要提出科学的"中国方案",更需要打造出具有影响力的"中国话语"。

具备世界情怀,是在解决人类问题中引领现代化的基本前提。新时代,世界

---

① 《习近平谈治国理政》第一卷,外文出版社 2018 年版,第 104 页。

格局和国际秩序正在发生深度调整,这种调整必然会引发各种矛盾和冲突。就整体情况来看,由于美国各种场合把"美国优先"作为其国家行为的基本前提而导致的"霸权突出"和全球治理的相对滞后是当今时代存在的突出问题。今天的民族历史已然转变为世界历史,开放的中国必须走向世界。"穷则独善其身,达则兼济天下"。立足数十年改革发展基础上而形成的习近平新时代中国特色社会主义思想秉持文明互鉴、兼容并蓄、协和万邦的文明发展观,体现了自信的胸襟、开放的品格。习近平指出:"文明相处需要和而不同的精神。只有在多样中相互尊重、彼此借鉴、和谐共存,这个世界才能丰富多彩、欣欣向荣。不同文明凝聚着不同民族的智慧和贡献,没有高低之别,更无优劣之分。文明之间要对话,不要排斥;要交流,不要取代。"①基于国际秩序、世界格局剧烈变化而全球治理体系相对滞后的当今世界状况,习近平总书记秉持世界情怀提出了积极参与全球治理、构建人类命运共同体的政治构想。

贡献中国方案,是在解决人类问题中引领现代化的核心要素。尊重人类社会发展的多样性,尊重各个国家自己选择的制度模式和发展道路是中国在国际交往中一贯坚持的行为准则,中国从来无意将自己的制度和道路强加于人。中国坚信,人类的美好社会制度没有也不可能固定在某一种制度上面,文明多样性,是人类社会发展的不竭动力。习近平总书记指出,"每种文明都有其独特魅力和深厚底蕴,都是人类的精神瑰宝。"②为此,我们强调要"为人类对更好社会制度的探索提供中国方案",贡献中国方案既反映了中国自身发展的信心、决心,使我们能够以一种展示性、榜样性、标识性的姿态强化中国自身发展的正当性,又为世界上其他国家提供了社会制度的多样化选择。习近平强调指出:"为人类不断作出新的更大的贡献,是中国共产党和中国人民早就作出的庄严承诺。"③在我们为人类作出的诸多贡献中,中国方案是其中的核心要素。注重实事求是,从客观实际出发的中国方案,是一套积极、稳妥的治国理政方案,体现了不固守陈规、勇于超越传统模式的治国理政超级智慧。注重"一元主导",有利于坚持根本政治方向;注重"统筹结合",有利于协调处理各种基本矛盾关系;注

---

① 《习近平谈治国理政》第二卷,外文出版社2017年版,第524页。
② 《习近平谈治国理政》第二卷,外文出版社2017年版,第544页。
③ 《习近平谈治国理政》第二卷,外文出版社2017年版,第41页。

重自主创新,有利于培育社会的内在驱动力;注重凝聚智慧,有利于为人类发展提供建设性的治国理政方案等,都是中国方案的突出优势和显著特点。作为一种新的现代化方案,中国方案把世界的现代化道路由单选题变成了多选题,打破了西方对现代化道路解释权的垄断,坚定了世界上许多国家靠"走自己的路"来实现现代化的信心和决心。长期以来,在发展道路和制度选择上,"西方中心论"一直坚持西方的就是最好的,而中国方案则向人们揭示了"没有最好,只有更好"的全新制度选择理念。这就从历史和时代的大逻辑上,回应了冷战结束以来,尤其是 2008 年国际金融危机以来世界人民对更好社会制度的热切期盼。我们坚信,在不远的将来,坚持为人类更好社会制度而探索的中国人民必将在许多国家的制度模式和发展道路选择中发挥出应有的引领作用。

争取话语权,是在解决人类问题中引领现代化的关键环节。在全球化、信息化无孔不入的当今世界,话语体系的国际化水平决定其世界影响力。近年来,由于西方各种攻击污蔑和"唱衰"论调不绝于耳,国际社会对我国存在着不少误解,要维护我们的国家利益和国家主权、安全,迫切需要增强我们的国际话语权。争取自身话语权首先需要我们勇于打破西方话语霸权。第二次世界大战以后特别是苏联解体以来,美国凭借其强大的经济实力、军事优势、科技优势,将自己的话语渗透进了国际关系的各个领域,主导了国际社会的经济、政治、文化等各个层面的发展,形成了国际社会中的西方话语霸权。其中,西方所谓的"普世价值"最具欺骗性和迷惑性,是其长期维持话语霸权的关键所在。针对西方所谓的"普世价值",习近平总书记明确指出,"和平、发展、公平、正义、民主、自由,是全人类的共同价值"[1],我们用尊重他人基础上的平等对话获取共识来取代西方国家强行要求他人接受的话语模式,得到了国际社会的广泛认同和支持,使西方话语霸权渐成为强弩之末。争取自身话语权还需要我们国家用慧眼识破西方陷阱。尽管披上"自由、民主、人权"的外衣、"先进文明"的外衣,在形形色色的西方话语中,预置了太多的话语陷阱,大都是些"美丽的谎言",其目的是同我们国家争夺人心、争夺阵地,以此消解中国共产党领导的权威性和中国特色社会主义制度的优越性。如果任由这些言论大行其道,势必搞乱党心民心,危及国家安全

---

① 《习近平谈治国理政》第二卷,外文出版社 2017 年版,第 522 页。

和人民群众的根本利益。党的十八大以来，我们党识破和抵制了美国精心设计的"新自由主义"和"西方宪政民主"两大陷阱，并有力驳斥和回击了"普世价值"和历史虚无主义等错误思潮。在全方位外交举措的有效实施下，我们国家在议题设置、规则制定、话语贡献等方面实现新突破，在国际话语权的不断攀升之中逐步发挥出在解决人类性问题中的引领作用。

第八章 中国特色社会主义主体性彰显的显著特色

　　70多年前,在半殖民地半封建社会的旧中国,中国人还在被称为"东亚病夫";40多年前,中国还没有摆脱贫困、解决人民群众的温饱问题;而今,中国的快速崛起已引起世界的广泛关注,我们日益走近世界舞台的中央。透视中国崛起的背后因素,中国特色社会主义道路的开创并不断发展是举世公认的首要原因。正是在中国特色社会主义道路上的飞速发展,才铸就了当代中国的成就和辉煌。中国特色社会主义道路的开创,突破和更新了原有的制度体制,超越了马克思主义经典作家对社会主义的设想,实现了对传统社会主义模式的突破。发展是中国社会主义道路的主题,也是中国特色社会主义的首要任务。因此,中国特色社会主义道路就是一条把中国引向现代化的道路。在发展过程中,我们国家把自身的发展与世界发展联系起来,不断消除发展中的对抗性,追求和实现与世界各国的合作共赢,摆脱了资本主义道路固有的发展困境,走出了一条获得广泛赞誉的中国式现代化道路。中国式现代化的出现是中国特色社会主义发展历程中的实质性飞跃,它标志着中国特色社会主义在历经开创期和发展期之后,进入了在世界上具有引领作用的主体性彰显时期。

　　进入主体性彰显时期,我们党越来越认识到,立足中国国情、解决中国问题、创造中国奇迹,不仅是中国社会主义事业的成功,也是对科学社会主义运动乃至对全人类的重大贡献。中国特色社会主义新时代,我们国家依然要坚定不移地走好自主发展的中国特色社会主义道路。这条中国道路,既要坚持科学社会主义的基本原则,又要坚持中国共产党的领导、坚持以人民为中心,还要为解决人类问题贡献中国方案。进入主体性彰显时期的中国特色社会主义必然有其优势和特色,这一章我们主要从内生性、主体性和自主性方面谈谈其应有的也是体现其本质的显著特色。历史和实践发展充分证明,只有理解中国共产党,才能真正理解中国,才能真正理解中国特色社会主义。中国越发展越是要强化共产党的领导,坚持党对一切工作的领导,是中国特色社会主义得以自主发展的本质要求,把党建设得更加坚强有力是中国特色社会主义主体性彰显时期的核心任务和显著特色。市场经济的深入发展使人们更加注重利益、能力和理性,也实现了人民群众自主意识、独立意识、民主意识等主体意识的日趋觉醒与增强,这就需要我们的社会主义通过发展超越传统社会主义模式的窠臼,摆脱西方国家的干扰,更加注重民众参与、更加关注民生、尊重人民群众的合理诉求,也就是要做到"以人民为中心"。党的领导的加强和"以人民为中心"的实现,必然会推动中国特色社会主义更加自主地快速发展,使人民群众对我们的中国特色社会主义道路、理论、制度、文化更加认可,更加具有满满的自信心。

一、建设更加坚强有力的强大政党

2017 年 10 月 18 日,习近平总书记在党的十九大报告中指出:"中国特色社会主义进入新时代,我们党一定要有新气象新作为。打铁必须自身硬。党要团结带领人民进行伟大斗争、推进伟大事业、实现伟大梦想,必须毫不动摇坚持和完善党的领导,毫不动摇把党建设得更加坚强有力。"①那么,怎样才能把中国共产党建设成坚强有力的强大政党呢? 党的力量来源于党的建设,强大的政党不是在历史发展进程中自然形成的,不是在社会主义建设中一蹴而就的,一旦形成也不是一成不变的。如果说,带领一个 14 亿多人口的大国实现由大到强的目标,实现人民群众由解决温饱到富起来的跨越式发展,是人类历史上前所未有的壮丽史诗。那么,要使我们这样一个党员数量堪比当今世界绝大多数国家人口数量的大党时刻不忘初心、牢记使命,不断焕发生机活力,并实现由大到强的目标,既是一个无比艰巨的世界性挑战,也是一个前所未有的历史性担当。肩负着实现中华民族伟大复兴和促进人类文明发展演进的历史重任,中国共产党理想崇高、使命艰巨。为此,我们经常说,解决中国的问题关键在党。现在来看,中国

---

① 《党的十九大文件汇编》,党建读物出版社 2017 年版,第 41 页。

的问题能不能解决、解决得好不好,不仅事关中华民族伟大复兴,还关系科学社会主义运动的发展进步,甚至深刻影响全世界的发展。因此,中国共产党应该也必须成为强大的政党。笔者认为,一个政党是否强大,既要看它是否具有强大的政治引领力、民心感召力和组织动员力,还要看它是否具有从严治党的决心和自我革新能力。

(一)为何强大:打铁必须自身硬

回望中国特色社会主义的发展历程,人们不难看到,中国共产党才是推动中国特色社会主义实现从开创、发展到自主的最核心力量。为此,习近平总书记也多次强调,"中国共产党领导是中国特色社会主义最本质的特征","中国共产党领导是中国特色社会主义制度的最大优势"。可见,实现中国发展奇迹的密码,关键在于坚持中国共产党的领导。立足社会实践、具有问题意识是习近平新时代中国特色社会主义思想的显著特点。要坚持中国共产党的领导,必须不断改善党的领导,使我们党不断强大起来。系统梳理习近平新时代中国特色社会主义思想,就能够清晰地看出以习近平同志为核心的党中央关于党的建设的基本思路,那就是紧紧围绕"打铁必须自身硬"而展开的。

"要打什么":鲜明的问题导向。在推进党建工作时,习近平多次强调"攻坚克难",这实际上讲的就是"打什么"的问题。习近平强调,"当前我们党面临三大类问题:过去遗留下来的问题,过去的问题穿上了今天的外衣,今天暴露出来的新问题。"①如形式主义、官僚主义易发多发;以权谋私、官商勾结时有出现;一些干部贪图个人享受,漠视群众利益;有些干部丧失理想信念,不信马列信奉鬼神;部分领导干部表里不一,能力不足,等等。上述形式主义、官僚主义恶化了我们党的政治生态,成为制约新时代党的建设的重要瓶颈和突出问题。此外,我们党面临的"精神懈怠、能力不足、脱离群众、消极腐败"四种危险,既是我们要解决的突出问题,也是我们党治国理政的切入点或突破口。实际上,这"四种危险"可以划分为三个层次:精神懈怠属于思想或精神层面问题,能力不足是执政能力方面的问题,脱离群众和消极腐败是没能保持党的先进性、纯洁性所出现的

---

① 习近平:《在中央党校建校八十周年庆祝大会暨 2013 年春季学期开学典礼上的讲话》,《人民日报》2013 年 3 月 3 日。

问题。针对精神懈怠危险，我们党主张通过加强思想建设和意识形态建设来解决；针对能力不足的危险，我们党通过加强学习和提高政治能力和本领来解决；而对于脱离群众和消极腐败的危险，我们则通过作风建设和加强反腐倡廉建设来解决。面对日趋复杂的执政环境，肩负"两个一百年"奋斗目标的中国共产党人所面临的风险和考验是异常严峻的，只有找准目标，攻坚克难，才能有效应对前所未有的严峻挑战。

"怎么去打"：发挥一切优势。习近平总书记之所以用"打铁必须自身硬"来比喻建设强大政党的重要性和重要原因，是因为我们党所面临任务之艰巨性，是因为完成建设强大政党历史任务对打"铁"主体综合素质的高标准要求。要把"铁"打好，作为打"铁"的主体，中国共产党人既需要加强自身的能力和素质建设，还需要凝聚各种可以团结的力量。在革命时期，"统一战线"是我们党克敌制胜的重要法宝。新时代，要建设强大的政党，我们党依然需要发挥人民群众的创造力量、凝聚各族人民的团结力量和汇聚社会的正能量。同时，要把社会主义建设进程中坚硬的"铁"打好，还需要我们党发挥自身的一切优势和利用好一切行之有效的资源。总体来看，我们党具有传统的、现代的和传统与现代相结合的三个方面的优势和资源。比如，理论联系实际、群众路线以及批评与自我批评等三大优良作风就是我们党的传统优势和资源。社会主义市场经济体制、中国特色社会主义的道路、理论、制度和文化等则是我们党现代的优势和资源。而坚持党的领导和坚持人民主体地位则是传统与现代相贯通的独特优势和资源。在革命和建设时期，坚持党的领导和人民主体，使我们党凝聚起社会绝大多数力量，取得了一个又一个胜利。习近平总书记指出："人民是历史的创造者，群众是真正的英雄。人民群众是我们力量的源泉。"①要建设新时代的强大政党，既要充分发挥党的领导作用，又要汇聚亿万人民群众的智慧和力量。只有立足人民群众，得到群众拥护的政党才是当之无愧的强大政党。

"打成什么"：实现伟大中国梦。实现中华民族的伟大复兴，是近代遭受过国耻的中国人的强烈意愿，也是每个华夏儿女的梦想。中华民族五千年文明曾经璀璨辉煌，中华文明作为世界文明四大发祥地之一，曾经在人类历史上留下了

---

① 《习近平谈治国理政》第一卷，外文出版社2018年版，第5页。

光辉灿烂的文明成就。但近代以降,中国逐渐被世界工业化潮流甩在后面,在西方列强的枪炮和威逼利诱下,中华民族深受半殖民地半封建桎梏的双重压迫,迫切需要通过革新自强来实现救亡图存。鸦片战争以来一系列受凌辱的历史印记,让中华儿女刻骨铭心,早日实现中华民族的伟大历史复兴,是中国的有识之士和广大民众的热切愿望。中国共产党根据时代的呼唤,适时提出实现中华民族伟大复兴的"中国梦",其雄伟气势让全国人民欢欣鼓舞、倍感振奋。"中国梦"的提出,表明中华民族历经近代以来的衰败沉沦期之后重振民族雄风、奋发图强的坚强自信,这既不是别有用心人士所谓的"中国威胁",也不是一些人所谓的"激进的民族复仇主义",而是实实在在的民族和平崛起之路。追求国家富强、民族复兴也是中国共产党人的执政理念。近代以来中华民族的苦难岁月,铭刻了中国人不断探寻救亡图存的路径印记,可叹无数的苦苦求索却大都无果而终。中国共产党人筚路蓝缕,带领中国人民不畏艰险,奋勇向前,将争取民族独立、实现国家富强和谋求人民的幸福生活作为自己的长期执政目标,不惜为之抛头颅、洒热血,义无反顾。这样的历史抉择符合时代前进的方向,代表人民群众的根本愿望。中国共产党人也因此当仁不让地成为引领中国革命和建设的核心力量,从根本上奠定了中国共产党执政党地位的合法性基础。显然,实现中华民族伟大复兴的中国梦是我们党为建设强大政党而设定的矢志不渝的奋斗目标。

(二)何谓强大:具备雄厚的政治感召力

近代中国,在各种政治势力的交锋和博弈中,中国共产党何以能够在苦难中铸就辉煌,引领中国人民建立起先进的社会主义政权?靠的就是自身雄厚的政治感召力。这种政治感召力由何而来?自然离不开付出流血牺牲的中国共产党人所发挥的强大政治引领作用。只要中国共产党人能够履行好自身的政治责任和领导责任,那么就一定能够搞好新时代党的建设,把我们党建设成强大的政党,我们党也就能够顺利实现"对一切工作的领导"这一新时代基本方略。我们党政治感召力的发挥离不开一些重要构成要素,其中政治引领力是核心要素,组织动员力是关键环节,民心感召力是现实载体。

政治引领力是中国共产党发挥政治感召力的核心要素。方向问题至关重要,只有方向正确才能到达成功的彼岸。反之,方向错误或者不坚定正确的方向只能让人们以失败而告终。科学社会主义发展的生动实践启示我们,政治方向是决定无产阶级政党生死存亡的首要问题。毛泽东毕生执着于无产阶级的解放事业,无论面临多么严峻的艰难险阻,他总是竭尽全力试图把中国引向没有阶级剥削的政治道路。邓小平也是坚定社会主义政治方向的践行者,为了防止人们在物欲横流的市场经济潮流中迷失方向,他提出了坚持四项基本原则的政治要求,有效地实现了对经济和政治的"两手抓"。习近平多次强调:"我们坚定不移高举中国特色社会主义伟大旗帜,既不走封闭僵化的老路,也不走改旗易帜的邪路。"①新时代,面对改革攻坚期所遭遇的众多难题和艰巨挑战以及西方资产阶级的"新花招",发挥党的政治引领作用显得尤为重要。只有让全国人民在中国共产党的集中统一领导下紧密团结起来,才能形成应对风险和挑战的磅礴力量。当然,发挥党的政治引领作用离不开具有较高政治素养和政治能力的党员干部,只有他们切实行动起来,用共产主义的科学纲领批判西方资本主义剥削制度的本质,用"两个一百年"奋斗目标凝心聚力,以辩证唯物主义的哲学思维协调整合各种政治力量,以沉稳的政治定力和"四个自信"应对国内外政治风险,才能有效地发挥出党的政治引领作用。

组织动员能力是中国共产党发挥政治感召力的关键环节。人类社会最深厚的力量来源于组织,有组织才能集聚起深厚的力量,强大的组织动员力源自于强大的组织体系。作为一个拥有9000多万党员的强大组织体系,中国共产党是党员数量可抵国的超级大党,但我们党并没有因为党员数量多而涣散,反而拥有令人叹为观止的强大组织动员能力。在推动国民大革命的幼年时期,我们党就展露出让同盟者吃惊、让敌对者钦佩的组织动员力量。在抗日战争时期,我们更是凝聚起全世界绝大多数华人参加的抗日民族统一战线。在改革开放新时期,无论是面对1998年的滔天洪水,还是2003年的"非典"疫情,抑或是2008年的四川汶川地震等重大自然灾害,中国共产党都迅速动员起全国和全社会的力量,把灾害的影响降低到最小的限度,凝聚起全国人民摆脱苦难的信心和无坚不摧的力量。习近平总书记豪情满怀地指出:"当今世界,要说哪个政党、哪个国家、哪个民族能够自信的话,那中国共产党、中华人民共和国、中华民族是最有理由自信的。"②在

---

① 《坚定不移沿着中国特色社会主义道路前进　为全面建成小康社会而奋斗——在中国共产党第十八次全国代表大会上的报告》,人民出版社2012年版,第12页。
② 《习近平谈治国理政》第二卷,外文出版社2017年版,第36页。

2020年抗击新冠疫情的斗争中，上千万人口的武汉市能够长期保障居民生活的有序运转，当地政府仅用了10天时间就建成了建筑面积达3.4万平方米能容纳1000张病床的火神山医院。在党中央的号召动员下数万医护人员、解放军战士和保障人员义无反顾地驰援武汉，在这场"最美的逆行"中既有年过八旬的钟南山院士，又有许许多多抛家舍业、主动请缨的无名英雄。当然，我们党能够在革命、建设、改革中展现出强大的组织力量，与敬业得力的党员干部是分不开的。建党100多年来，正是在一代又一代德才兼备的中国共产党人接续奋斗中，我们党的事业才得以不断发展壮大。完成新时代建设强大政党的历史使命，尤其需要我们党组织动员能力的不断增强。

民心凝聚力是中国共产党发挥政治感召力的现实载体。民心之向背，关系国家兴亡，治乱兴衰。早在两千多年前，管仲就告诫人们，"政之所兴，在顺民心；政之所废，在逆民心"（《管子·牧民》）。人类社会发展史上的无数事实，也昭示了一个颠扑不破的真理：凡是立足广大人民根本利益的社会力量，最终能够走向胜利；反之，一切漠视人民需求的政治势力，大都以失败告终。可见，对于任何政治集团来说，社会民众的支持才是其得以行使政治权力、维持政治秩序的坚实基础。关注民心所向、维护群众利益始终是中国共产党人的政治立场和孜孜以求的实践指向。毕生执着于劳苦大众政治地位和温饱冷暖的毛泽东指出："我们这个队伍完全是为着解放人民的，是彻底地为人民的利益工作的。"①显然，反对阶级压迫，实现民众解放是毛泽东的根本政治理想。邓小平以"我是中国人民的儿子"来形象深情地表达其人民情怀，他通过改革开放、引进国外资金和技术、建立经济特区、助推中国经济发展，让历经苦难的中国人民慢慢富起来。党的十八大以来，习近平用践行民心政治来密切与人民群众的关系，他指出："带领人民创造幸福生活，是我们党始终不渝的奋斗目标。我们要顺应人民群众对美好生活的向往，坚持以人民为中心的发展思想，以保障和改善民生为重点，发展各项社会事业，加大收入分配调节力度，打赢脱贫攻坚战，保证人民平等参与、平等发展权利，使改革发展成果更多更公平惠及全体人民，朝着实现全体

---

① 《毛泽东选集》第三卷，人民出版社1991年版，第1004页。

人民共同富裕的目标稳步迈进。"①对人民利益的不懈追求使中国共产党展现出深厚的民心感召力,中国共产党人的执政根基才不断得以夯实。民心作为人民的共同心意,直接反映着人民群众对政权的心理认同,这种认同源之于党的根本政治立场,获之于领导干部的执政实践,是我们党政治感召力的现实载体。

(三)如何强大:建设新的伟大工程

对当代中国社会主义的发展来说,建设一个什么样的党? 怎样建设党? 这绝不是一个无足轻重的小问题,而是一个事关全局的大问题。因为,办好中国的事情,关键在党。党的十九大报告既强调党是领导主体,党要领导一切,又强调要在全面从严治党的基础上把我们党建设成强大的政党。中国特色社会主义进入新时代,只有把党建设得更加坚强有力,才能成为中国人民的主心骨,才能成为推进伟大事业、进行伟大斗争、实现伟大梦想的坚强领导核心。对为了中国革命事业付出巨大牺牲的中国共产党来说,其执政地位自然是历史和人民选择的结果,但中国共产党的地位不是与生俱来的,也不可能是一劳永逸的,能否长期执政的关键在于能否始终保持党的先进性和纯洁性。而要保持党的先进性和纯洁性,其根本的途径和办法就是要全面从严治党,以党的政治建设为统领推进党的建设新的伟大工程。党的二十大报告再次强调,"必须持之以恒推进全面从严治党,深入推进新时代党的建设新的伟大工程"②。为此,我们党提出"四个前所未有"来建设新时代最强大政党。

前所未有的管党治党思想。近现代人类社会发展进程表明,一个强大的政党对后发现代化国家的稳定发展至关重要。新中国成立 70 多年来,一个个"中国奇迹"的创造是最好的例证。习近平总书记指出:"中国共产党人能不能打仗,新中国成立已经说明了;中国共产党人能不能搞建设搞发展,改革开放的推进也已经说明了;中国共产党人能不能在日益复杂的国际国内环境下抓住党的领导、坚持和发展中国特色社会主义,这个还需要一代一代共产党人继续作出回答。"③习近平总书记所提出的一系列管党治党新思想,有力地回答了新时代如何建设强大政党的问题,反映了党中央对党的建设规律的深刻认识。其中关于

---

① 《习近平谈治国理政》第二卷,外文出版社 2017 年版,第 40 页。
② 《中国共产党第二十次全国代表大会文件汇编》,人民出版社 2022 年版,第 53 页。
③ 《习近平新时代中国特色社会主义思想学习纲要》,人民出版社 2019 年版,第 78—79 页。

共产党人理想信念的系列论述,体现了我们党不忘初心的崇高追求;关于"四个铁一般""好干部"的论述,体现了我们党的政治品格和担当精神;关于"中国共产党的领导是中国特色社会主义最本质特征"的论述,有力回应了有些人借"法治"削弱党的领导地位、借"改革"把党的领导地位改掉的企图;关于"打铁必须自身硬"的论述,彰显了我们党对国家、民族和人民群众的责任担当;关于"把抓好党建作为最大功绩"的论述,揭示了"党强则国家民族强"的党建大逻辑;等等。上述系列论述所蕴含的前所未有的管党治党思想,为我们推进党建设新的伟大工程提供了理论指南。

前所未有的党性宗旨教育。崇高的共产主义信仰、坚定的社会主义信念,是共产党人的立身之本,也是党员干部抵御一切诱惑的决定性因素。一些党员干部之所以会出现经济上的贪婪、政治上的变质、道德上的堕落、生活上的腐化,根本原因就在于其正确理想信念的动摇和丧失,在政治信念的大考中没有合格。当今社会,市场经济的浪潮波谲云诡,诱惑多样化、价值多元化,党员干部尤其需要处理好公与私、苦与乐、义与利、亲与清等复杂关系。群众路线是我们党的生命线,也是我们克敌制胜的重要法宝。从本质上看,群众路线就是对群众的感情问题,只有真正做到一切为了人民,心中时刻想着群众,牢固树立公仆意识,才能践行好党的群众路线。党员干部践行群众路线,就是要不辜负共产党人的使命,不辜负人民的重托,自觉养成在党组织监督下和在人民群众监督下工作和生活的习惯。当然,党员干部的宗旨观念和公仆意识不是自发形成的,而是需要开展前所未有的经常化常态化的党性宗旨教育。习近平总书记郑重指出:"开展党的群众路线教育实践活动,就是要把为民务实清廉的价值追求深深植根于全党同志的思想和行动中,夯实党的执政基础,巩固党的执政地位,增强党的创造力、凝聚力、战斗力,使保持党的先进性和纯洁性、巩固党的执政基础和执政地位具有广泛、深厚、可靠的群众基础。"①正是这种经常性和常态化的党内教育,为推进党建设新的伟大工程筑牢了思想根基。

前所未有的反腐败斗争态势。党风问题、党同人民群众的联系问题是关系执政党生死存亡的根本问题。党的十八大以来,从强化中央八项规定到反对

---

① 《习近平谈治国理政》第一卷,外文出版社 2018 年版,第 368 页。

"四风",从党的群众路线教育实践活动到"三严三实""两学一做"主题教育,我们党在积极推进中国特色社会主义建设的过程中全面从严治党,党的建设和反腐败斗争取得了显著成就。人民群众越来越认识到坚持党的领导对中国特色社会主义发展的独特重要性。就坚持党的领导问题,习近平总书记指出:"如果没有中国共产党领导,我们的国家、我们的民族不可能取得今天这样的成就,也不可能具有今天这样的国际地位。在坚持党的领导这个重大原则问题上,我们脑子要特别清醒、眼睛要特别明亮、立场要特别坚定,绝不能有任何含糊和动摇。"①坚持党的领导,就必须改善党的领导,从严管党治党,着力解决管党治党过程中的宽松软问题。习近平总书记强调:"坚决反对腐败,防止党在长期执政条件下腐化变质,是我们必须抓好的重大政治任务。反腐败高压态势必须继续保持,坚持以零容忍态度惩治腐败。对腐败分子,发现一个就要坚决查处一个。"②由于党中央始终坚持强大的反腐决心,果断采取一系列严厉的反腐措施,不能腐的防范机制、不敢腐的惩戒机制、不易腐的保障机制正稳步形成,反腐败斗争呈现出前所未有的有利态势。

前所未有的党内法规体系。治国必先治党,治党务必从严,从严必依法度。把握强党之要,就是必须把党内法规这个"利器"建设好。作为世界上人数最多的政党,要把我们党建设成世界上最强大的政党,离开完善的党内法规是难以想象的。提高党的执政能力和领导水平,发挥具有全局性、根本性特点的党内法规的制度优势是我们党的必然选择。习近平总书记多次提出,要"通过体制机制改革和制度创新促进政治生态不断改善"。党的十九大报告提出,要加快形成覆盖党的领导和党的建设各方面的党内法规制度体系。党的二十大报告强调,要"完善党内法规制度体系,增强党内法规权威性和执行力,形成坚持真理、修正错误,发现问题、纠正偏差的机制"③。《中国共产党纪律处分条例》和《中国共产党廉洁自律准则》,强调要明确主体责任,把纪律挺在前面。《中国共产党问责条例》,强调要增强责任意识,让失责必问、问责必严成为常态。上述管党治党"利器"产生了强大的威力和效果,促进了良好政治生态和政治局面的形

---

① 《习近平谈治国理政》第二卷,外文出版社 2017 年版,第 20 页。
② 《习近平谈治国理政》第一卷,外文出版社 2018 年版,第 394 页。
③ 《中国共产党第二十次全国代表大会文件汇编》,人民出版社 2022 年版,第 54 页。

成,在解决管党治党宽松软问题上取得了较大突破。

二、始终坚持以人民为中心

坚持"以人民为中心"既是中国特色社会主义发展到自主期的必然要求和显著特色,也是对马克思主义"以人为本"思想的传承与发展。在人类历史发展过程中,神权政治曾经大行其道,为突破神权的束缚,近代西方资产阶级启蒙思想家提出了以人为中心的人本政治,把对神的崇拜转向对人自身价值的肯定。当资本主义社会发展到一定阶段,资本对劳动的剥削、资本主义社会中人的异化日益受到社会主义思潮的批判。正是在批判资本主义社会所滋生的物对人的奴役和阶级剥削的基础上,马克思主义再次强调人在历史发展中的主体地位,人的全面发展是马克思主义"以人为本"思想的体现。"以人为本"理念的重新确立,是新时期中国民主政治建设的一个重要特色,是新时期中国共产党人关于社会主义民主政治建设的经验总结、理论深化和价值追求。它充分显示了中国共产党对社会主义民主政治的深刻认识,具有丰富的理论内涵和时代意义。当代中国提出的"以人为本"的政治理念,从本质上说就是要坚持把实现中国大多数人民的现实利益作为我们一切工作的出发点和最终归宿。从民主政治建设的角度来讲,民主政治建设要以尊重人的尊严、实现人的权利、满足人的物质和精神需要为出发点和落脚点。从出发点角度衡量,民主政治建设能否做到以人为本,关键要看民主政治建设从满足谁的需求出发,未来的民主政治建设的路线、方针、政策、纲领都应从人民群众的需要出发,尊重人民群众的主体地位。立足马克思主义"以人为本"思想和中国共产党为人民谋幸福的初心和使命,习近平总书记把坚持以人民为中心作为推进中国特色社会主义自主发展的本质要求。

（一）确保"一切为了人民"

"一切为了人民"是对中国古代民本思想的批判和超越。"一切为了人民"思想不同于中国古代的民本思想。中国古代的民本思想实际上是封建统治阶级开明政治的一种体现,它在反对专制政治、减轻人民群众受剥削的程度上发挥了一定的历史作用,但中国古代的民本思想有其历史局限性,它本质上是封建政治的副产品,它维护的是君臣在上,子民在下的封建政治格局,无论统治阶级如何鼓吹，它并不能改变封建社会中人民群众受剥削、受奴役的政治命运。而新时代，中国共产党人提出的"一切为了人民"本质上是为了树立人民群众的主体地位，强调人民群众是历史的主人，中国的政治发展和社会发展要满足人民群众的愿望和要求。因此，相对于民本思想，"一切为了人民"显然是一种更进步、更成熟、更先进的政治智慧和政治价值。以习近平同志为核心的党中央，在坚持和发展中国特色社会主义的实践中具有高度的理论自觉和责任担当，在治国理政实践中一贯把人民根本利益作为根本价值旨向。立足于长期执政为民的实践经验和深厚情怀，习近平多次指出："人民对美好生活的向往，就是我们的奋斗目标。"①

"一切为了人民"是贯穿习近平从政之路的精神信仰。"一切为了人民"，堪称中国共产党人薪火相传的初心和使命，也是贯穿习近平执政为民之路始终不渝的信仰和追求。

"一切为了人民"是习近平执政为民实践的不懈追求。习近平强调指出，"我们要站稳人民立场、把握人民愿望、尊重人民创造、集中人民智慧"②，为此，他始终把人民的切身利益作为工作的重点和切入点。近些年，面对日甚一日的生态环境污染，人民热切期盼能有一个优美的生活环境。顺应人民的意愿，习近平决心打一场治理环境的生态保卫战，把生态文明建设作为建设"五位一体"总体布局的重要抓手，他很早就意识到保护生态环境的极端重要性。"既要绿水青山，又要金山银山，绿水青山本身就是金山银山"③，这两句在党的十八大以后人们逐渐耳熟能详的环保宣言，实则来自习近平在浙江从政时提出的"两山"理论。靡不有初，鲜克有终。深谙传统文化精义的习近平，非常重视工作的连贯性和持久性。洋溢着习近平执着的为民情怀，青山就是美丽、环境就是民生等绿色生态理念逐步深入人心，重视绿色环保已经成为大部分企业和社会成员生产生活的行为准则。为了让人民群众呼吸到新鲜空气，享受到蓝天白云的优美环境，全国许多地区陆续打响了"蓝天保卫战"，向污染宣战，伴随着习近平满足人民群众美好生活需要的不懈追求，我们的自然环境随之得到了明显改善。

---

① 《习近平谈治国理政》第二卷，外文出版社 2017 年版，第 4 页。
② 《中国共产党第二十次全国代表大会文件汇编》，人民出版社 2022 年版，第 16 页。
③ 习近平：《之江新语》，浙江人民出版社 2007 年版，第 186 页。

"一切为了人民"是中国共产党人践行初心使命的重要体现。解决中国的事情,关键在党。针对人民群众因腐败问题多发而希望党员干部改进工作作风的迫切愿望和要求。习近平不负人民群众对中国共产党的厚望,强调"打铁必须自身硬"的硬核要求,紧紧围绕人民的意愿来加强党的自身建设。党的十八大以来,中国共产党适应党群关系新的变化特点,重视解决群众最关注的现实问题,党的作风建设被作为首要突破口,习近平直面党的部分领导干部作风腐败的风险和挑战,以空前的决心和毅力解决了一系列群众热切期盼解决的现实问题。人民最痛恨腐败,我们党就重拳出击、大刀阔斧整顿吏治,领导全党取得了反腐败斗争的压倒性胜利。习近平很早就强调指出:"廉政建设是我们共产党人的历史使命,如果我们不能承担起这种历史使命,我们就会失去民心,就会被敌人找到进攻的缺口。"①党的十八大之后,我们党的反腐风暴席卷全国,上至中央政治局常委,下至村委会干部,凡是贪赃枉法者皆在依法严惩之列。中国几千年来承袭的"刑不上大夫"的铁律遭到彻底颠覆,一些贪腐的"老虎"级高官应声落马,上百万的"苍蝇"级小吏被绳之以法,一时间人民群众拍手称快,社会正气得以弘扬。这充分体现了中国特色社会主义发展的自主期,我们党对"以人民为中心"的初心和使命的不懈坚守。

（二）坚持"一切惠及人民""一切依靠人民"

"一切惠及人民"是马克思主义人民主体论的一贯要求。人民创造历史是唯物史观的基本观点,也是中国共产党治国理政的重要遵循。干工作要充分尊重群众的首创精神,想方设法夯实群众的主体地位,从群众中寻求解决问题的办法就成为我们党做好各项工作的基本要求。历史规律反复昭示我们,人民群众是历史的主体,只有依靠群众我们党才能一往无前。有史以来,存在两种与人民主体论相对立的主要障碍:一个是损人利己的巧取豪夺,把少数人的幸福建立在大多数人受痛苦的基础上;一个是"救世主"心态,认为人民群众的幸福要靠少数"杰出人物"的赐予或恩赐。马克思主义坚信人民群众自己创造自己历史的观点,认为人民群众只有通过自己的活动才能经受锻炼,创造真正属于自己的美好生活。恩格斯指出:"群众需要有时间和机会来成长,而只要他们有了自己的

---

①　习近平:《摆脱贫困》,福建人民出版社 1992 年版,第 26 页。

运动——不管这种运动采取什么形式,只要是他们自己的运动——,他们就会有这种机会,因为在这种运动中,他们将通过本身的错误、通过亲身经历的痛苦经验而前进。"①相信群众、发动群众、依靠群众,让群众真正成为社会和历史的主人是毛泽东始终不渝的人生信条和政治追求,他指出:"只要我们依靠人民,坚决地相信人民群众的创造力是无穷无尽的,因而信任人民,和人民打成一片,那就任何困难也能克服,任何敌人也不能压倒我们,而只会被我们所压倒。"②作为马克思主义人民主体论的发展继承者,习近平在执政实践中一贯把人民群众视作历史的主人和坚实的靠山,一切工作必须始终以人民为中心、以人民为主体,因此就必须牢牢依靠人民群众。言必信,行必果。习近平总书记扎根群众,用生动朴实的执政行为践行了"一切惠及人民"的誓言。无论是在延安梁家河做村干部、在河北正定县担任县委领导,还是在福建、浙江担任省级领导干部,习近平始终心系群众、依靠群众,把尊重群众主体地位贯穿于其执政为民实践的全过程。

"一切惠及人民"是中国共产党人的坚定政治信仰。立足人民根本利益,让广大人民群众在历史变革和社会进步中得到自身发展,是中国共产党人的拳拳初心。实现共同富裕和人的自由全面发展,是马克思主义政治主张和社会理想的宣示。为了让中国人民当家作主,毛泽东带领人民群众扫除众多凶顽的反动势力,使人民群众赢得了政治地位和人格尊严。在革命事业中,我们恪守"三大纪律,八项注意",让广大农民几千年"耕者有其田"的梦想变成现实,赢得了人民群众的衷心拥护。革命战争年代,中国共产党的初心就是带领人民大众"打土豪,分田地",铲除旧社会对劳动大众的剥夺,让人民群众真正享受到自己的劳动成果。今天,我们回溯走过的峥嵘岁月,反观生活的现实,有必要时刻铭记当年的初心。如同邓小平所警示:"社会主义的目的就是要全国人民共同富裕,不是两极分化。如果我们的政策导致两极分化,我们就失败了;如果产生了什么新的资产阶级,那我们就真是走了邪路了。"③这样一来,"真实的共同体"就必定蜕变成为人民所唾弃的"虚幻的共同体"。为此,邓小平提出了建立旨在惠及

---

① 《马克思恩格斯选集》第 4 卷,人民出版社 1995 年版,第 678 页。
② 《毛泽东选集》第三卷,人民出版社 1991 年版,第 1096 页。
③ 《邓小平文选》第三卷,人民出版社 1993 年版,第 110—111 页。

一切人民的"小康社会"。"小康社会"是邓小平立足于我国生产力水平低下、经济文化发展落后的社会现实而提出的发展愿景,是我们迈向现代化征程的必经之路。全面建成小康社会,是党的执政理想的新飞跃。党的十一届三中全会以来,我们党打破了封闭僵化的平均主义收入分配模式,用"发展才是硬道理"的新理念激发了社会的生机和活力,调动了人民群众积极性,使他们改善了生存状况,提高了生活水平。党的十八大以来,习近平把"人心向背"作为检验自身执政效果的重要标尺,用"共享"理念引领广大人民群众为全面建成小康社会而努力奋斗,真正做到让一切发展成果惠及人民,用人民群众美好生活需要的不断满足来夯实全体人民共同富裕的坚实基础,这是习近平在治国理政中所秉持的根本宗旨,是"人民主体论"的价值旨归。

"一切惠及人民"是新时代中国特色社会主义的价值指向。党的十八大之后,站在新时代的历史起点,习近平立足全面建成小康社会的人民期盼,规划了国家发展的新蓝图,实现了政治发展目标的新飞跃。习近平强调:"全面小康,覆盖的人口要全面,是惠及全体人民的小康。"[①]也就是说,在实现全面小康的道路上,不让一个群众掉队。同时,在走访大山深处、大江南北的实地调研活动中,习近平切实感受到偏远农村的落后状况、部分农民的贫穷程度,也深刻理解了"农村是实现全面小康的短板,农民是实现全面小康的关键"这句话的内涵所在。为此指出"小康不小康,关键看老乡",这是他发自内心的强烈责任担当。作为共产主义理想的坚定信仰者,习近平高度关注人民群众的共同富裕,在不同领导岗位的执政实践中,他始终把带领人民群众摆脱贫困、逐步实现共同富裕作为自己的奋斗目标。在指导脱贫攻坚的过程中,习近平强调:"消除贫困、改善民生、逐步实现共同富裕,是社会主义的本质要求,是我们党的重要使命。"[②]可见,让改革发展成果惠及所有民众,是新时代中国特色社会主义的本质要求。中国共产党自成立以来,带领人民群众逐步实现"站起来—富起来—强起来"的美好愿望,创造自己的幸福生活。习近平早在青春年少的知青岁月,为了让梁家河的老百姓过上好日子,不遗余力地奉献出自己的智慧和力量。在全面建成小康

---

① 《习近平谈治国理政》第二卷,外文出版社2017年版,第61页。
② 《习近平谈治国理政》第二卷,外文出版社2017年版,第83页。

社会的新时代,习近平依然心系人民群众,他指出:"要坚持人民主体地位,顺应人民群众对美好生活的向往,不断实现好、维护好、发展好最广大人民根本利益,做到发展为了人民,发展依靠人民,发展成果由人民共享。"①这充分彰显了习近平新时代中国特色社会主义思想的根本价值取向和真挚的为民情怀。

(三)构建"人类命运共同体"的世界情怀

"人类命运共同体"是"以人民为中心"走向世界。"人民至上"是真正以人民为中心、时刻为人民大众着想的民本情怀,作为一种理念、思想和理论,从来不受民族、地域、信仰等差别以及国别的限制。在世界范围内,任何个人、国家、民族的存在和发展,都不是彼此孤立的,而是处在一定的相互联系之中,即处在一个彼此关联、相互影响的整体系统之中,在这个系统中,如果是正相关的关系,每个人、国家、民族作为该系统的要素,都在发挥自己的作用,不断丰富和发展自己,实现自身的目的,同时乐意竭尽所能地为这个系统存在付出自己的努力。按照马克思的观点,"一个人的发展取决于和他直接或者间接进行交往的其他一切人的发展"②,"要不是每一个人都得到解放,社会本身也不能得到解放"③。在引领中国走向民族复兴的伟大实践中,中国共产党人在致力于国内人民群众实现全面小康的同时,也注重用宽广的国际视野审视人类面临的共同问题,我们党十分关注和同情全世界,特别是经济欠发达国家人民大众的生存发展。以习近平同志为核心的党中央以独到的中国智慧和深邃的理论思维,以"一带一路"发展倡议为具体切入点,提出并构建了"人类命运共同体"的宏伟蓝图。

"人类命运共同体"是"以人民为中心"的必然趋势。心系人类命运,关注全球发展,是"以人民为中心"的当代国际性拓展。在引领中国人民建设美丽中国,逐步达到"全面小康"的美好政治图景的同时,中国共产党人同时兼顾当今人类面临的现实问题。从提出"一带一路"倡议的切入点,到构想和建立"世界命运共同体",我们党在世界范围内进一步丰富和延伸了"以人民为中心"。这一构想生动彰显了中国作为一个发展中大国的责任担当,实际上是对马克思"两类共同体"思想的当代发展。中国共产党人创造性地提出并积极推进"一带

---

① 《习近平关于尊重和保障人权论述摘编》第2卷,中央文献出版社2021年版,第34页。
② 《马克思恩格斯全集》第3卷,人民出版社1960年版,第515页。
③ 《马克思恩格斯全集》第20卷,人民出版社1971年版,第318页。

一路"经济发展战略,其实质是同各国人民一道在更大范围内携手共建跨越国界的"人类命运共同体"。注重了解、学习和借鉴别国的先进技术和成功经验,中国共产党人空前成功地实现了广交朋友,互利互惠,协同发展的外交方略。在积极推进"人类命运共同体"建设的过程中,中国共产党人始终坚持求同存异、广泛合作、相互包容的原则,尊重各国人民的自主选择,发挥不同国家和民族的优势特色,共商共建利益共享的国际大家庭。在一系列外交活动中,习近平积极开展同世界各国政府和人民的密切交往、交流,坦诚介绍中国改革开放以来所走过的现代化道路,反复申明和强调中国开放的大门永远不会关闭,只能越开越大,热切期望同越来越多的国际朋友携手合作,共建人类共有的美好家园。

建设"人类命运共同体"需要世界各国相向而行。共建"人类命运共同体",必须牢牢依靠世界各国的人民大众,依靠不同国家的历史传统、文化特色和地域优势,相互交流、协同合作、互利互惠、和睦相处。建设"人类命运共同体"需要世界各国在以下方面做出努力。其一,存在差异,富有个性。在个人与集体的关系中,如果对应于不同国家与人类命运共同体的关系,国家也就相当于国际集体中的个人。有鉴于不同国家、民族的自然条件以及文化信仰、历史传统、意识形态的差异,各自所选择的发展道路、社会制度和生活方式等都会存在差异。这就随之要求在正常的国际交往中,必须尊重这些差异,尊重各国人民的意愿和自主选择,这正是国际交往中不同国家之间相互学习、相互借鉴的前提条件。依靠这些富有个性的不同国家和民族的相互交流、取长补短、和谐共进,"人类命运共同体"才会有希望。其二,独立自主,奋发自强。建设"人类命运共同体"的根本前提和切实依托,就是"人类命运共同体"中的每个国家和民族首先要独立自主,奋发自强,认真办好自己的事,也只有每个国家都发展了、强大了,"人类命运共同体"才具有丰厚的内涵、富有强大的生命力。假如构成"人类命运共同体"中的国家一个比一个落后、一个比一个贫穷,那么,这样的"人类命运共同体"无论多么和谐、多么平等,也没有什么希望,没有什么意义。其三,开放交流,相互学习。建设"人类命运共同体",要求每个国家首先办好自己的事情,这并非提倡各个国家闭关自守,关起门来搞"单干",老死不相往来。其实,世界各国千差万别,不同的国家和民族既有自己的长处,又有自己的短板,只有打开国门,开放交流,相互学习,取长补短,才能达到各取所需、共同发展的目的。其四,团结协作、平等互利。国际交往从来就需要遵守共同规则,最根本的是要与人为善、团结协作、平等相待、互利共赢。习近平总书记经常倡导,在处理国际事务中,民族不分强弱,国家不分大小,都应该具有同等的发言权;在经济关系上更要讲究信誉,恪守规约,不能够动辄就以本国利益优先,随意破坏平等互利、互惠双赢的国际共识。

建设"人类命运共同体"是当代中国的价值追求。依据马克思的"两类共同体"思想,发展社会主义就要认真坚持"以人为本"的原则,在执政实践中做到以人民为中心。中国共产党人治国理政的重要特点,就在于坚持"人民主体论",并将"人民主体论"推广、延伸到世界范围,积极推行共建"人类命运共同体"的伟大构想。实现这一宏伟蓝图,就要办好中国自己的事情,下大气力弥补我们国家的短板。首先,要进一步推进民主化进程,真正让人民群众当家作主;其次,要进一步深化改革开放,逐步提升党和政府职能部门的"为民属性";最后,切实有效地搞好党的建设,把反对特权和腐败的斗争逐步常规化、制度化、法律化,不断减少社会各类集体的"虚假成分",增强其"真实成分",有效纠正各种脱离人民群众、愚弄群众、与民争利的错误行为,逐步提高工作效率,满足人民群众的美好生活需要。共建"人类命运共同体"是坚持发展新时代中国特色社会主义的必然要求,尽管任重道远,但前途光明。

三、坚定中国特色社会主义四个自信

民族自信心是一个民族生存和发展的力量之源,是一个社会繁荣发展的信仰之基,坚定中国特色社会主义"四个自信"是新时代对党和人民提出的新要求,是中国特色社会主义进入自主发展期需要解决的迫切问题。每个民族都有自己的文化传统和思维习惯,都有着经过长期文化积淀所形成的话语体系和语言特色,都愿意用本民族的语言形式来表达自身的愿望和诉求。在建设中国特色社会主义的过程中,我们国家在经济政治文化社会生态各个方面都渗透着我们的文化传统和民族精神,展现着具有民族特色的中国风格、中国气派和中国话语体系。社会主义在中国化过程中所具有的民族特色与中国传统文化紧密相连,与中华民族传承至今的独立自主的民族精神息息相关,与我们基于马克思主义科学理论的文化自信、理论自信、道路自信、制度自信浑然一体。毋庸讳言,这四个方面也是我们在当前的社会主义初级阶段考量如何传承和发展中国特色社会主义民族特色现实路径的基本考量。然而,现在社会上有些人怀疑我们中国革命的光辉历史,认为这些历史自己没看到,其真实性值得商榷。无论是怀疑中国历史,还是质疑中国革命,我们都称为历史虚无主义。这是我们党和国家需要时刻保持高度警惕的错误思潮。新时代,意识形态工作是极端重要的工作,事关中国特色社会主义能否健康发展。作为马克思主义基本理论与新时代中国特色社会主义实践相结合的重要成果,中国特色社会主义"四个自信"是对中国特色社会主义理想信念的高度自信,是对中国特色社会主义道路、理论、制度和文化发展的高度认同,是坚持发展新时代中国特色社会主义的必然要求。

（一）在道路选择中坚定中国特色社会主义道路自信

基于社会主义发展道路来说,"特色"一词可以说是社会主义运动历史上的中国创造,但又不仅仅局限于在中国使用。社会主义运动是一个世界性的运动,突出普遍性是其不变的价值追求。马克思恩格斯在《共产党宣言》中指出:"工人没有祖国。"1847年6月,共产主义者同盟在伦敦成立,提出了"全世界无产者联合起来"的国际主义口号。建立世界上第一个社会主义国家的列宁,也依然强调社会主义革命的世界性,他曾经郑重地指出:"如果世界社会主义革命、世界布尔什维主义不能取得胜利,英、法、美三国帝国主义就必然会扼杀俄国的独立和自由。"[①]可见,在世界范围内增加社会主义革命力量,才能避免革命的"星星之火"被帝国主义联合绞杀。但是,革命的世界性与凝聚其民族特色并不矛盾。自大革命失败后的成立初期,中国共产党人就开始注重社会主义运动的中国特色,主张实现马克思主义与中国实际相结合。在这一"中国化"思想的指导下,我们党先后找到了"农村包围城市,武装夺取政权"中国式革命道路和"多种所有制共同发展"的中国特色的社会主义道路,历经40多年改革开放的飞速发展,中国特色社会主义进入了自主发展期,并逐步形成了颇具影响力的中国式现代化道路,使中国特色社会主义道路的吸引力日益增强。

立足国情是中国特色社会主义道路形成发展的基本前提。在浩瀚的中国传

---

① 《列宁选集》第3卷,人民出版社1995年版,第580页。

统文化思想宝库中,有着许多重视矛盾特殊性的朴素辩证思想资源。比如,"因地制宜""知己知彼,百战不殆""一把钥匙开一把锁"等。这些彰显事物特殊性深刻寓意的俗语、典故与马克思主义具体问题具体分析的矛盾观点不谋而合,成为我们中国共产党人重视矛盾特殊性的思想根源。在大革命失败的血雨腥风中,毛泽东深刻地分析了中国国情和革命现状,提出了"枪杆子里面出政权"的论断,并逐步探索出适合中国国情的"农村包围城市,武装夺取政权"的正确革命道路。虽然这条道路也曾遭到残酷打压、历经波折,但最终还是经受住了历史和实践的检验,引领中国革命取得了胜利。当然,毛泽东曾经为此遭受了被长期打压的委屈,付出了难以言表的艰辛努力。但是,乌云终究是遮挡不出太阳的,毛泽东的正确革命思想最终得到全党的普遍认可。在毛泽东1938年所作的《论新阶段》政治报告中,很多人们从他掷地有声的豪言壮语中听出了真理的味道。毛泽东郑重指出:"没有抽象的马克思主义,只有具体的马克思主义。所谓具体的马克思主义,就是通过民族形式的马克思主义,就是把马克思主义应用到中国具体环境的具体斗争中去,而不是抽象地应用它。"①在此,毛泽东把中国的革命道路上升到理论的高度,并放在了马克思主义中国化的历史进程中。中国革命的胜利,不仅印证了我们革命道路的正确性,也印证了社会主义革命不应该只有一种固定模式,而应该具有丰富的民族形式和民族特色。当然,就像中国革命历经波折和诸多艰辛一样,中国的社会主义建设道路也不会一帆风顺。在社会主义改造完成以后,毛泽东反对照抄照搬苏联模式,亦步亦趋跟着苏联走的建设模式,提出了"以苏为戒",探索适合中国国情的社会主义建设道路的设想,虽然这种探索由于客观原因遭受巨大的挫折,但是在很多方面做出了有益的尝试。改革开放以后,邓小平结合中国的现实国情,摒弃了传统社会主义"一大二公"的发展模式,提出了建设有中国特色的社会主义的主张。他指出:"改革开放以后,深谙中国共产党制胜之道的邓小平尤其注重结合中国实际来建设发展社会主义,他强调指出:如果我们不是马克思主义者,没有对马克思主义的充分信仰,或者不是把马克思主义同中国自己的实际相结合,走自己的道路,中国革命就搞不成功,中国现在还会是四分五裂,没有独立,也没有统一。"在此情况下,

---

① 《中共中央文件选集》第十一册,中共中央党校出版社1991年版,第658页。

邓小平结合中国的现实国情,摒弃了传统社会主义"一大二公"的发展模式,提出了建设有中国特色的社会主义的主张。① 在此思想的指导下,我们国家取得了经济社会发展的全面进步,走出了一条追求人民幸福生活和全面发展的中国特色社会主义道路。

创新发展使人们对中国特色社会主义道路充满信心。在中国革命胜利后,我们国家把胜利的原因归结于中国共产党人实现了科学社会主义与中国革命具体实际的有效结合,但是苏联并不认同,他们认为东西方国家社会发展的一般规律是相同的,不存在所谓的马克思主义中国化,也没有什么毛泽东思想和中国特色。但是实际情况是,我们确实形成了自己独特的革命道路。农村包围城市、武装夺取政权的新民主主义革命道路就是鲜明的中国特色,为此,我们党才得以引领人民大众推翻各种反动势力,实现了民族独立,建立了新中国。改革开放的新时期,邓小平破除了来自激进派和保守派两个方面的重重干扰,以强大的勇气和毅力最终超越了辉煌一时的苏联模式,走出了我们国家自己的发展道路。以至于在东欧剧变、苏联解体后的 20 世纪 90 年代许多人为此发出了由衷的感慨:一百年前是只有社会主义才能救中国,一百年后是只有中国才能救社会主义。短短不到一百年间就发生了这样叹为观止的沧桑巨变,无疑是用残酷的现实为我们印证了立足具体国情发展社会主义的正确性。中国特色社会主义与传统社会主义发展模式的显著不同就在于它是融合中国现实国情的社会主义。这就为我们深刻揭示了一条社会主义在当今时代的发展规律,那就是无论是社会主义革命或建设,都需要与本国国情紧密结合,否则就很难成功。张维为教授认为,中国的道路或者称为发展模式具有以下显著特点:"即实践理性、强势政府、稳定优先、民生为大、渐进改革、顺序差异、混合经济、对外开放。"②当然还有学者认为,民本主义、宏观调控、开明专制、民族传统等思想理念也是应有之义。实际上,国家调控与市场调节的有机结合、善于激发民众的主体意识、国家坚持走和平发展道路、实现人的自由全面发展等也是突出特点。近年来,无论是基于善意的褒扬,还是别有用心的"捧杀","中国模式""中国经验"已成为国际社会的关

---

①　《邓小平文选》第三卷,人民出版社 1993 年版,第 63 页。

②　张维为:《中国震撼:一个"文明型国家"的崛起》,上海人民出版社 2011 年版,第 100 页。

注热点。究其主要原因还在于我们立足具体实际发展中国特色社会主义的经验不胫而走,得到其他社会主义国家或是发展中国家的认可和推崇。中国社会主义的创新发展,使我们国家的发展模式在当今世界发挥了引领作用,也使人们坚定了中国特色社会主义道路自信。

(二)在思想飞跃中坚定中国特色社会主义理论自信

众所周知,在马克思主义中国化过程中,中国共产党人推动实现了两次飞跃,形成了两大理论成果。新的飞跃中产生的重大理论成果就是中国特色社会主义理论体系,它既是对中国特色社会主义伟大实践的经验总结,又是我们党治国理政的行动指南。习近平总书记指出:"我们要坚信,中国特色社会主义理论体系是指导党和人民沿着中国特色社会主义道路实现中华民族伟大复兴的正确理论,是立于时代前沿、与时俱进的科学理论。"①在此,习近平总书记提出了坚定理论自信的问题。理论自信内在地包含如下两个方面的核心要义:一是我们必须对马克思恩格斯所创立的科学社会主义的理论保持充分的理论自信;二是我们要对中国共产党推动形成的中国化马克思主义的理论成果拥有足够的自信。纵观马克思主义产生至今170余年的历史,我们不难发现这一科学理论都是在世界化与民族化相互交融的历史进程中得以发展。中国化马克思主义的理论成果既秉持了马克思主义的基本原理,又与中国传统文化和当代中国现实相互融合,使得中国特色社会主义理论的民族特色日益凸显。当前,我们国家只有汲取中国传统文化的思想精华,打造出中国作风、中国气派的话语体系,才能更好地坚定人们的理论自信。

理论自信离不开马克思主义的源头活水。马克思主义是科学的世界观和方法论。恩格斯曾经指出:"马克思的整个世界观不是教义而是方法,它提供的不是现成的教条,而是进一步研究的出发点和供这种研究使用的方法。"②邓小平指出:"我坚信,世界上赞成马克思主义的人会多起来的,因为马克思主义是科学。"③中国传统文化孕育着丰富而深刻的思想理念,是中华民族的精神家园。

---

① 习近平:《在庆祝中国共产党成立95周年大会上的讲话》,人民出版社2016年版,第13页。
② 《马克思恩格斯选集》第1卷,人民出版社1995年版,第742—743页。
③ 《邓小平文选》第三卷,人民出版社1993年版,第382页。

坚定中国特色社会主义文化自信自然离不开对中国传统文化创新性发展，但坚持马克思主义的指导思想也是非常必要的，只有实现两者的有机结合，才能推动中国传统文化的现代性转化，形成具有特色鲜明的中国特色社会主义理论体系。毛泽东强调指出："学习我们的历史遗产，用马克思主义的方法给以批判的总结，是我们学习的另一任务。我们这个民族有数千年的历史，有它的特点，有它的许多珍贵品。"①运用马克思主义的方法批判继承中国传统文化，实现传统文化精华的现代性转换，是发展中国特色社会主义的重要思想资源和精神动力。首先，对具有普遍性的传统文化核心理念进行马克思主义的改造。春秋时期政治家管仲认为："夫霸王之所始也，以人为本。本理则国固，本乱则国危。"(《管子·霸言》)这里管仲强调了老百姓才是国家强盛和长期稳固的根本。其他政治家、思想家也提出了"民惟邦本""民为贵""君舟民水"等类似的"民本"思想，这些思想既具有科学性又具有价值性，是中国传统文化的理论精华，需要我们加以继承发展。还比如，人们都熟知的毛泽东对中国传统文化中"实事求是"理念的马克思主义解读。"实事求是"语出传统文化典籍《汉书》，原表述为"修学好古，实事求是"，用来形容文人士大夫的治学态度，毛泽东把它引申为从客观实际出发，找出事物固有的规律性，作为人们行动的向导，并把其提升为我们党的思想路线。另外，诸如"治大国如烹小鲜"的治国理念，天下为公的大同思想，自强不息的奋斗精神，富贵不淫、贫贱不移、威武不屈的人格追求，"苟日新，日日新，又日新"的进取精神，舍生取义的献身精神，等等，也都在马克思主义的改造下而被赋予新的思想内涵，转化为中国特色社会主义理论体系的理论底蕴。在马克思主义理论指导下中国共产党人对这些中国古代的核心政治理念进行了现代性转换，赋予了其新的时代意蕴，提出了"以人民为中心"的发展理念，成为习近平新时代中国特色社会主义思想的精神内核。

理论自信更需要推进马克思主义中国化。发展新时代中国特色社会主义不仅需要坚持马克思主义基本原理，更需要紧密结合中国实际，丰富中国特色社会主义理论体系的民族特色，增强其说服力和感染力，尤其需要实现马克思主义的中国化、民族化和大众化。早在新民主主义革命时期，毛泽东就指出："离开中

---

① 《毛泽东选集》第二卷，人民出版社1991年版，第533—534页。

国特点来谈马克思主义,只是抽象的空洞的马克思主义。因此,使马克思主义在中国具体化,使之在其每一表现中带着必须有的中国的特性,即是说,按照中国的特点去应用它,成为全党亟待了解并亟须解决的问题。洋八股必须废止,空洞抽象的调头必须少唱,教条主义必须休息,而代之以新鲜活泼的、为中国老百姓所喜闻乐见的中国作风和中国气派。"①所谓"中国作风""中国气派",就是把马克思主义与包括中国传统文化在内的中国实际结合起来,就是用具有中国特色的语言形式和话语体系来表述马克思主义,让马克思主义说中国话,形成具有中华民族特色的中国特色社会主义理论。当然,毛泽东是我们党历史上让马克思主义说中国话的典范,他用"星星之火,可以燎原"来形容革命形势的快速发展、用"枪杆子里面出政权"来表述马克思主义的暴力革命理论、用"百花齐放百家争鸣"来比喻人民群众在推动文化繁荣发展中的主观能动性、用"看菜吃饭,量体裁衣"来表述马克思主义具体问题具体分析的方法论,等等。邓小平也是让马克思主义说中国化的杰出代表。他提出的"发展才是硬道理""无论黑猫白猫,抓住老鼠就是好猫""不搞争论""摸着石头过河""小脚女人走路"等具有深刻马克思主义理论内涵的生动形象的中国话语,成功地实现了对马克思主义理论的中国式表述。在一百多年的发展历程中,我们党先后用"实事求是""解放思想""与时俱进""求真务实"来概述我们党思想路线的核心要义,实现了用中国话语对马克思主义理论精髓的动态解读。新时代,习近平总书记主张结合中国的发展实际和文化特点来发展马克思主义,他指出:"要按照立足中国、借鉴国外,挖掘历史、把握当代,关怀人类、面向未来的思路,着力构建中国特色哲学社会科学,在指导思想、学科体系、学术体系、话语体系等方面充分体现中国特色、中国风格、中国气派。"②在大力推进马克思主义中国化,打造中国话语体系的进程中,习近平新时代中国特色社会主义思想应运而生,为我们坚定中国特色社会主义理论自信注入了源头活水。

(三)在发展完善中坚定中国特色社会主义制度自信

党的十八大报告指出:"中国特色社会主义道路是实现途径,中国特色社会

---

① 《毛泽东选集》第二卷,人民出版社 1991 年版,第 534 页。
② 习近平:《在哲学社会科学工作座谈会上的讲话》,人民出版社 2016 年版,第 15 页。

主义理论体系是行动指南,中国特色社会主义制度是根本保障,三者统一于中国特色社会主义伟大实践,这是党领导人民在建设社会主义长期实践中形成的最鲜明特色。"①可见,在实现社会主义从理论到实践的飞跃过程中,离不开社会主义的制度构建这个关键环节。在科学社会主义发展史上,社会主义制度的构建是一个在实践中逐步完善的过程。马克思恩格斯在《共产党宣言》中指出:"共产党人可以把自己的理论概括为一句话:消灭私有制。"②具有划时代意义的俄国十月革命使人们长期追求的共产主义的理想有了现实依托,为社会主义制度的构建提供了现实基础,也使世界各国的社会主义运动有了制度样板。但权力和资源的高度集中使苏联的社会主义模式日益僵化,随之出现的诸多问题使盛极一时的社会主义模式最终解体。在借鉴苏联经验和汲取其教训的基础上,我们国家逐步形成了中国特色的社会主义制度。汲取中国传统文化思想精华的中国特色社会主义制度既坚持了社会主义的基本原则,又立足当代中国实际,在科学治理中不断彰显出其比较优势和独特的优越性,使人民群众日益坚定中国特色社会主义的制度自信。

制度优势在比较中才能得到充分彰显。1956年,新中国创造性地完成了社会主义改造,在这个人口多、底子薄的东方大国,马克思主义所设想的理想社会模式得到确立。但是由于缺乏建设经验,中国的社会主义建设一度遭遇严重挫折。"文化大革命"结束后,面对我们国家落后的生产力水平和困顿的生活,人们对社会主义制度的优越性产生了怀疑,对中国坚持社会主义制度发生了动摇。在历史转折的重要关头,邓小平发出了掷地有声的时代强音,他指出:"社会主义是一个很好的名词,但是如果搞不好,不能正确理解,不能采取正确的政策,那就体现不出社会主义的本质。"③邓小平还着重强调:"讲社会主义,首先就要使生产力发展,这是主要的。只有这样,才能表明社会主义的优越性。社会主义经济政策对不对,归根到底要看生产力是否发展,人民收入是否增加。这是压倒一切的标准。空讲社会主义不行,人民不相信。"④同时,邓小平还主张在不同社会

---

① 《中国共产党第十八次全国代表大会文件汇编》,人民出版社2012年版,第12页。
② 《马克思恩格斯文集》第2卷,人民出版社2009年版,第45页。
③ 《邓小平文选》第二卷,人民出版社1994年版,第313页。
④ 《邓小平文选》第二卷,人民出版社1994年版,第314页。

制度和发展模式的比较鉴别中彰显社会主义制度的优越性。比如,在讲到西方的政治制度时,邓小平斩钉截铁地指出:"西方的民主就是三权分立,多党竞选,等等。我们并不反对西方国家这样搞,但是我们中国大陆不搞多党竞选,不搞三权分立、两院制。我们实行的就是全国人民代表大会一院制,这最符合中国实际。"①近年来,一种人们称为民主社会主义的思潮在中国的影响逐渐扩大,作为世界各国工党、社会党、社会民主党所信奉的政治理论,这种近似于资产阶级民主制度的社会主义并得到了一些民众的支持。经过认真考察,人们认识到民主社会主义主张私有化,反对公有制;主张多党轮流执政,否定共产党的领导;主张指导思想多元化,否定马克思主义等。从上述基本特征,我们不难看出鼓噪私有制的民主社会主义并不是什么社会主义,而是改头换面的资本主义,与我们"以人民为中心"的中国特色社会主义制度大相径庭。此外,中国特色社会主义制度也不同于苏联的传统社会主义模式,它突破了苏联社会主义制度把马克思主义简单化、片面化以及超越本国发展阶段发展社会主义和发展模式单一排他的种种弊端,是全面突破和超越苏联社会主义制度的发展模式,具有不可比拟的优越性。

不断完善是发挥制度优势的客观要求。当前社会上之所以还有一部分人对坚持社会主义制度产生怀疑和动摇,根本原因就在于社会主义制度的优越性还没有充分发挥出来。邓小平曾多次指出:"社会主义的优越性总要通过生产的发展和人民生活的提高来体现,这是最起码的标准,空头政治不行。"②因此,我们要对当前的制度进行全面的完善和发展,使之彰显出与民主社会主义以及传统社会主义模式的比较优势,展现出社会主义制度的优越性,这样才能坚定人们的制度自信。首先,注重制度的时空维度,赋予其应有的中国特色。中国共产党人是卓越的马克思主义者,无论是在革命、建设还是改革开放的新时期,我们都非常注重把握自己的国情,对具体问题作具体分析。在制度建设方面,中国共产党人始终立足于自身的国情来建设发展社会主义。邓小平认为:"各国情况不同,政策也应该有区别。中国搞社会主义,强调要有中国的特色。我们坚信马克思主义,但马克思主义必须与中国实际相结合。"③其次,我们要在明确社会主义

---

① 《邓小平文选》第三卷,人民出版社1993年版,第220页。
② 《邓小平年谱(1975—1997)》,中央文献出版社2004年版,第330页。
③ 《邓小平文选》第三卷,人民出版社1993年版,第213页。

本质和基本原则基础上，不断推进制度创新。忽视了社会主义制度的成长性，以一种僵化的眼光看待并没有成熟的社会主义制度，把特定条件下的某些制度和机制当成所谓的固定"模式"，是苏联在社会主义制度建设上的重要失误。改革开放的历史新时期，我们汲取苏联的惨痛教训，充分关注制度的成长性，不断推进制度创新。当然在制度创新的过程中也存在着较大的政治风险，很有可能改变制度的性质。在改革开放的初期，在很多领域都出现了姓"资"姓"社"的争论。在此关键时刻，邓小平同志提出了坚持四项基本原则和社会主义本质的理论，牢牢地为我们的制度创新把握了社会主义方向。最后，扬弃民主社会主义，完善中国特色社会主义制度。作为一种改良的资本主义制度，民主社会主义制度倡导形式上的民主自由，掩盖其为资产阶级服务的本质，有一定的欺骗性。由于起步较晚和中国的现实国情等因素的制约，中国特色社会主义制度还不够成熟完善。由此，我们既要对民主社会主义颠覆和替代社会主义制度的政治野心保持高度警醒，又要不断完善发展中国特色社会主义制度。当然，完善和发展中国特色社会主义制度和我们坚定中国特色社会主义制度自信并不矛盾，而且是有机统一的。习近平指出："制度自信不是自视清高、自我满足，更不是裹足不前、固步自封，而是要把坚定制度自信和不断改革创新统一起来。"①

（四）在传承创新中坚定中国特色社会主义文化自信

中国传统文化博大精深、源远流长，蕴含着丰富的辩证思想和价值观念。"天行健，君子以自强不息"的豪情壮志，"和而不同，协和万邦"的睦邻友好思想，"水可载舟，亦可覆舟"的治国理念，"己所不欲，勿施于人"的人生格言，等等，这些内涵丰富的思想观念滋养了中华民族的精神家园，是中国特色社会主义理论体系形成发展的重要思想来源，并使这一理论体系打上了民族特色的鲜明印记。当然，中国传统文化也并非完美无缺，其中既有可以称为瑰宝的思想精华也有跳不出时代窠臼的腐朽糟粕。在弘扬中国传统文化的过程中，我们需要去粗取精、去伪存真，这样才能采撷出中国传统文化的真正瑰宝，从而在传承创新中坚定中国特色社会主义的文化自信。

中国传统文化孕育着丰富的思想精华。对几千年经久不息的中国传统文化

---

① 《习近平谈治国理政》第二卷，外文出版社 2017 年版，第 289 页。

而言,其经典著作可谓是浩如烟海、汗牛充栋,其理论内涵更是博大精深、叹为观止。在中国特色社会主义的发展历程中,要想使马克思主义在中国生根发芽,要想保持我们中国人的中华民族特性,必须传承中华优秀传统文化,坚定文化自信。习近平总书记指出:"文化自信是更基本、更深沉、更持久的力量。历史和现实都表明,一个抛弃了或者背叛了自己历史文化的民族,不仅不可能发展起来,而且很可能上演一场历史悲剧。"①由于产生和发展于存在着阶级剥削和压迫的旧社会,中国传统文化在孕育出大量思想瑰宝的同时也不可避免地会有一些腐朽落后的思想糟粕相伴而生。由此,运用去粗取精、去伪存真的思想方法对中国传统文化进行精华和糟粕的鉴辨就成为继承和发展中国传统文化的重要前提。何谓精华? 何谓糟粕? 在对中国传统文化的鉴辨中我们一定要坚持科学合理的评价标准。金忠严认为:"鉴辨的标准是立足时代条件和中国实际基础上的科学标准和价值标准。"②借鉴这种标准中国传统文化可以被分为三种情况:第一,思想精华,就是体现了科学性与价值性的统一。比如,中国传统文化中"形存则神存,形谢则神灭"的本体论思想,"祸兮福之所倚,福兮祸之所伏"的辩证思想,"知之为知之,不知为不知"的认识论等,在一定程度上体现出科学真理性,时至今日仍有较强的价值性,应该属于精华部分。第二,精华与糟粕并存,就是没能实现科学性与价值性的统一。比如,儒家倡导的"仁义礼智信"的道德要求,"民之所欲,天必从之"的人本思想以及《周易》中将自然物与人事进行类比的"六爻八卦"等,这些思想观念在某一方面具有一定的科学性或价值性,但从总体上说不具有科学性,需要我们加以批判继承,把其精华部分从封建的糟粕中解放出来。第三,封建糟粕,不具有科学性和价值性。比如,"三纲五常"的封建伦理观以及"男尊女卑"的大男子主义等。因此,我们要在精准辨识精华与糟粕的基础上,赋予传统文化精华以新的时代内涵,实现对中国传统文化的传承发展。

在文化创新发展中弘扬社会主旋律。中国革命的最大功绩就是结束了中华民族一百多年来任人欺凌的屈辱局面,迎来了人民当家作主的光明前景,使中国

① 习近平:《在哲学社会科学工作座谈会上的讲话》,人民出版社 2016 年版,第 17 页。
② 金忠严:《马克思主义与中国传统文化融合论》,河北人民出版社 2012 年版,第 82 页。

人民站起来了。只有建设好社会主义先进文化,我们国家才能牢牢把握意识形态的领导权,否则我们国家就很可能像苏联一样上演大国悲剧。建设社会主义先进文化,既需要把握好人类社会发展规律和社会主义建设规律,更需要认真审视和把握共产党执政规律,借鉴国际共产主义运动兴衰成败的经验教训。20世纪70年代以来,科技革命突飞猛进,世界发展日新月异,改革开放逐步成为我们国家社会主义新时期的显著特征。改革开放的历史洪流前所未有地加快了中国经济社会的发展进程。中国以迅雷不及掩耳之势成长为世界第二大经济体,并凭借着自身提供的科学方案和政治智慧日益走近世界舞台的中央,为构建"人类命运共同体"作出了前所未有的贡献。然而,我们依然要清醒地看到,中国经济社会"发展起来"以后比之前的问题更多,面临的挑战更加严峻,尤其需要我们沉着应对前进路上的诸多风险和考验。在此情况下,建设好中国特色社会主义文化,筑牢意识形态防线,坚定文化自信显得尤其重要。在推动改革创新的历史进程中,我们需要形成崇敬革命事业、崇拜民族英雄、传承红色革命文化的优良传统,让红色革命基因成为社会主义先进文化的主旋律。弘扬优秀传统文化,可以夯实我们的道德基石;弘扬革命文化,旨在唤醒广大民众爱党、爱国和爱社会主义的热情;弘扬社会主义先进文化,可以激发我们推动改革创新的蓬勃生机。新时代,面对各类思潮激荡交锋的复杂形势,在推进三种文化的融合发展中,我们的民众才能够更好地坚定中国特色社会主义的文化自信。

第九章 中国特色社会主义主体性彰显的基本内涵

　　中国特色社会主义,承载着几代中国共产党人的初心使命和理想探索,寄托着无数仁人志士的殷切期盼和美好夙愿,凝聚着亿万人民群众的艰苦奋斗和流血牺牲,是近代以来中国社会变革的必然选择,也是中国稳定发展的必由之路。归结起来,改革开放以来我们国家所取得的一切进步和成就的根本原因就在于我们开辟了一条具有中国特色的社会主义道路,并勠力同心把中国特色社会主义推进到主体性彰显的发展新时期。

　　在中国特色社会主义的发展进程中,必然会遇到守旧与创新、依附与自主的矛盾。在中国建设社会主义,既没有现成的书本公式可以遵循,也没有既成的模式可以照搬,因为照搬苏联模式给我们造成的伤害还历历在目,我们别无选择,只有根据中国国情在实践摸索中进行开创,建设具有中华民族特色的社会主义。在对中国特色社会主义"摸着石头过河"的探索进程中,我们党逐渐深刻地认识到:像改革开放以前那种封闭僵化的"老路"和一些别有用心的人士所鼓吹的民主社会主义等改旗易帜的"邪路"是不能走的,在中国也走不通。历史经验教训和实践探索启示我们,中国特色社会主义的建设发展内在要求我们要走自主创新之路。从邓小平提出"走自己的路,建设有中国特色的社会主义",到江泽民强调要把创新作为治国之道,再到胡锦涛所强调的"走中国特色自主创新道路","自主创新"贯穿于中国共产党人推进中国特色社会主义发展进步的全过程。新时代,习近平总书记多次强调不能照抄照搬别国的发展模式,他提出新发展理念,通过全面深化改革,不断拓展中国特色社会主义道路,使中国特色社会主义进入了主体性彰显的发展新时期。

　　与开创期和发展期不同,主体性彰显时期的中国特色社会主义有着自身独特的基本内涵。首先,中国特色社会主义更加注重内生性,更加关注本国的具体实际和人民群众的意愿和诉求。其次,中国特色社会主义更加注重自身的独立性,我们国家不会依附于任何外部势力,也不会接受任何外国颐指气使的说教。再次,我们更加考虑自身的基本国情,坚持中国自己的事情自己办。开创中国特色社会主义是党和人民的选择,自主发展的中国特色更加强调党的领导,更加关注人民的利益。最后,中国特色社会主义在当今世界越来越有引领性,中国特色社会主义的制度优势更加凸显,在解决全人类问题上,世界更加需要中国方案。总之,相比改革开放初期的中国特色社会主义开创期,新时代的中国社会主义再不是在别人背后亦步亦趋的"跟跑者",而是成为向全人类贡献中国智慧和中国方案的"引领者"。

一、中国特色社会主义的灵活性

灵活性是中国特色社会主义开创的初衷,也是中国特色社会主义进入自主发展期的重要内涵。长期以来,对封闭僵化社会主义模式的固守给党和人民带来了深重灾难,也使我们国家的社会主义发展遭遇困境。改革开放以后,正是基于我们指导思想日益富于灵活性,我们党才得以开创中国特色社会主义。在理论上,致力于回答"什么是社会主义,如何建设社会主义"根本问题的邓小平理论,回答"我们要建设一个什么样的党,怎样建设党"重要问题的"三个代表"重要思想以及要解决"实现什么样的发展,怎样发展"重大现实问题的科学发展观的相继提出,都是中国特色社会主义灵活性的生动体现。在实践上,从在打破人们对计划经济体制和市场经济体制的固有观念基础上发展社会主义市场经济体制,到走中国特色的新型工业化道路,从推动改革开放新的重要革命,到注重中国特色社会主义建设进程中"先富与后富""公平与效率""物质文明与精神文明"等一系列基本的矛盾双方的有机结合(被邓小平形象地称为"两手抓"),这些也都是中国特色社会主义灵活性的重要体现。党的十八大之后,以习近平同志为核心的党中央坚决反对照搬别国的固有发展模式,更加注重中国特色社会主义发展的灵活性,相继提出了"中国梦""五位一体""四个全面""新发展理念"等新思想新理念新战略,并在推动中国特色社会主义在社会实践中实现自主发展的基础上创立了习近平新时代中国特色社会主义思想。

（一）通过良性改革不断深化实践创新

实践创新是中国特色社会主义灵活性的内在要求。中国特色社会主义的开创使中国的社会主义建设事业迈上了新的征程。那么,在今后的中国特色社会主义发展过程中需要解决的根本问题是什么? 发展趋向是什么? 人民群众有什么新的期待? 中国共产党人在其中的职责和使命是什么? 维护和实现人民根本利益是中国共产党人的永恒追求,也是人民群众在中国特色社会主义建设时期的新期待,为此必须使我们党的理论创新进一步走向实践创新,真正把中国特色社会主义的最新理论成果切实付诸实践行动。在此过程中,中国共产党人的重要职责和使命,就是要进一步丰富和完善中国特色社会主义道路和中国特色社会主义理论体系,通过"摸着石头过河"的实践创新来真正深入贯彻落实中国特色社会主义建设所取得的理论成果。当然,这种创新必须是坚持社会主义基本原则基础上的创新,而不是要走向背离社会主义正确政治方向的改旗易帜的"邪路"。邓小平指出:"为了实现四个现代化,我们必须坚持社会主义道路,坚持无产阶级专政,坚持共产党的领导,坚持马列主义、毛泽东思想。每个共产党员,更不必说每个党的思想理论工作者,决不允许在这个根本立场上有丝毫动摇。如果动摇了这四项基本原则中的任何一项,那就动摇了整个社会主义事业,整个现代化建设事业。"①要言之,在坚持四项基本原则基础上的实践创新,是中国特色社会主义灵活性的内在要求。

良性改革是中国特色社会主义实践创新的价值趋向。变革现成的秩序规则,建立新的社会秩序,是社会发展的永恒主题。韩庆祥等认为,"所谓秩序,指的是人们遵循一定的事物发展规律,制定公正的做事规则和制度,形成合理的结构,并且以一定的组织自觉主动实现这样的规则、制度与结构,以使人们各司其职、各尽其能、各得其所、和谐相处,从而形成一种使人和社会得到全面发展、协调发展、持续发展的良性运转状态"②。而我们国家在发展中国特色社会主义的进程中恰恰需要人们各司其职、和谐相处,需要经济社会的全面协

---

① 《邓小平文选》第二卷,人民出版社1994年版,第173页。
② 韩庆祥等:《中国特色社会主义基本原理》,人民出版社2015年版,第301页。

调可持续运转。而要建构这样一种良好的社会秩序必须要通过实践创新或者说良性的社会改革来实现。为此，改革开放成为新时期最鲜明的特点，快速发展成为新时期最显著的成就，作为客观结果，发展成为中国特色社会主义的主题。总体来说，经过四十多年的改革和发展，我国呈现出良好的发展态势，但是这与我们要形成一种良性的改革和发展新秩序还有相当的距离。形成良性的改革和经济社会发展新秩序，是中国特色社会主义实践创新的根本价值趋向，也是其灵活性的重要体现。当然，我们也要清醒地认识到，尽管历经四十多年的改革开放的实践积累，推进良性改革也不会是一帆风顺的，因为我们已经进入改革开放的"深水期"，面临的也都是一些"难啃的硬骨头"，要想打破那些既得利益者所形成的利益固化的藩篱，没有超凡的勇气和毅力是难以成功的。

在中国特色社会主义实践创新中形成良性改革新秩序。对坚持辩证唯物主义和历史唯物主义方法论的中国共产党人来说，我们的灵活性从来都是和原则性相统一的。我们注重在深入研究人类社会发展一般规律、科学社会主义发展规律以及共产党执政规律的基础上，有组织、有秩序地推进旨在构建社会发展新秩序的良性改革。首先，在经济领域，我们在坚持四项基本原则的基础上推进经济体制改革，在稳步推进的实践创新中建立起社会主义市场经济体制。这种把根本政治制度的原则性与社会运行机制的灵活性有机统一起来的经济体制，有效地解决了解放和发展生产力，生产效率和社会公平等发展难题，激发了社会发展活力，使广大人民群众聚精会神搞建设，一心一意谋发展，使社会成员各尽其能、各得其所，共同为创造社会财富作贡献，最终使人民群众逐步富了起来并且在社会发展中受益，从而为我们国家的政治体制改革以及其他改革提供了群众基础和物质基础。党的十八大以来，以习近平同志为核心的党中央坚持新的发展理念，注重对不合理的经济结构进行战略性调整，实现发展方式的科学性转变，中国特色社会主义经济进入了良性发展的新常态。其次，在文化领域，我们在坚持社会主义核心价值体系基础上进行文化体制改革，着力建设社会主义文化强国，着力形成一种既解放思想又凝聚人心的共同思想基础和文化环境。新时代，习近平总书记尤其注重发挥文化建设对改革开放的重要推动作用，他认为，要"从我国改革发展的实践中挖掘新材料、发现新问题、提出新观点、构建新理论,加强对改革开放和社会主义现代化建设实践经验的系统总结"①。在此基础上,我们用解放思想以解决思想僵化问题,用凝聚人心的社会主义核心价值观解决思想分化问题,为实现"两个一百年"奋斗目标,推进经济体制改革和政治体制改革,提供了有力的道德支撑,奠定了坚实的思想基础。最后,在社会领域,我们国家依然是在坚持原则性与灵活性相统一的基础上进行社会管理体制改革。我们国家在注重民众素质和民主参与的统一中加强公民社会建设,在注重社会管理与公共服务的统一中提升社会治理能力和水平,推进治理体系和治理能力现代化。当然,在经济体制、文化体制、社会体制改革深入推进的基础上,当我们的市场力量、文化力量和社会力量形成强大合力的时候,我们国家就具备了改革传统政治结构的牢固基础,就能够逐步推进行政体制改革。可见,中国特色社会主义良性改革秩序在实践创新中的形成过程,就是中国特色社会主义灵活性充分体现的过程。

(二)在马克思主义指导下推进理论创新

始终坚持辩证唯物主义和历史唯物主义方法论。作为在马克思主义理论指导下建立起来并一步步成长壮大的无产阶级政党,学哲学、用哲学是中国共产党长期沿袭下来的优良传统。无论是在革命战争年代,还是在社会主义建设的探索过程中,抑或是改革开放的历史新时期,要想赢得相对优势、赢得战略主动、赢得未来的光明前景,我们党都必须把马克思主义作为自己的看家本领。中国特色社会主义新时代,习近平总书记深知马克思主义世界观和方法论对坚持发展中国特色社会主义的独特重要性,他指出:"在人类思想史上,就科学性、真理性、影响力、传播面而言,没有一种思想理论能达到马克思主义的高度,也没有一种学说能像马克思主义那样对世界产生了如此巨大的影响。这体现了马克思主义的巨大真理威力和强大生命力,表明马克思主义对人类认识世界、改造世界、推动社会进步仍然具有不可替代的作用。"②辩证唯物主义是马克思主义哲学的重要组成部分,是共产党人的世界观和方法论。学习辩证唯物主义,就是要坚持物质决定意识的原理,从客观实际出发来制定路线方针政策;就是要掌握唯物辩

---

① 《习近平谈治国理政》第二卷,外文出版社2017年版,第344页。
② 《习近平谈治国理政》第二卷,外文出版社2017年版,第65页。

证法这一根本方法,善于化解前进中遇到的矛盾和问题;就是要把握好认识和实践的辩证关系,不断推进实践基础上的理论创新。历史唯物主义也是马克思主义哲学的重要组成部分,是关于人类社会发展一般规律的科学。学习和运用历史唯物主义基本原理,就是要把握生产力和生产关系的矛盾运动,坚持人民群众是历史创造者的观点,掌握社会基本矛盾分析方法。习近平指出,马克思主义哲学深刻揭示了客观世界特别是人类社会发展一般规律,在当今时代依然有着强大的生命力,依然是指导我们共产党人前进的强大思想武器。[①] 新时代,只有坚持辩证唯物主义和历史唯物主义的世界观和方法论,才能把对中国特色社会主义基本规律的认识提升到新的水平,才能在推动社会发展的实践中推进理论创新。

不断推进马克思主义理论中国化的历史性飞跃。与时俱进是马克思主义的重要理论品质。相对于人们的传统社会主义观念,中国特色社会主义理论体系的开创就是重大的理论创新,因为它在新的历史起点上实现了马克思主义理论与中国具体实际的又一次结合,回答了"什么是社会主义,如何建设社会主义"这个重大的时代课题,实现了马克思主义理论中国化的历史性新飞跃。实践发展没有止境,理论创新也没有止境。在东欧剧变、苏联解体后的科学社会主义运动低潮期,在国内政治动乱余波未息的世纪之交,江泽民提出"三个代表"重要思想,回答了"建设一个什么样的党,怎样建设党"这一重大社会现实问题,实现了马克思主义中国化的又一次理论创新。新世纪新阶段,面对社会发展失衡所出现的一系列社会问题,胡锦涛提出了以人为本的科学发展观,回答了"实现什么样的发展,如何发展"这一重大问题,在新的历史条件下实现了马克思主义中国化的理论创新。党的十八大以后,在推动当今世界第二大经济体日益走近世界舞台中央的历史进程中,习近平立足新的历史方位,开创了习近平新时代中国特色社会主义思想。作为中国特色社会主义理论体系的最新的重要组成部分,习近平新时代中国特色社会主义思想进一步丰富发展了中国特色社会主义理论体系,在回答"什么是新时代中国特色社会主义,如何建设新时代中国特色社会主义"这一重大问题的基础上,实现了马克思主义中国化的又一次理论飞跃。

---

① 《习近平新时代中国特色社会主义思想学习纲要》,人民出版社 2019 年版,第 241 页。

这一新飞跃,基于习近平总书记站在"中国特色社会主义进入新时代且要实现强起来"的历史新方位所进行的深刻思考;根植于推进中国社会"整体转型升级"的历史性变革之中;聚焦于对新时代社会主要矛盾发生历史性转化的科学分析;形成于对以推进"四个伟大"为载体来实现中华民族伟大复兴历史使命的深刻认识和把握。正是坚持了马克思主义与时俱进的理论品质,我们党才能在推进马克思主义中国化的一次次历史性飞跃中不断推进理论创新。

理论创新催生马克思主义中国化时代化的最新版本。在思想理论的演进中,创新和继承从来都是一对矛盾统一体。思想不会是从石头缝中蹦出来的,它总是行走在特定的家族传统之中,是对特定理论体系的创新和发展。进入21世纪,世界和中国变化的剧烈程度、发展的速度都远远超出了马克思主义经典作家当年的憧憬和设想,与前几代中国共产党人所面临的国际国内形势也大相径庭。可以说,相对于今天的社会实践而言,过去理论中的有些论断已经不管用了,有的具体结论显然不能用了,有的命题确实是不够用了。党的十八大以来,在新的时代条件下,以习近平同志为核心的党中央坚持马克思列宁主义、毛泽东思想以及中国特色社会主义理论"与时俱进"的优良传统,以我们新的实践活动为中心,着眼于马克思主义理论的运用发展、着眼于问题导向,着眼于对新的实际问题的理论思考,创立了习近平新时代中国特色社会主义思想,说了很多马克思主义经典作家没有说过的"新话",开辟了21世纪马克思主义的新境界,有效地解决了理论"不够用""不能用""不管用"的时代难题。马克思主义从来不被看作是一个零散体系的堆砌,而是被公认为"有机的理论总体"。尽管习近平新时代中国特色社会主义思想自成体系、独具风格,但它也不是从天上掉下来的,依然归属于特定的"理论谱系",是马克思主义这个"有机的理论总体"的重要组成部分,他传承了马克思主义的理论传统、根本立场和价值导向,沿袭了中国特色社会主义理论体系的思想脉络,谱写出了中国特色社会主义理论体系的"新篇章",是马克思主义中国化时代化的"最新版本"。

(三)根据实际情况调整优化治国理政基本方略

具体问题具体分析是发展中国特色社会主义的方法论。面对"文化大革命"结束后中国社会的困顿落后局面,正是坚持具体问题具体分析的马克思主义方法论,邓小平才逐步厘清了社会主义的本质问题,开始基于本国的基本国情来建设社会主义,开辟出中国特色社会主义道路。如何快速发展经济?是沿袭过去的计划经济体制,还是立足实际另辟蹊径。善于进行具体问题具体分析的邓小平找到了一个巧妙的解决办法,这就是打破人们长期以来把计划经济等同于社会主义、把市场经济等同于资本主义的思维定式,立足中国具体实际,把市场经济引入我们的社会主义建设,逐步建立起社会主义市场经济体制。这一充满哲学智慧和理论勇气的发展理念一经结合社会实践就发挥出巨大的作用,我国社会迎来了经济快速发展的新时期。在判断一些改革开放政策和举措是否背离社会主义制度的重大问题上,邓小平也从具体问题具体分析的视角给予了睿智的回答,他指出,"姓'资'还是姓'社'的问题。判断的标准,应该主要看是否有利于发展社会主义社会的生产力,是否有利于增强社会主义国家的综合国力,是否有利于提高人民的生活水平"①。在此后的中国特色社会主义建设进程中,我们党也始终坚持具体问题具体分析的方法论。

生态问题凸显催生习近平生态文明思想。人和自然的关系是人类必须面对的最基本、最直接的关系。韩庆祥认为,"在农业文明时代,人与自然的交往是一体的、亲近的、感恩的、敬畏的。要想有好的收获,就必须善待土地。这种生产方式的弊端是缺乏摆脱自然束缚的自由。这无疑是不文明的,但其中包含的人与自然的和谐共存共生的理念,却又可以说是文明的"②。工业文明时代,人们凭借生产力水平的提高逐步摆脱了自然的束缚,提高了自身的生活质量,相比过去对自然依赖和受自然束缚的不自由状态,这无疑具有文明性。但与此同时,我们对自然的感恩和敬畏却被征服自然的豪情所取代,人们对自然的无休止掠夺和肆意破坏必然导致全球性生态危机,这又充分展示出工业社会不文明的一面。改革开放40多年来,伴随着我国经济的高速发展和社会现代化程度的提高,高耗能、高投入、高污染产能在国民经济中的比重日益增大,这种高环境代价的发展模式导致生态恶化事件多发,使我国的生态环境面临严峻形势。面对生态问题凸显的严峻局面,习近平总书记把生态文明提升为人类文明发展的新阶段,他指出:"生态文明是人类社会进步的重大成果。人类经历了原始文明、农业文

---

① 《邓小平文选》第三卷,人民出版社1993年版,第372页。
② 韩庆祥等:《读懂新时代》,中国方正出版社2018年版,第191页。

明、工业文明,生态文明是工业文明发展到一定阶段的产物,是实现人与自然和谐发展的新要求。"①正是对生态恶化问题的灵活应对才催生了具有明确问题导向的习近平生态文明思想。

部分民众长期不能脱贫催生习近平总书记关于精准扶贫的重要论述。党的十八大以来,面对一部分民众因各种原因长期不能脱贫的社会现状,习近平号召各级领导干部深入基层了解民众致贫原因,开展精准扶贫的伟大实践,全力打赢脱贫攻坚战,这是中华民族传承数千年的"民本"思想在当今时代条件下的延伸与发展,彰显着鲜明的民本旨向。习近平指出:"要坚持精准扶贫、精准脱贫,重在提高脱贫攻坚成效。关键是要找准路子、构建好的体制机制,在精准施策上出实招、在精准推进上下实功、在精准落地上见实效。"②为此,各级党员干部用心寻找致贫的经济因素和非经济因素,采取富有成效的实践举措,尽快帮助贫困个体走上致富道路。首先,要把"扶志"作为脱贫攻坚的关键抓手,激发贫困个体摆脱贫困的内生动力。在脱贫攻坚的语境下,"志"就是贫困地区和贫困个体通过奋斗来改变自身状态的一种精神。其次,创新脱贫攻坚机制,把"精准"性贯穿于其全过程。大力倡导践行我党注重调查研究的优良传统,不断优化扶贫对象的纳入、退出机制。再次,持续更新引领脱贫攻坚的发展理念。带领人民群众摆脱贫困,是中国共产党人与生俱来的历史责任。扶贫工作的持续性,既体现在长期坚持的物质帮扶,还体现在旨在改变贫困地区居民思想状况的精神帮扶,更体现在发展理念的跨越式转变。最后,强化脱贫攻坚的组织领导力度。决胜脱贫攻坚尤其需要加强党的领导,时刻不能弱化和忽视党的领导。

基于政治建设薄弱等问题中央要求加强党的政治建设。在党的十九大报告中,习近平总书记提出"以党的政治建设为统领""把党的政治建设摆在首位"等加强党的政治建设的新论断。党的二十大报告中持续强调要"坚持把政治标准放在首位""突出把好政治关、廉洁关"。可见,加强党的政治建设源自于对重大现实问题的回应和关切,是新时代党建不容回避的突出问题。首先,是解决党内现实问题的需要。当前面临的诸多突出问题,现实要求加强党的政治建设。如

---

① 《习近平总书记系列重要讲话读本》,人民出版社2014年版,第121页。
② 《习近平谈治国理政》第二卷,外文出版社2017年版,第84页。

形式主义、官僚主义易发多发;以权谋私、官商勾结时有出现;一些干部贪图个人享受,漠视群众利益;有些干部丧失理想信念,不信马列信奉鬼神;个别领导干部阳奉阴违,在党内搞分裂活动;有些干部对错误思潮缺乏应有的警惕性、辨别力,不能驾驭复杂的政治局面;一些地方党内和社会上潜规则盛行,好官被淘汰,劣官却屡屡升迁的现象时有发生;等等。其次,是应对复杂外部环境的需要。党所处的外部环境日益复杂,迫切要求加强党的建设。"四大考验"和"四大风险"的长期性、复杂性和严峻性,应对西方资产阶级的"新花招"、历史的"新考题"、脱贫攻坚的"硬骨头"以及历史虚无主义的"新外衣"等问题迫切要求加强党的政治建设。最后,是维护国家政治安全的需要。政治安全是国家安全的根本,其核心是政权安全、制度安全和政治合法性。市场经济滋生风险干扰政治安全,社会思潮泛滥冲击政治安全,政党精神懈怠瓦解政治安全。上述问题迫切需要我们党通过坚定社会主义方向,维护人民群众根本利益,提升政治能力等政治建设举措来实现党的全面领导和政治合法性,从而维护国家政治安全,推动社会政治发展。可见,新时代加强党的政治建设的重大举措也是中国特色社会主义灵活性的重要体现。

二、中国特色社会主义的自主性

自主性是中国特色社会主义进入主体性彰显时期日益凸显的重要特性,也是中国特色社会主义走向自主发展的应有之义。从内在属性上来看,自主性基本上可以等同于我们党经常强调的独立自主,它既是毛泽东思想活的灵魂,也是我们中国共产党的优良传统。自主性的核心就是要依靠自身的力量来解决面临的难题和应对外部挑战。人民群众是历史的创造者,把解决突出问题的立足点放在我们自己的广大人民群众身上,显然是历史唯物主义的必然要求。在中国特色社会主义发展进程中,只有依靠本国人民自力更生、艰苦奋斗,才能推进现代化建设事业的顺利发展。在革命战争年代,依靠独立自主,毛泽东领导中国共产党人找到了一条不同于俄国的"农村包围城市"革命道路,依靠独立自主,我们牢牢把握住对抗日民族统一战线的主导权,还是依靠独立自主,我们最终取得了新民主主义革命的胜利。在改革开放新时期,依靠独立自主,我们找到了一条具有中国特色的社会主义道路,引领中国人民富起来了。新时代,中国特色社会主义的自主性日益凸显,中国道路和中国方案在当今世界的吸引力逐步增强,我们国家日益走近世界舞台的中央。习近平总书记自信地指出:"中国特色社会主义道路、理论、制度、文化不断发展,拓展了发展中国家走向现代化的途径,给世界上那些既希望加快发展又希望保持自身独立性的国家和民族提供了全新选择,为解决人类问题贡献了中国智慧和中国方案。"①

(一)奉行独立自主,走好中国特色社会主义道路

坚持独立自主,邓小平开创了中国特色社会主义道路。改革开放初期,面对经济社会等诸多方面百废待兴的困顿局面,邓小平在苦苦思考中寻求打破中国发展困境的有效路径。无论是奉行封闭僵化的计划经济的苏联模式,还是贫富差距极为悬殊的西方资本主义市场经济模式,都被邓小平予以坚决否定。以全心全意为人民服务为宗旨的中国共产党人绝不能让人民群众再重蹈旧社会食不果腹、饱受欺凌的悲惨生活。经过深思熟虑的邓小平果断主张要坚持走好我们自己的社会主义道路,也就是立足中国实际的社会主义道路。邓小平指出:"中国搞资本主义不行,必须搞社会主义。如果不搞社会主义,而走资本主义道路,中国的混乱状态就不能结束,贫困落后的状态就不能改变。所以,我们多次重申,要坚持马克思主义,坚持走社会主义道路。但是,马克思主义必须是同中国实际相结合的马克思主义,社会主义必须是切合中国实际的有中国特色的社会主义。"②在邓小平引领下,中国共产党人开辟了中国特色社会主义道路,这是一条把经济社会发展的立足点放在我们人民群众自己身上的现代化道路,既不是对改革开放前计划经济道路的简单延续,也不是对西方资本主义道路的"嫁接移植",而是依据中国共产党人的宗旨和使命,结合现代化建设规律而开辟出来的一条全新道路。中国特色社会主义一经提出就显示出强大的生机活力,并取得了不错的经济社会成绩。对此,邓小平依然把坚持独立自主,走自己的路作为其最主要的成功经验,他指出,"中国革命的成功,是毛泽东同志把马克思列宁主义同中国的实际相结合,走自己的路。现在中国搞建设,也要把马克思列宁主

---

① 《党的十九大文件汇编》,党建读物出版社 2017 年版,第 7—8 页。
② 《邓小平文选》第三卷,人民出版社 1993 年版,第 63 页。

义同中国的实际相结合,走自己的路"①。

坚持独立自主,几代领导人牢牢把握住社会主义方向。中国特色社会主义道路的开创,为中国新时期的快速发展奠定了坚实的基础,但这绝不等同于我们从此就能够一劳永逸了。国内的激进派认为我们国家不应该固守社会主义的基本原则而应该像西方那样搞完全的市场经济。而国内的保守派则认为,我们国家允许民营经济发展和一部分人先富起来就是走上了资本主义的邪路。与此同时,西方资本主义国家亡我之心不死,他们利用西方价值观对我们国家进行"和平演变"的攻势从来没有停止过。20世纪80年代末90年代初,受东欧剧变和国内政治动乱的影响,我们党在中国特色坚持社会主义道路问题上出现了摇摆和动摇。在此重要的历史关头,邓小平斩钉截铁地指出:"不坚持社会主义,不改革开放,不发展经济,不改善人民生活,只能是死路一条。基本路线要管一百年,动摇不得。只有坚持这条路线,人民才会相信你,拥护你。谁要改变三中全会以来的路线、方针、政策,老百姓不答应,谁就会被打倒。"②东方风来满眼春,科学论断暖人心,在邓小平的坚持和推动下,我们党牢牢把握住了中国特色社会主义的正确方向。世纪之交,在加入世贸组织和申办奥运会等重大国际事件上,以江泽民同志为主要代表的中国共产党人始终把独立自主作为我们国家的基本立足点,绝不拿国家的自主性来进行利益交换,我们的坚定立场赢得了国际社会的认可和尊重,也顺利地把中国社会主义推向了21世纪。进入21世纪,面对非典型肺炎疫情、美国次贷危机等国内外重大事件,以胡锦涛同志为总书记的党中央从容应对,在坚定社会主义方向的基础上排除了各种干扰,确保了经济社会的稳定发展。

坚持独立自主,习近平奏响中国发展道路的时代强音。党的十八大以来,习近平总书记始终把独立自主作为发展新时代中国特色社会主义的基本原则,不仅确保了中国发展道路的社会主义方向,而且使中国特色社会主义道路越走越广阔,为世界上那些希望在发展中保持自身独立性的发展中国家提供了社会发展模式的全新选择。习近平指出,"独立自主是我们党从中国实际出发,依靠

①　《邓小平文选》第三卷,人民出版社1993年版,第95页。

②　《邓小平文选》第三卷,人民出版社1993年版,第370—371页。

党和人民力量进行革命、建设、改革的必然结论。不论过去、现在和将来,我们都要把国家和民族发展放在自己力量的基点上,坚持民族自尊心和自信心,坚定不移走自己的路"①。可见,走自己的路,实现"中国式现代化",是习近平为发展中国特色社会主义所奏响的时代强音。新时代"中国式现代化"道路不是改革开放前我们长期坚持的苏联模式的再版,不是一贯标榜"民主""自由"的西方模式的翻版,也不是发展中国家走现代化道路的模板。中国式现代化道路不是西方智库凭空杜撰、无偿奉送的"舶来品",它既没有迷信马克思主义经典作家书本上的教条,又没有曲意迎合某些西方大国的意志,也没有重蹈过去封闭僵化发展模式的覆辙。要言之,中国道路是在西方国家发展模式陷于困顿局面,而中国的现代化道路却取得了巨大发展成就的情况下,在许多无所适从的发展中国家面前浮现出来的蕴含中国智慧的社会主义现代化方案。这一方案消解了"文明冲突论",终结了"历史终结论",解构和更改了"崛起必战、国强必霸"的西方逻辑,向世界上绝大多数国家生动展现了一条不以牺牲自身文化、制度以及独立性为代价的、非西方式的现代化新道路。为此,习近平总书记在党的二十大报告中强调,要"推动构建人类命运共同体,创造人类文明新形态"②。显然,中国方案走向成功不仅奏响了走好自身发展道路的时代强音,而且标志着一种新型中国文明形态的出场,更是对世界文明多样性的有力捍卫。

(二)构建中国理论,在揭批各种错误思潮中坚定理论自信

在应对挑战中成长,中国特色社会主义理论具有自主性价值。改革开放以来,在我们国家引进国外资金、先进技术和现代化管理经验的同时,西方的极端个人主义、自由主义、拜金主义、享乐主义等腐朽没落价值观也接踵而来,给人民群众的思想认识带来了消极的负面影响。需要着重指出的是一些居心叵测的西方国家用他们所标榜的"自由、平等、博爱"的所谓"普世价值"以及"三权分立"民主政治模式对我们的根本政治制度发动攻击,煽动蛊惑人们对我们的社会主义政权进行攻击,企图达到使我们国家被"和平演变"的险恶目的。上述错误价值观念和带有明显政治意图的社会思潮给我们的意识形态工作带来了严峻挑

---

① 《十八大以来重要文献选编》(上),中央文献出版社 2014 年版,第 698—699 页。
② 《中国共产党第二十次全国代表大会文件汇编》,人民出版社 2022 年版,第 20 页。

战。要想牢牢把握意识形态工作领导权，我们党必须用科学的理论予以有力回击，这样才能在应对挑战中排除干扰，彰显中国特色社会主义理论的价值独立性和中国特色社会主义制度的优越性。习近平强调指出，"中国特色社会主义是实践、理论、制度紧密结合的，既把成功的实践上升为理论，又以正确的理论指导新的实践，还把实践中已见成效的方针政策及时上升为党和国家的制度"①。1978 年以来，我国经济社会发展的实践证明：中国特色社会主义理论是能够有效应对多种错误思潮挑战并解决中国问题的有效理论，是中国共产党人推进科学社会主义中国化和实现社会主义现代化的行动指南。具有独立价值的中国特色社会主义理论在实践上也具有强大的生机活力，社会主义在经济文化落后的中国上演跨越式发展的奇迹，既为世界社会主义运动的发展创造了有利条件，又为走社会主义道路的国家增强了必胜信心。中国特色社会主义理论还破除了世界各国对西方单一现代化发展道路的迷信，这是历史悠久的以"和"为核心理念的中国，以差异化发展模式为世界各国尤其是发展中家所提供的重要启示，它表明中国共产党能够以"和谐"方式推动中国社会快速发展，自然也能够为当今世界赢得发展空间。显然，从宽广的视域来看，在应对各种挑战的自主发展中成长壮大起来的中国特色社会主义理论既具有中国意义，还具有不可估量的世界意义，我们一定要坚定这种理论自信。

形成中国方案，中国特色社会主义理论自主性的显著标志。中华民族是一个善于进行经验总结的民族，丰富灿烂的中华优秀传统文化就是最好的例证。中国共产党是一个善于进行理论创新的政党，马克思主义中国化以及对中国优秀传统文化的创造性转化和创新性发展，就是我们党极具理论勇气的重大创新。在坚持和发展中国特色社会主义的进程中，中国共产党人一直在探寻马克思主义理论与中国具体实际的最佳结合点，以便在实践中能够不失时机地推进理论创新，甚至是促成理论飞跃。作为科学的世界观和方法论，马克思主义在公有制经济、社会主义制度、共产党的领导等诸多方面都有相关的理论阐释，这无疑能够为我们正确面对当今世界格局及未来发展趋势提供强大的思想引领和理论定力。作为当代中国的马克思主义，中国特色社会主义理论体系是立足中国基本

---

① 《习近平谈治国理政》第一卷，外文出版社 2018 年版，第 9 页。

国情,能够成功解决中国问题的马克思主义中国化最新理论成果,是构成中国方案的理论基础。韩庆祥认为,"中国方案,是一种以马克思主义为指导、具有社会主义性质、可以破解中国问题且指导中国实践的理论方案。"①可见,如果我们抽去了马克思主义及其中国化理论,就相当于抽掉了中国方案的坚实理论基础。新时代,习近平引领当今中国积极融入世界,力争用中华文化为全球治理作出更大的积极贡献,他指出,推动全球治理理念创新发展,发掘中华文化中积极的处世之道、治理理念同当今时代的共鸣点,努力为完善全球治理贡献中国智慧、中国力量。② 正是在马克思主义指导下对中国传统文化的创新性发展,当今中国才获得了强大的思想主动性、理论创造力和理论自信,并形成了具有普遍世界性意义的中国方案,充分体现出中国特色社会主义发展演进过程中自主性特征。

独立解决中国问题,坚定中国特色社会主义理论自信。习近平新时代中国特色社会主义思想,是当今世界处在和平与发展的时代主题下,科学社会主义运动处在调整发展时期,中国改革开放处在攻坚期和深水区所提出的马克思主义中国化最新理论成果。这一新时代理论是在吸收人类优秀成果基础上,立足中国国情、总结中国经验、反映中国实践、解决中国问题、促进中国成功的理论,这是一种优于各种社会思潮的科学理论,只有这一理论才能引领中国实现民族复兴的伟大使命。习近平新时代中国特色社会主义思想立意高远、内涵深刻,既继承前人的宝贵经验,又敢于突破陈规旧俗,不仅要把中国人民对美好生活的向往作为奋斗目标,还庄严承诺要为解决人类问题贡献中国智慧、提供中国方案,是面向全人类的 21 世纪马克思主义。具体来说,习近平新时代中国特色社会主义思想包括"民族复兴论""强国战略论""总体布局论""战略布局论""军民融合论""命运共同论""强大政党论"等。如"民族复兴论"揭示出中国人民和中国共产党人共同的奋斗目标;"总体布局论"找到了中国发展的总体框架和有效路径;"强大政党论"表明了我们要建设世界上最强大政党的决心。习近平新时代中国特色社会主义思想"是马克思主义中国化最新成果,是党和人民实践经验和集体智慧的结晶"③,可见,习近平新时代中国特色社会主义思想系统回答了

① 韩庆祥等:《读懂新时代》,中国方正出版社 2018 年版,第 229 页。
② 《习近平新时代中国特色社会主义思想学习纲要》,人民出版社 2019 年版,第 219 页。
③ 《党的十九大文件汇编》,党建读物出版社 2017 年版,第 14 页。

"新时代坚持和发展什么样的中国特色社会主义、怎样坚持和发展中国特色社会主义"重大现实问题,实现了对马克思主义的创造性发展。作为行动指南,习近平新时代中国特色社会主义思想能够指导我们独立解决中国问题,能够在社会发展中起到引导和"定向"作用,使人们愈加坚定中国特色社会主义理论自信。

(三)坚持客观事实,根据事情本身是非曲直确定立场和政策

侧重事实维度,是新时代中国特色社会主义的鲜明特点。"实事求是"是一个古老的中国概念。最早见之于《汉书·河间献王传》,原表述为"修学好古,实事求是",着重指做学问的诚实态度。从明清之际兴起的"实学"观点来看,"实事求是"就是指通过对事物本身的探索来发现规律和法则。在推进马克思主义中国化的进程中,毛泽东把"实事求是"与马克思主义"对具体情况作具体分析"的活的灵魂相结合提炼为指导中国革命的思想精髓。按照毛泽东对"实事求是"的哲学方法论解读,我们在改造客观世界的过程中,既不能从主观想象出发,也不能从抽象原则或本本出发,而应该从客观实际出发,按照客观事物的本来面目来认识事物,找出事物之间的固有规律,并依据客观规律来解决问题。此后,"实事求是"就发展为贯穿于马克思主义中国化理论成果的灵魂和精髓。新时代,进入自主发展期的中国特色社会主义更加注重"实事求是",坚决主张侧重事实维度来解决问题,充分彰显了中国特色社会主义的自主性。在国内地方政府政绩考核问题上,我们党扬弃了过去的唯 GDP 标准,把环境污染指数、生态文明建设、精准扶贫状况等也列为重要的考核内容。在国际事务上,我们坚决依据事情本身的是非曲直来表达鲜明立场和采取行动,决不接受任何外国颐指气使的说教。习近平指出:"我们要根据事情本身的是非曲直决定自己的立场和政策,秉持公道,伸张正义,尊重各国人民自主选择发展道路的权利,绝不把自己的意志强加于人,也绝不允许任何人把他们的意志强加于中国人民。我们要坚决维护国家主权、安全、发展利益,任何外国不要指望我们会拿自己的核心利益做交易,不要指望我们会吞下损害我国主权、安全、发展利益的苦果。"①在习近平总书记对"侧重事实维度"原则的坚持推动下,我们国家在国际上的立场

---

① 《习近平谈治国理政》第一卷,外文出版社 2018 年版,第 30 页。

和态度更加鲜明,中国特色社会主义的自主性得到充分彰显,我们在国际事务中的影响力也日益增强。

尊重多样性,推动不同文明在休戚与共中实现永继发展。决定一个国家影响力的真正力量,往往不在于经济或军事的力量,而在于文明的力量。历经磨难的中华民族之所以能够延续至今,主要源自中华文明所具有的强大文明伟力。新时代,我们把实现中华民族伟大复兴作为全国人民的最大梦想,那么这个伟大梦想能否真正实现,关键还要取决于我们的中华文明能否真正复兴,这既是人类社会的热切期盼,也是中华民族复兴的使命担当。只有占据道义的制高点,站在文明的最高处,我们才能够汲取世界文明一切有益成果,在原生文明的基础上实现文明转型,解决全球性问题,建设人类新文明。具有强大包容性是中华文明的独特优势,这一优势可以把各种类型文明的优秀因子加以黏合。"为天地立心,为生民立命,为往圣继绝学,为万世开太平"是中华文明素有的远大志向和优良传统。近代以来,随着欧风美雨的强势侵袭和马克思主义传入中国,尤其是在中国共产党领导下,经过 70 余年的再生特别是改革开放的培育滋养,还有党的十八大以来党的思想理论的完善发展,中华文明正发生着凤凰涅槃式的变化,堪称"中华新文明"。中华优秀传统文化是中华民族的思想根基和中华新文明的文化基因,中国革命文化和社会主义先进文化则是中华新文明的新鲜血液,这三者被称为中华新文化的母体,简称"中体"。马克思主义是解放全人类的思想武器,是中华新文明的精神指导和思想灵魂,简称"马魂"。由此"中体""马魂"称为学界所公认的中华新文明的精神特质。博采众长、美美与共是中华新文明的显著特点。习近平认为,"我们要促进和而不同、兼收并蓄的文明交流。人类文明多样性赋予这个世界姹紫嫣红的色彩,多样带来交流,交流孕育融合,融合产生进步"①。为此,我们坚决反对某些西方国家炮制的"西方中心论"和"文明冲突论",在尊重文明多样性中培育中华新文明,推动不同文明在休戚与共中实现永继发展。

制度性话语权,维护当今世界公平正义的中国声音。新时代,是中国特色社会主义实现自主发展的时代,也是能够充分彰显其自主性的时代。彰显自主性

---

① 《习近平谈治国理政》第二卷,外文出版社 2017 年版,第 524 页。

需要尊重客观事实,需要尊重世界的多样性,更需要夺取制度性话语权,发出维护世界公平正义的中国声音。信息化时代,话语权对一个国家至关重要,因为其话语体系的国际化水平决定其世界影响力。然而,从整体上来看,当今世界依然是西方话语体系的天下,只有善于应对西方话语暴力,用慧眼识破西方话语陷阱,我们才能打破西方话语权,发出中国声音。所谓话语暴力就是话语中隐含的暴力行为,表现为"恶言恶语",意在扰乱视听进而打压对方。习近平总书记对打破西方话语权,夺取我们的制度性话语权高度重视,他从维护中国特色社会主义独立性和民族复兴的高度强调了发出中国声音的重要性。习近平指出:"人类历史上,没有一个民族、没有一个国家可以通过依赖外部力量、跟在他人后面亦步亦趋实现强大和振兴。那样做的结果,不是必然遭遇失败,就是必然成为他人的附庸。"①

三、中国特色社会主义的整体性

对于坚持马克思主义指导的中国共产党人来说,马克思主义哲学就是我们最高层次的方法论,是我们在认识世界、改造世界和创造未来理想世界的活动中所遵循的基本规范和准则。作为系统化理论化的世界观,马克思主义哲学以整体性为重要的本质特征。所谓整体性,就是系统中的事物以及事物内部诸多要素作为一个相互联系的整体而起作用。整体性还体现为作为一个整体的系统具有它的每个要素都不单独具有的性质和功能。马克思主义的整体性要求我们在实践活动中坚持全面的观点,而不是孤立静止的观点。中国特色社会主义新时代,习近平总书记提出了创新、协调、绿色、开放、共享的新发展理念用以全面完善推进中国特色社会主义的科学发展;提出全面建成小康社会、全面深化改革、全面依法治国、全面从严治党的战略布局用以从整体战略上推进中国特色社会主义自主发展;提出经济建设、政治建设、文化建设、社会建设和生态文明建设整体推进的整体布局用以实现中国特色社会主义的全面发展。这些从全面着眼的治国理政新理念改变了改革开放初期偏重某一方面而导致其对立方面在客观上

---

① 《习近平谈治国理政》第一卷,外文出版社 2018 年版,第 29 页。

被忽视的重点推进战略,实现了重点论与两点论的有机统一。可见,新的发展理念、战略布局和整体布局的提出,突出了中国特色社会主义的整体性和独立性,是中国特色社会主义进入主体性彰显时期的显著特点和必然选择。

(一)从历史对比视角阐释新发展理念的整体性

新时代,习近平从中国特色社会主义的整体性高度来看待发展理念问题,他认为,"理念是行动的先导,一定的发展实践都是由一定的发展理念来引领的。发展理念是否对头,从根本上决定着发展成效乃至成败"①。由此,习近平在总结以往发展经验和教训的基础上提出要坚持"创新、协调、绿色、开放、共享"的新发展理念。

创新是引领当代中国发展的第一动力。创新是涉及人与自然、人与社会环境关系的重大问题,其主要内涵是指从无到有、从旧到新、从低级到高级的质的发展或飞跃过程。长期以来,我们在创新方面意识不强、重视不够、行动滞后,这导致我们国家的很多产品数量增长大而质量提升小、原料投入高而科技含量低、规模扩张快而效益增长慢。由于创新程度不高,即便是工业产值达到了全世界四分之一,我们还算不上制造业强国。新时代,我们越来越认识到创新才是影响我国经济发展全局的"牛鼻子",是引领我国发展的第一动力,是能够解决我国发展的"虚胖"状况,进而使我们由"大国"迈向"强国"的关键。习近平强调指出,"虽然我国经济总量跃居世界第二,但大而不强、臃肿虚胖体弱问题相当突出,主要体现在创新能力不强,这是我国这个经济大块头的'阿喀琉斯之踵'。通过创新引领和驱动发展已经成为我国发展的迫切要求。"②

协调是引领当代中国发展的制胜法宝。协调是涉及人与人、社会生产各部门和各要素之间关系的重大问题,其主要内涵是指经济社会发展的整体性、全面性、平衡性。由于近代中国历史发展和新中国成立以来尤其是改革开放以来的政策引导等方面的原因,我国经济社会发展不协调问题突出。作为帝国主义侵略和自然地理位置的伴生物,东南沿海发展较快、中西部地区发展滞后的区域发展不协调问题由来已久,当然我们改革开放初期的对外开放政策也在一定程度

---

① 《习近平谈治国理政》第二卷,外文出版社2017年版,第197页。
② 《十八大以来重要文献选编》(下),中央文献出版社2018年版,第159页。

上加剧了这一问题。城乡发展不协调问题虽然也是一个老问题,但更是一个新问题。从历史方面来讲,几千年的封建社会一直存在着城乡发展不协调问题,但新中国成立以来的农业支持工业发展政策和城乡二元化结构则是当代中国城乡发展不协调的根本原因。此外,我们国家在行业、部门、发展和安全等诸多方面也存在着不协调的情况。对此,习近平总书记有着深刻的认识,他指出:"我国正处于由中等收入国家向高收入国家迈进的阶段,国际经验表明,这个阶段是各种矛盾集中爆发的时期,发展不协调、存在诸多短板也是难免的。协调发展,就要找出短板,在补齐短板上多用力,通过补齐短板挖掘发展潜力、增强发展后劲。"①此后,协调发展成为引领当代中国发展的制胜法宝。

绿色是引领当代中国发展的关键支点。绿色主要是涉及人与自然之间关系的重大问题,其主要内涵是指经济发展的质量、形态和支点。人类社会的发展活动必须尊重自然、顺应自然、保护自然,否则就会遭到大自然的报复,这是人们无法抗拒的客观规律。针对工业革命时代,人们对自然界的严重破坏,恩格斯发出了严厉的警示,他指出:"我们不要过分陶醉于我们人类对自然界的胜利。对于每一次这样的胜利,自然界都对我们进行报复。"②改革开放初期,我们把快速发展经济作为首要任务,没有充分考虑资源的有限性和生态环境问题。这种粗放型的发展方式造成了自然资源的大量浪费也给生态环境造成严重污染,人民群众的健康也因此受到严重的威胁。在全面深化改革开放进程中,我们终于逐渐体会到,破坏生态环境的发展不是高质量、高形态的发展,而是低层级、低形态的发展。以人为本的科学发展应该是高层次、高形态、高质量的绿色发展。新时代,习近平高度重视绿色发展,他指出:"我们要坚持节约资源和保护环境的基本国策,像保护眼睛一样保护生态环境,像对待生命一样对待生态环境,推动形成绿色发展方式和生活方式,协同推进人民富裕、国家强盛、中国美丽。"③可见,绿色发展是引领当代中国发展不可或缺的关键支点。

开放是引领当代中国发展的基本途径。开放主要是涉及中国与外部世界之间关系的重大问题,其主要内涵是指经济全球化背景下的国家、民族和社会的发

---

① 《十八大以来重要文献选编》(下),中央文献出版社 2018 年版,第 161—162 页。
② 《马克思恩格斯选集》第 4 卷,人民出版社 1995 年版,第 383 页。
③ 《十八大以来重要文献选编》(下),中央文献出版社 2018 年版,第 165 页。

展空间,它要求我们党在互利共赢理念引领下注重内外联动和积极参与全球治理,构建广泛的利益共同体。党的十一届三中全会以来,中国经济发展所取得的巨大成就和社会领域所发生的深刻变革,充分说明了对外开放对中国的独特重要性。中国需要融入并顺应世界发展潮流,而不是脱离世界的发展轨道,只有积极融入世界发展潮流之中,我们才能拓宽自身的发展空间,才能为世界的发展作出更大的贡献。当今世界正处于一个深度交融的时代,对于历经40多年改革开放进程的中国来说,如何用科学的开放理念进一步为全面深化改革提供精神指引,推动新时代中国特色社会主义实现跨越式发展是需要迫切解决的重要课题。习近平指出:"现在的问题不是要不要对外开放,而是如何提高对外开放的质量和发展的内外联动性。"①因此,在开放理念引领下构建全面共赢的开放新格局,是为发展中国特色社会主义营造良好国内外环境的基本途径。

共享是引领当代中国发展的根本目标。共享主要是涉及人民群众与社会发展成果之间关系的重大问题,其主要内涵是指要使人民群众都能够具有社会发展成果的享有权,而不是像阶级社会那样只有统治阶级才能享有社会发展成果。回顾历史和现实,探究人民群众不能共享社会发展成果的原因,主要是由阶级剥削社会的劳动异化所造成的,其主要表现为创造社会财富的广大劳动人民不占有社会财富,而少数统治阶级支配着社会的绝大部分社会资源。当然,我们在新中国成立初期以工业化为国家中心任务的发展理念所引导确定的社会资源配置比例关系也会影响人民群众对社会发展成果的享有。应当说,发展成果在保证社会扩大再生产的基础上用来为全体人民共享才是正途。尤其是我国在历经几十年改革开放而相对发展起来以后,更应该使发展成果由我们的全体人民共享。习近平总书记强调:"落实共享发展是一门大学问,要做好从顶层设计到'最后一公里'落地的工作,在实践中不断取得新成效。"②新时代,我们党确立了以人民为中心的发展思想,社会发展的成果既要用来扩大再生产,但更为主要的是要使发展成果由全体人民共享。

(二)从根本机制透视中国特色社会主义战略布局的整体性

三大根本机制是实现发展目标的基本方略。机制是根本规律能够在制度体

---

① 《习近平谈治国理政》第二卷,外文出版社2017年版,第199页。
② 《十八大以来重要文献选编》(下),中央文献出版社2018年版,第171页。

制政策等方面得以转化应用的中间媒介,是制度规范、运行体制、政策举措的内在机理。在客观事物中,都存在着动力、治理和协同三大根本机制,分别对应作用于要素、路径和目标三个层面。作为根本规律的具体实现形式,这三大机制在自然界、人类社会和人的精神世界中普遍存在,并发挥着驱动、调整和平衡的作用,是实现发展目标的基本方略。动力机制体现为社会活力,就是指由社会发展的基本要素所构成的动力系统及其作用机理和方式。治理机制是指用以整合社会要素来实现预定目标的作用机理和方式。协同机制是指保持社会各领域、各部分以及各种要素之间和谐、平衡的机理和方式。无论是人类社会发展规律,还是共产党执政规律,都蕴含着三大根本机制。人类社会发展规律,实际上就是生产力和生产关系、经济基础和上层建筑矛盾运动的规律。当生产关系适应生产力、上层建筑适应经济基础的发展状况时,社会发展就有动力和活力,也能够达到和谐与平衡。反之,当这两对关系不相适应的时候,社会就缺乏驱动力,也就更谈不上和谐、平衡。政治上层建筑中的国家治理体系和治理能力相对滞后,是新时代面临的突出问题,这导致社会的分配正义有所缺失,从而给社会生产力的进一步发展带来阻碍。于是,推进治理体系和治理能力现代化就成为新时代面临的迫切任务。

习近平总书记善于运用三大根本机制来分析国内外问题。三大根本机制是一种具有普遍性的重要分析框架,可以用来分析、解读许多重大社会现实问题,无论是国内经济社会发展状况,还是世界发展大势都概莫能外。在 2017 年的世界达沃斯经济论坛上,习近平总书记就运用这一分析框架深度解读了当今世界发展的总体状况。习近平指出:世界经济长期低迷,贫富差距、南北差距问题更加突出。究其根源,是经济领域三大突出矛盾没有得到有效解决。一是全球增长动能不足,难以支撑世界经济持续稳定增长。二是全球经济治理滞后,难以适应世界经济新变化。三是全球发展失衡,难以满足人们对美好生活的期待。①既注重把脉世界经济形势,更善于统筹国内经济社会发展是习近平总书记治国理政的显著特点。新时代,面对中国特色社会主义发展现状,习近平总书记善于运用哲学思维来思考问题,尤其是重视运用三个根本机制的分析框架来统筹谋

---

① 《习近平谈治国理政》第二卷,外文出版社 2017 年版,第 479—480 页。

划中国特色社会主义战略布局的整体性问题。习近平指出："在经济发展水平落后的情况下，一段时间的主要任务是要跑得快，但跑过一定路程后，就要注意调整关系，注重发展的整体效能，否则'木桶效应'就会愈加显现，一系列社会矛盾会不断加深。为此，我们必须牢牢把握中国特色社会主义事业总体布局，正确处理发展中的重大关系，不断增强发展整体性。"①在此基础上，习近平总书记从中国特色社会主义的整体性出发，从要素、路径和目标三个层面入手，提出全面深化改革、全面依法治国、全面从严治党和全面建成小康社会四个全面整体布局，凸显出中国特色社会主义的整体性特征。

全面深化改革关键在于完善中国特色社会主义的动力机制。四十多年的改革开放所面临的问题和困难集中起来，主要是解决"发展的问题"，就是要解放和发展社会生产力。四十多年之后，也就是在我国发展起来以后的全面深化改革，则是要在继续推动经济社会发展的基础上，更好地解决新时代面临的各种突出问题，更好地为各项事业全面发展提供驱动力，更好地发展中国特色社会主义。从动力机制的视角来看，四十多年前开启的改革开放以激发人的利益动力为着力点，而新时代的全面深化改革，则是要通过破除利益固化藩篱和体制机制弊端来激发人们投身改革的新动力。破除几十年所形成的固化利益和体制弊端，不仅需要冲破思想观念的障碍，还需要从大局出发考虑问题，为动力机制的形成创造主客观条件。习近平指出："全面深化改革需要加强顶层设计和整体谋划，加强各项改革的关联性、系统性、可行性研究。我们讲胆子要大、步子要稳，其中步子要稳就是要统筹考虑、全面论证、科学决策。"②

全面依法治国和全面从严治党是优化治理机制的必然要求。小智治事，大智治制。在全面建成小康社会的中国特色社会主义新时代，国内治理体系和治理能力相对滞后，全球治理体系变革的呼声也越来越强烈，优化治理体制成为大势所趋。优化治理体制的核心路径是要全面推进国家治理体系和治理能力的现代化，但是党的全面领导和强有力的法治保障也是不可或缺的重要方面。中国共产党的领导是中国特色社会主义制度的最大优势，要深化政党治理，既要确保

---

① 《习近平谈治国理政》第二卷，外文出版社 2017 年版，第 198 页。
② 《习近平谈治国理政》第一卷，外文出版社 2018 年版，第 88 页。

我们党永葆政治本色,推进全面从严治党,又要发挥党政主导力量,提升我们党治国理政的能力和水平。治党务必从严,从严必依法度。可见,无论是治党还是治国,都需要用法治来维护社会的公平正义。

全面建成小康社会是中国特色社会主义协同机制的必然要求。以人为本是中国共产党的根本立场与核心价值观,在中国特色社会主义新时代,我们党强调以人民为中心,就是要把实现人的全面发展作为最高价值目标。在社会实践中就是要牢牢扭住"让人民群众过上好日子"这个具体目标,就是要通过"精准扶贫"和"乡村振兴战略"等有效抓手,把国家的改革发展成就转化为人民群众的满意度和获得感,建成可持续发展的全面小康社会。当然,在全面建成小康社会的过程中,我们需要协调平衡区域之间、城乡之间、行业之间等不同层面的价值诉求和利益关切,在充分发挥协同机制的基础上,使社会发展成果能够真正让全体人民共享,在统筹推进四个全面战略布局的过程中充分彰显中国特色社会主义的整体性特征。

(三)基于问题导向看社会主义总体布局的整体性

坚持问题导向是马克思主义的鲜明特点,习近平曾指出,"每个时代总有属于它自己的问题,只要科学地认识、准确地把握、正确地解决这些问题,就能够把我们的社会不断推向前进"①。注重问题意识是中国特色社会主义理论创新与实践成功的最基本经验。中国特色社会主义新时代,习近平反复强调"要具有强烈的问题意识""必须坚持问题导向"②,鲜明的问题导向、强烈而又自觉的问题意识是习近平新时代中国特色社会主义思想形成的基础要素和关键支点,也是其进一步丰富发展的根本保障。所谓问题意识或问题导向,就是要抓住一定时期的首要任务、根本问题或者说主要矛盾。主要任务蕴含于根本问题之中,而根本问题又存在于主要矛盾之中。有什么样的主要矛盾,就会产生与之相适应的根本问题;而有什么样的根本问题,就会产生与之相适应的首要任务。新时代,在推进中国特色社会主义的进程中,根据社会中所涌现出的一系列矛盾和问题,习近平以鲜明的问题意识把统筹推进中国特色社会主义经济建设、政治建

---

① 《习近平新时代中国特色社会主义思想学习纲要》,人民出版社 2019 年版,第 248 页。
② 《中国共产党第二十次全国代表大会文件汇编》,人民出版社 2022 年版,第 17 页。

设、文化建设、社会建设和生态文明建设的"五位一体总体布局"作为首要任务,凸显出中国特色社会主义的整体性特点。

以创新能力为导向,把提质增效作为经济建设的中心工作。创新能力决定经济建设的质量和效益。历经几十年的改革开放,我国的经济建设取得了巨大成就,经济增长也从改革开放初期的快速增长期进入了减速换挡期和发展动力转换期。传统增长动力持续减弱,新的创新动能不足逐渐成为这一时期我国经济发展的新常态,也是我国经济发展进程中的主要矛盾,能否有效解决这一矛盾直接影响着经济质量和效益的提高。为了适应、把握和引领我国经济发展的新常态,推动我国经济持续健康发展,必须坚持问题意识和目标导向,激发人的创新能力和活力,着力解决制约经济发展的主要矛盾和根本问题。显然,培育和激发创新能力已经成为新时代中国经济建设需要解决的根本问题和开展的中心工作,也就是要实现对人为物役的超越进而走向人的自主创新。培育自主创新能力,关键是要实现从要素驱动、投资规模驱动向创新驱动的转变,同时还要注重解决社会流动机制问题。如果全社会能够形成一种凭业绩立足、靠本事吃饭的能力本位的社会流动机制,那么就会很容易激发社会的创新能力,进而实现我国经济的提质增效。

以政治认同为导向,把增强道路自信作为政治建设的首要任务。政治认同决定中国特色社会主义民主政治道路的凝聚力和吸引力。由于在现代化的进程中抢得先机,西方资本主义国家成为近代社会率先发展起来的国家,近代社会的制度、规则和秩序自然也就被打上了西方国家的烙印。西方国家的强势地位在政治制度方面尤为明显,西方的民主政治模式一度被认为"普世模式",在许多国家广受推崇。作为迈向现代化进程相对较晚的国家,我们应该清醒地认识到,由于中西方在局域空间和历史时序的差异,我们可以借鉴西方民主法治中的合理因素,但不能也完全没有必要照搬西方的发展模式。因为在局域空间上有一个地理差异性问题,在历史时间上有一个发展秩序和与时俱进的问题。所以,我们应该在借鉴吸收人类现代化经验的基础上,走好具有中国特色的社会主义道路,尤其是坚持党的领导、人民当家作主和依法治国有机统一的民主政治发展道路。当然,受历史传统和治理习惯的影响,我们国家的民主政治道路,长远目标有余而阶段目标不足,总体框架有余而具体方略不足。这就需要我们党不断细化和完善中国民主政治建设的具体方略和操作策略,不断提升人民群众的政治认同进而使他们增强中国特色社会主义的道路自信。

以思想共识为导向,把培育核心价值观作为文化建设的根本问题。核心价值观是一个社会的整体价值取向和思想共识。当今我国文化建设存在的突出问题,就是实现民族复兴大任对凝心聚力的共识需求与部分民众思想分化的矛盾。当务之急就是要通过增强大众层面对社会主义核心价值观的认知和认同问题来着力解决民众的思想分化问题。一方面要清醒地认识到极端"左右思维"对中国特色社会主义事业的干扰和危害,用辩证思维化解各种矛盾和分歧,牢固树立"四个意识"的政治导向,坚定中国特色社会主义"四个自信";另一方面要在对立中寻求统一,探寻人民群众利益需求的最大公约数,把社会主义核心价值观作为最大共识,引导人们坚定中国特色社会主义共同理想,自觉维护国家富强、民族振兴和人民幸福的共同利益,把人民群众的聪明才智凝聚到实现民族复兴的伟大目标上来。凝聚思想共识具有重大的理论与实践意义,既有助于创立具有原创性、标志性的"中国理论",避免在理论上的无畏争斗,又能够在实践上明确中国特色社会主义的优越性,有助于引领人民群众坚定不移地走中国特色社会主义道路,自觉规避封闭僵化的老路和改旗易帜的邪路。

以利益共享为导向,把满足民生需要作为社会建设的首要任务。以人为本是马克思主义的根本立场,时刻关注民生需求是社会主义社会的根本价值取向。尽管社会主义的根本目标是维护人民根本利益,但是国家的发展目标却存在着一定的秩序和历史逻辑,历史发展到什么程度,发展目标才能设定到什么程度。马克思指出:"忧心忡忡的、贫穷的人对最美丽的景色都没有什么感觉。"①一定的历史阶段只能提出自己所能够完成的任务。为此,我们也要根据自身经济社会发展的水平和条件,来循序渐进地满足民生需要。比如,民生和民主两大问题就应该有一个解决的顺序问题。"肚子"问题还没有解决好就急于去解决"嘴巴"问题,一些不如意者就会张开"嘴巴"大骂"肚子"还没有吃饱的社会现实问题,这种思路往往会导致适得其反的结果,很有可能引发社会动乱。当然,这绝不意味着我国在经济社会发展水平较低的时候不能讲民主,而是要在解决好民

---

① 《马克思恩格斯文集》第 1 卷,人民出版社 2009 年版,第 192 页。

生问题的基础上去推进民主。民生是人心,民生是政治,民生是社会主义本质的重要体现。"蛋糕"能不能分好是社会建设领域的根本问题。谋民生之利、解百姓之困,让人民群众共享改革发展成果,是新时代社会建设领域需要解决的首要任务。

以人民健康为导向,把绿色发展作为生态文明建设的基本目标。良好的生态环境是人民健康的根本保障,是最普惠的民生福祉。作为人类文明的新阶段,生态文明是对工业文明的扬弃,其核心理念是要把自然作为具有生命、权利和价值的共同体,以绿色发展为基本目标,实现人与自然的和谐共生、共同发展。

人民群众是中国共产党的执政基础,为人民服务,一切为了群众,一切依靠群众,以人民群众为中心,是我们党的执政理念和根本宗旨。实现建设现代化强国的伟大目标,意味着人们会增加多样化的需求,这无疑会给我国的资源和环境带来严峻的挑战。随之而来的,就是人们对良好生态环境的迫切需要与资源和环境难以承受人们的多样化需求之间的矛盾。要解决这一矛盾,从根本上来说就是要转变生产方式、思维方式、生活方式、消费方式,树立绿色发展思维,推进形成绿色的发展方式和生活方式、消费方式。党的十八大以来,习近平总书记坚持以人民健康为导向,把推进绿色发展作为新时代生态文明建设的基本目标,他指出,"坚决摒弃损害甚至破坏生态环境的发展模式,坚决摒弃以牺牲生态环境换取一时一地经济增长的做法,让良好生态环境成为人民生活的增长点、成为经济社会持续健康发展的支撑点、成为展现我国良好形象的发力点,让中华大地天更蓝、山更绿、水更清、环境更优美"①。

四、中国特色社会主义的引领性

历经改革开放四十多年的快速发展,中国社会进入了一个已经取得巨大历史性成就并正处于重大历史性变革的崭新时代。中国特色社会主义新时代,是我国发展起来从大国成为强国的时代。与此同时,中国特色社会主义也进入独立性、灵活性日益增强的主体性彰显时期,更加独立自主地处理国内外事务成为

---

① 《习近平谈治国理政》第二卷,外文出版社 2017 年版,第 395 页。

我们的显著特点。当然,中国特色社会主义进入主体性彰显时期不是我们自身的主观判断,而是有着鲜明的客观标志。首先,我们走出了一条适合中国自身状况的政治发展道路,这条能够使国家长治久安、人民富裕幸福的康庄大道曾被誉为"中国模式",也就是党的二十大所强调的"中国式现代化"。其次,中国特色社会主义制度的"集中力量办大事"优势得到充分彰显,社会主义制度的优越性在比较中得到凸显。在 2020 年的新冠疫情中,我们用十天时间就建成了能够容纳一千张病床的火神山医院,用两个月左右的时间就使疫情蔓延的形势得到有效控制。制度的优劣在对待人民生命的重视程度中得到检验。最后,中国打破了西方对现代化解释权的长期垄断,提出了一种全新的现代化方案,这种旨在构建"人类命运共同体"的普惠方案获得世界上越来越多国家的认可和欢迎,日益发挥出重要的价值引领作用。总体来说,中国特色社会主义在当今世界越来越具有引领性,中国所倡导的现代化模式越来越受到欢迎和推崇,中国特色社会主义的制度优势更加凸显,在解决全人类问题上,世界更加需要普惠共赢的中国方案。

(一)实现中国经济快速发展与社会长期稳定相统一的道路引领

在改革开放的进程中,既善于吸纳中国传统文化思想精华,又注重坚持马克思主义指导的中国共产党人在"摸着石头过河"的探索中逐步形成了具有中国特色的社会主义发展模式。正是基于中国发展道路的显著成就,习近平总书记强调指出,"经过十八大以来在理论和实践上的创新突破,我们党成功推进和拓展了中国式现代化"①。伴随着中国经济社会的快速发展以及西方资本主义社会各种矛盾和问题的凸显,中国特色社会主义道路的引领性也在诸多方面得以显现。

历史性成就展现中国发展道路的科学性和生命力。改革开放之后,尤其是进入 21 世纪以来,中国经济持续快速发展,有力推动了世界经济的稳定发展。习近平总书记在十九大报告中谈到五年来我国经济发展成就时指出,"经济保持中高速增长,在世界主要国家中名列前茅,国内生产总值从五十四万亿元增长

———————————

① 《中国共产党第二十次全国代表大会文件汇编》,人民出版社 2022 年版,第 18 页。

到八十万亿元,稳居世界第二,对世界经济增长贡献率超过百分之三十"①。回顾改革开放四十多年的发展历程,中国经济可以说是经历了无数次跨越式发展,才逐步成为现在的世界第二大经济体。1978 年我国在全球经济中所占的份额仅为 1.8%,到 2000 年提高到了 3.7%。此后,我国又进一步提升了经济发展速度,2010 年中国 GDP 总量超越日本成为世界第二大经济体,2014 年我国经济在世界经济占比进一步提高到 13.3%,比我们刚进入 21 世纪时提高了近 10 个百分点。2019 年我们的国内生产总值达到 92.7 万亿元,已经接近日本的 3 倍。面对新冠疫情影响,2022 年我们的国内生产总值依然逆势增长,达到 121 万亿元。当今世界是一个开放的世界,更是一个普遍联系的世界。中国经济的快速发展也为世界各国和许多地区提供了巨大的市场。一方面,由于长期的经济稳步增长,中国国内的进口需求十分旺盛,一度成为全球奢侈品消费的最大"金主"。中国的巨额进口为世界各国创造了大量的就业机会。另一方面,随着"中国制造"能力和水平的大幅度提升,我们国家有效地增加了物美价廉的商品和优质服务的供给,这些质优价廉的中国商品,受到了全世界消费者的青睐和欢迎,使他们得到了看得见的实惠。此外,中国日益增长的对外投资和巨额的外汇储备成为世界经济稳定增长的重要因素。据国家外管局公布的数据,2018 年底中国外汇储备 30727 亿美元,稳居世界第一位。

显著性特点彰显中国发展道路的独特性和吸引力。当今世界,中国特色社会主义发展道路的独特性和吸引力得到了绝大多数人的肯定和认同。张维为认为,"中国模式主要有八个特点,即实践理性、强势政府、稳定优先、民生为大、渐进改革、顺序差异、混合经济、对外开放"②。韩庆祥认为,中国特色社会主义道路具有独特优势,即"注重从客观实际出发,不浮漂;注重'一元主导',不改旗;注重'二基结合',不摇摆;注重'自主创新',不懈怠;注重原则性与灵活性的统一,不僵化;始终以经济建设为中心,不折腾;始终以实现中国梦为战略目标,不迷失"③。毫无疑问,这些特点和优势汇聚成为促进中国快速发展的内生力量。可见,坚持实践标准、打造强势政府、民生放在首位、经济居于中心、稳定高于一

---

①《党的十九大文件汇编》,党建读物出版社 2017 年版,第 2 页。

② 张维为:《中国震撼:一个"文明型国家"的崛起》,上海人民出版社 2011 年版,第 100 页。

③ 韩庆祥等:《中国道路能为世界贡献什么》,中国人民大学出版社 2017 年版,第 4 页。

切、推行渐进改革、注重对外开放等被认为是中国发展的显著特点。坚持实践标准就是要秉持中国古代哲学的实践理性，就是要从客观实际出发，把社会实践作为检验认识真理性的标准。打造强势政府并不是对封建中央集权的简单再现，而是要维护政府的权威，使政府能够发挥出高效率的治理效能。民生放在首位既是对中国古代民本思想的创造性转化，也是对马克思主义以人为本思想的继承和发展。经济居于中心主要是指要"坚持发展才是硬道理"的理念，把经济发展搞上去，同时还要推进符合中国实际的社会主义市场经济体制。稳定高于一切是指我们要正确处理改革、发展、稳定的关系，始终坚持党的基本路线，不动摇、不折腾。推行渐进改革是指我们注重经济社会发展的连续性，在不完全破坏原有秩序的前提下稳步推进改革。对外开放既是我们对中华文明开放性特征的历史传承，也是我们坚定中国特色社会主义道路自信的应有之义。

负责任表现强化中国发展道路的适应性和引领力。尽管至今仍然是世界上最大的发展中国家，但是中国始终以普惠共赢的积极姿态参与国际发展合作，在国际事务中发挥着越来越大的建设性作用，与个别老牌资本主义大国时刻以自身利益优先的狭隘行为形成了鲜明对比，这种高下立判的差异性表现充分印证了中国特色社会主义发展道路的适应性和引领力。比如，近年来，我国与世界粮食计划署共同为世界各地数千万贫困人口提供了粮食援助，我们已经成为世界第三大粮食援助国。医疗卫生也是我国对外援助的重点领域之一，我们通过支持受援国提高疾病防控水平、改善医疗卫生条件来加强其公共卫生能力建设。我国积极帮助其他发展中国家提升教育水平，通过培养师资力量、提供教学设备、增加来华留学政府奖学金名额、支持相关国家职业技术教育发展等，不断加大对外教育援助力度。此外，我们国家在促进受援国农业发展、协助建设基础设施、加强受援国能力建设、开展人道主义援助等方面发挥着日益重要的作用。正像习近平总书记所指出的，"我们要坚持以经济发展为中心，集中力量办好自己的事情，不断增强我们在国际上说话办事的实力。我们要积极参与全球治理，主动承担国际责任"[1]。总之，随着中国实力的增强，中国在国际舞台上的角色和地位也越来越重要，中国道路的引领力也越来越强。

---

[1]　《习近平谈治国理政》第二卷，外文出版社 2017 年版，第 449 页。

（二）治理能力和效能显著的"制度引领"

根据历史唯物主义的观点,经济基础决定上层建筑,这一原理在现实社会中体现为经济决定政治,政治是经济的集中体现。据此,经济发展状况就成为衡量一个国家发展程度乃至社会制度优劣的重要指标。在 1978 年之前,中国的人均收入仅是世界上最贫穷的撒哈拉以南非洲国家的三分之一,当时我们国家 80% 的人口还处于贫困线以下。改革开放以后,中国特色社会主义的开创使我们国家的社会面貌发生了翻天覆地的变化,中国经济保持了持续十年平均约 9.7% 的快速增长。2010 年,我国成为世界第二大经济体。2015 年,我国人均收入达到 7808 美元,进入中上等收入国家行列。2016 年,我国 GDP 超过 10 万亿美元,达到 1979 年的 28 倍。根据有些经济学家预计,2025 年,中国经济总量将超越美国成为世界第一大经济体。与此同时,由于积极参与全球治理,不断为解决人类问题贡献中国方案,中国在国际社会拥有越来越大的话语权,日益走近世界舞台的中央。探寻中国国家治理取得巨大成就的背后原因,制度因素发挥了关键作用。基于中国自身独特的历史传统以及社会主义制度所具有的先天优势,再加上中国共产党人在现行体制建构中的实践努力,中国国家治理体制展现了诸多相比其他国家的显著优越性,这些优越之处大大增强了中国特色社会主义制度在当今世界的引领性。

中国中央政府具有令行禁止的绝对权威。从本质上来说,权威就是一种资格,主要是指个人或团体具有施加义务、发布命令、要求服从甚至施以惩罚的能力和威信。一个政治社会必须存在有效权威使普遍协调、相互合作以及所有公共产品的有效供给成为可能。作为中国共产党的组织原则,民主集中制是中国国家治理权威性的关键制度保障。个人服从组织、少数服从多数、下级服从上级、全党服从中央是民主集中制的基本要求。当然,这其中最重要的就是全党服从中央,就是要坚决维护党中央权威和集中统一领导。习近平指出:"要治理好我们这个大党、治理好我们这个大国,保证党的团结和集中统一至关重要,维护党中央权威至关重要。"①可见,党员自觉维护党中央权威、同党中央保持高度一致,是中央政府能够拥有权威的核心力量。坚持党中央的集中统一领导,既能够

---

① 《习近平谈治国理政》第二卷,外文出版社 2017 年版,第 188 页。

发挥地方的主动性和积极性,又能够自觉维护党中央权威,这种权威能够保证党中央决策上行下效、令行禁止,确保国家治理目标的实现。

决策科学和执行有力的高效治理模式。中央政府的绝对权威保证了国家治理的高效性。高效治理模式是中国特色社会主义能够发挥引领性的关键因素。中国高效治理模式是决策、执行和运行等各环节都具有高效性的有机统一体。首先,高效、科学的决策体制是实现高效治理的基本前提。坚持中国共产党的领导使国家治理体制始终具有强大的主导性力量。无论是在决策方案设计环节,还是在决策方案选择环节,以民主集中制为原则的党和政府决策制度都展现出高效率特征。其次,执行体制的高效有力是实现高效治理的关键环节。在中国,符合国家长远利益的科学决策具有无上权威,其治理任务能够在各层级政府之间快速分解,形成的方针政策能够得到自上而下、各负其责的有效执行。最后,简约的运行机制是实现高效治理的应有之义。职责明确、精简高效的各级党和国家机构,既节约了国家治理的运行成本,又提高了治理效能。近年来,相比中国国家治理的高效运行,由于治理体制经常处于高成本运行状态和低效状态,一些欧美发达国家陷于政治衰颓的困境之中。由于意识形态化了的两个或几个主要政党经常不分是非、博人眼球式的相互否决,再加上立法、司法和行政部门的相互掣肘,国家意志分散撕裂、国家停摆、政治瘫痪等政治乱象在西方国家时常上演,即便有时候达成难得的一致也经常因无法贯彻而夭折。实践是检验真理的唯一标准。2020年以来的新冠疫情防控无疑是检验国家治理体系优劣的试金石,能否在最大限度地维护人民群众生命安全的前提下实现快速有效防控,是治理模式是否高效的核心标准。相比西方主要国家对普通民众生命的漠视和行动的迟缓,扬弃西方治理弊端的中国国家治理体制给全世界人民交上了令人满意的中国答卷。

地方政府具有践行协调联动的政治传统。中央政府的绝对权威使得国家内部协调一致成为可能。注重区域协调发展和地方政府的协调联动是中国国家治理体制的显著性优势。中国共产党所具有的统揽全局、协调各方的领导核心地位,是中国国家治理体制能够有效发挥协调性优势的根本保证。改革开放初期,邓小平就提出"两个大局"的发展思路,其核心是首先让沿海地区优先发展起来,内地要服从这个大局;其次是在沿海地区发展起来以后要拿出自己的力量支持内地的发展,沿海也要服从这个大局。进入 21 世纪,我们国家又通过实施西部大开发和振兴东北老工业基地战略协调区域发展。此外,我们还建立了一系列的跨部门协调机制来防止不同部门之间的推诿扯皮。当然,我们国家协调机制最突出的优势还是在于对突发事件的协调联动。比如,在 2020 年的新冠疫情防控中,我们国家采取"一省包一市"的方式迅速汇聚起全国力量对重点疫区湖北省的各地市实行深度对口支援,各省市迅速行动起来驰援武汉,快速构筑起抗击疫情的坚固堡垒,这在其他国家几乎不可能实现。

中国治理体制具有集中力量办大事的显著效能。统一性是中国国家治理体制的显著效能和最大优势。注重区域协调发展和地方政府的协调联动是中国国家治理体制的显著性优势。作为历史文化从未中断的文明古国,中国国家治理体制的统一性优势具有深厚的历史文化传承。自秦王嬴政统一六国之后,中国就形成了大一统的政治格局,以中央集权为主体的郡县制国家大体上维系了几千年之久,其间虽历经分分合合,但深入人心的大一统国家观念从未发生过根本改变。中国特色社会主义新时代,统一性观念依然是中国制度的核心优势,能够集中力量办大事是中国治理制度核心优势的具体体现。有了这种制度优势,我们既能够高效完成社会动员下的招商引资、生态保护、抢险救灾、快速发展等重大项目,还能够实现战略集中、手段集中,合理实现治理体系和治理能力现代化的国家治理目标。当然,这种统一性还体现在"一方有难,八方支援"的互助精神,在面对重大灾难危机时,它使我们国家能够迅速调配全国资源,对需要救助地区实现资金、设施、人员等全方位、长时段的支持和援助。

中国治理体制具有稳定政治秩序的保障功能。政治秩序的稳定性是国家治理的核心目标,也是治理制度权威性和统一性的必然结果。秩序是社会稳定发展的基础条件,离开秩序任何发展都不可能得以持续。任何人都能够清楚地认识到,个人发展与家庭生活和谐离不开良好的社会秩序。改革开放四十多年来,中国治理奇迹之所以能够得以发生,其重要基础就是我们国家存在着强大的政治权威和稳定的政治秩序来作为保障。与很多后发国家在保障政治与经济秩序稳定的基础上来谋求发展明显不同,很多发达国家的政治参与则过于激进,难民、反恐等问题成为其政治稳定的重要掣肘。习近平强调指出,"中国特色社会主义政治制度之所以行得通、有生命力、有效率,就是因为它是从中国的社会土壤中生长起来的。"①可见,深深扎根于中国社会沃土的中国治理体制能够保障社会制度的稳定性,是构建良好政治秩序的坚实保障。

（三）为世界发展贡献中华新文明的"价值引领"

当今世界有 200 多个国家和地区、2500 多个民族,还有以佛教、基督教、伊斯兰教为代表的多种宗教。不同民族和习俗,不同历史和国情,孕育着不同的文明,使世界因此而变得丰富多彩。文明没有优劣、高下之分,只有特色、地域之别。人类文明的多样性是世界的基本特征,也是人类发展进步的源泉。但是诸如亨廷顿、福山等一些戴着有色眼镜的西方学者,则把文明看作未来社会冲突的根源和基础,其实质还是妄图通过终结其他意识形态而达到西方意识形态一统天下之目的。世界历史的演进发展启示我们:文明差异不应该成为世界冲突的根源,而应该成为人类文明进步的动力,根本没有所谓的"文明的冲突",其实质还是意识形态的对立和斗争。20 世纪著名的历史学家汤因比,对有着深厚文明底蕴和文化积淀的社会主义中国寄予厚望,他曾经指出,如果中国能够在经济社会发展战略方面开辟出一条新路,那么就会证明自己有能力给全世界提供中国和世界都需要的礼物。不得不说,作为世界著名历史学家,汤因比的眼光是深邃而独到的,因为中国很快就把其美好设想逐步变成社会现实,这就是习近平总书记提出的构建"人类命运共同体"的理论。构建"人类命运共同体",是习近平立足中国特色社会主义新时代的历史方位,统筹国内国际两个大局提出的重要理念和重大倡议,是充分彰显人类情怀的中国方案。习近平指出:"让和平的薪火代代相传,让发展的动力源源不断,让文明的光芒熠熠生辉,是各国人民的期待,也是我们这一代政治家应有的担当。中国方案是:构建人类命运共同体,实现共赢共享。"②"人类命运共同体"理念植根于源远流长的中华文明,契合国际社会谋求和平发展共同价值取向,为世界各国共同应对诸多全球性问题指引了努力奋斗的正确方向。

中国方案是对中华文明天下情怀的创新性发展。中国共产党是马克思主义的历史主义者,善于学习总结中华文明的"珍贵品"。毛泽东强调,"从孔夫子到

---

① 《习近平谈治国理政》第二卷,外文出版社 2017 年版,第 286 页。
② 《习近平谈治国理政》第二卷,外文出版社 2017 年版,第 539 页。

孙中山,我们应当给以总结,承继这一份珍贵的遗产"①。当然,对中华文明传承发展的高度重视在充分说明了中国共产党重视学习的理论品质之外,还体现出中华文明的丰富内涵和独特魅力。在轴心时代人类文明的开创者中,能够绵延传承并且一直保持连续性的,也只有中华文明。历史上,同其他文明一样,中华文明虽几经兴衰,但它依然具有异常强大的吸纳和更新、解释和同化的能力。"大道之行也,天下为公",这是举世公认的中华文明之至高理想。在这种理想的大同世界里,每个人都可以各得其所、各尽其能、各安其位、各取所需,并据此形成一个友善亲睦、活泼团结的和谐社会。实现这一崇高社会理想,期待这一太平盛世的到来,从来都是中华文明的内在追求。这一大同世界所积蕴的"天下情怀",显然包含着对人民幸福和人类命运的责任担当。新时代,中华文明的天下情怀找到了具有共同价值取向的现实载体,融入了中国共产党人以实现共产主义为终极目标的社会方案。可见,中国特色社会主义发展道路既是一个社会主义方案,也是承载着中华文明天下情怀的中国方案。在中国自身对更好社会制度的探索和创造中形成的中国方案,也是对中华文明天下情怀的创新性发展。正是源于中华文明的大同理想和天下情怀,推己及人的中国方案也倡导构建"人类命运共同体",试图为实现人类社会和平发展与世界各国普惠共赢贡献出中国的智慧和力量。

中国方案是中华文明与马克思主义的融合发展。作为以马克思主义为指导的社会主义国家,中国方案不仅是对中华文明的传承与发展,更是把马克思主义的基本立场、观点和方法作为其贯穿始终的思想精髓。习近平总书记高度重视马克思主义对于我们党乃至中国特色社会主义的重要作用,他强调指出,"中国共产党为什么能,中国特色社会主义为什么好,归根到底是马克思主义行,是中国化时代化的马克思主义行"②。由于继承了中华文明持守中道、通达变化的思想理念,在处理实际问题时,中国方案展现出追求协调均衡、不固守极端的思想特质。但从更根本的意义上来说,中国方案遵循的是一种系统的、辩证的实践唯物主义的世界观和方法论,这是中华文明与马克思主义融合发展的产物。首先,

① 《毛泽东选集》第二卷,人民出版社1991年版,第534页。
② 《中国共产党第二十次全国代表大会文件汇编》,人民出版社2022年版,第14页。

中国方案坚持唯物论的基本立场、观点和方法。如既从实际出发公开宣布新时代我国社会主要矛盾发生了历史性转变，又实事求是地坚持我们国家仍然处于社会主义初级阶段。同时，我们还敢于正视民生领域的短板、收入分配的差距以及党建方面的薄弱环节等现实困难和挑战。其次，中国方案始终坚持马克思主义的辩证法。与中华文明重视阴阳五行，有无相生，难易相成，兼听则明、偏听则暗，信言不美、美言不信等通达变化的思想理念异曲同工，辩证法坚持矛盾论，主张用发展的眼光看问题。中国方案能够在坚持原则性和灵活性的统一中解决我国改革发展中的矛盾和问题，这种绝不僵化的治国理政智慧蕴含着鲜明的辩证思维。另外，社会主义市场经济理论、社会主义初级阶段理论、"四个全面"战略布局等，也都体现着马克思主义辩证法。最后，中国方案坚持实践论的基本立场、观点和方法。如把实践作为检验真理的唯一标准、构建人类命运共同体等。同时，中国方案本身就是在党和人民长期的实践探索中形成发展起来的。

中国方案是超越西方霸权主义的普惠共赢方案。心忧天下是中华民族的情怀担当，具有强烈的问题意识是中国共产党人的优良传统。在引领中国特色社会主义自主发展和积极参与全球治理的进程中，习近平深刻体会到，任由霸权主义横行必将导致整个世界治理水平和能力更加滞后、创新能力更加不足、贫富差距更加悬殊。不解决这些问题，不仅我们的社会主义现代化强国目标和中华民族伟大复兴的历史使命难以实现，而且会使整个世界陷入发展困境。在此情况下，习近平以大国担当的勇气和信心，毅然提出了构建"人类命运共同体"这一具有战略意义和世界意义的中国方案，义无反顾地担负起重建世界秩序的使命和责任。习近平指出："世界命运应该由各国共同掌握，国际规则应该由各国共同书写，全球事务应该由各国共同治理，发展成果应该由各国共同分享。"①习近平的"人类命运共同体"思想，以和平发展、普惠包容、合作共赢为核心理念，以主权平等、共同体理念和辩证思维为思想方法，是对文明冲突论、西方中心论以及资本主义赢者通吃和依附发展价值理念的批判和超越，是立足人类真理和道义制高点所提出的化解世界矛盾和冲突、引导全球共赢发展、构建"人类命运共同体"的中国方案，是当代中国对解决人类性问题作出的最大贡献。

---

① 《习近平谈治国理政》第二卷，外文出版社2017年版，第540页。

结　语　中国特色社会主义历史进程和
发展逻辑的整体性思考

从发展进程来看,中国特色社会主义发展进程可以分为三个阶段,即中国特色社会主义开创期、中国特色社会主义发展期和中国特色社会主义主体性彰显的发展新时期。当然,从表面上来看,只有先把中国特色社会主义创立出来,才能得以在逐步发展中走向自主,这三个阶段是按照时间维度,在一脉相承的发展演进中逐步形成的。当然,除了表面上时间交替的历史演进之外,中国特色社会主义这三个发展阶段之间显然还具有深层次的内在关联。

首先,从马克思主义哲学的视角来看,一切事物都是过程的集合体。恩格斯指出:"一个伟大的基本思想,即认为世界不是既成事物的集合体,而是过程的集合体,其中各个似乎稳定的事物同它们在我们头脑中的思想映象即概念一样都处在生成和灭亡的不断变化中,在这种变化中,尽管有种种表面的偶然性,尽管有种种暂时的倒退,前进的发展终究会实现。"①按照恩格斯在《路德维希·费尔巴哈和德国古典哲学的终结》中所阐释的哲学观点,发展,即前进的变化或进化,是对客观世界运动变化的普遍趋势和本质特征的哲学概括,指事物从一种质态转变为另一种质态,或从一种运动形式中产生出另一种运动形式的过程,特别指人类所处的现实世界中从低级向高级、从无序向有序、从简单向复杂的上升运动。此外,唯物辩证法还认为,发展的本质就是新事物的产生和旧事物的灭亡。如果没有这种新旧交替的质变性发展,地球上就不会存在生生不息的自然界,更不用说能够孕育出今天生机勃勃的人类社会。显然,中国特色社会主义从开创、发展到自主的演进过程,也具有内在的客观必然性,符合唯物辩证法事物新旧更

---

① 《马克思恩格斯选集》第 4 卷,人民出版社 1995 年版,第 244 页。

替的基本规律。中国特色社会主义之所以能够得以开创,就意味着封闭僵化的传统社会主义模式在我国的终结,以及适合中国现实国情的社会主义新模式的诞生。同理,中国特色社会主义进入发展期,则意味着改革开放初期过分注重发展经济的社会主义建设模式得到优化,注重经济与政治、文化、社会协同发展的新发展模式上升为国家发展战略。而中国特色社会主义进入主体性彰显时期则具有划时代的历史意义,这意味着我们结束了在西方国家后面亦步亦趋地跟跑状态,跨入了能够为人类社会发展贡献中国智慧和提供中国方案的并跑和领跑阶段。可见,改革开放四十多年来,中国特色社会主义发展的三部曲正是辩证唯物主义发展观的生动体现。

其次,从科学社会主义运动发展进程来看,中国特色社会主义发展进程具有历史必然性。从生成论的向度考量,科学社会主义之所以能够应运而生并指引国际共产主义运动蓬勃发展,这与其对科学社会主义的超越是分不开的。科学社会主义之所以终究是空想,一方面在于它对未来美好社会的天才设想没有能够建立在现实的基础之上;另一方面在于它对实现未来理想社会美好目标的路径探索,大都寄托在人的理性、社会改良、舆论宣传、道德教育、天才人物的主导作用等颇具主观色彩自我臆想上,没有能够真正找到切实可行的科学道路。马克思、恩格斯指出:"如果说无产阶级在反对资产阶级的斗争中一定要联合为阶级,如果说它通过革命使自己成为统治阶级,并以统治阶级的资格用暴力消灭旧的生产关系,那么它在消灭这种生产关系的同时,也就消灭了阶级对立的存在条件,消灭了阶级本身的存在条件,从而消灭了它自己这个阶级的统治。"①可见,马克思、恩格斯找到了建立在现实社会基础上的实现社会主义理想目标的根本路径,这就是消灭私有制、消灭剥削,进而解放无产阶级、解放全人类。立足于中国社会的现实基础,中国共产党人不断探索与之相契合的发展道路,在中国特色社会主义从开创、发展到主体性彰显的发展进程中,每一发展阶段的演进都会使我们离实现社会主义理想目标更近了一步。

再次,从马克思主义中国化进程来看,中国特色社会主义发展进程实现了历史新飞跃。所谓马克思主义中国化,就是把马克思主义的基本原理与中国的具

---

① 《马克思恩格斯选集》第 1 卷,人民出版社 1995 年版,第 294 页。

体实际结合起来,打造出具有中国作风、中国气派的马克思主义。随着中国具体实际和面临主要"问题"的变化,马克思主义会在与之相结合的过程中呈现出不同的理论特点,产生出新的理论成果,甚至是实现历史性的飞跃。马克思主义与中国革命的具体实际相结合,产生了毛泽东思想,这一反映中国革命实践特征的理论成果的诞生,实现了马克思主义中国化的第一次飞跃。马克思主义与改革开放以来的社会主义现代化建设实际相结合,产生了中国特色社会主义理论,这一反映社会主义初级阶段中国社会主义建设特征的理论的诞生,实现了马克思主义中国化的第二次历史飞跃。马克思指出:"问题是时代的格言,是表现时代自己内心状态的最实际的呼声。"[①]不同时代有不同的问题,人民的期待本身也是需要重点关注的问题。基于生产力与生产关系的矛盾运动,中国特色社会主义要经历一个长期过程,在这一漫长的历史进程中,由于历史方位、人民期待和社会主要矛盾不同,中国特色社会主义需要解决的主要问题也自然是不同的。"什么是社会主义、如何建设社会主义;建设什么样的党、怎样建设党;实现什么样的发展、怎样发展",这三大基本问题就是在改革开放和社会主义现代化建设实践的基础上提升出来的,并且在全面深化改革的实践中不断得以丰富发展。也正是在社会基本矛盾和历史方位发生重大变化的基础上,中国特色社会主义实现了从开创期到发展期,再到主体性彰显时期的重大转变。马克思主义与中国新时代社会主义建设实际的有机结合,诞生了习近平新时代中国特色社会主义思想,也推动中国特色社会主义进入主体性彰显时期,实现了马克思主义中国化的新飞跃。

最后,从中国共产党发展史来看,中国特色社会主义发展进程实现了中国社会发展阶段的新跨越。社会主要矛盾蕴含着历史使命,历史使命蕴含着治理方式,治理方式蕴含着发展特点。在中国特色社会主义从开创期走向发展期再走向主体性彰显时期的过程中,我们国家的社会主要矛盾、历史使命、治理方式和发展特点也随之实现了新跨越。社会主要矛盾表达的是人民的需求状况和社会的供给状况之间的关系,社会的需求状况和供给状况集中体现了一定历史方位社会发展的整体状况。1981年,党的十一届六中全会把"人民日益增长的物质

---

① 《马克思恩格斯全集》第1卷,人民出版社1995年版,第203页。

文化需要同落后的社会生产之间的矛盾"确定为我国社会的主要矛盾。无论从需求状况来看,还是从供给状况来看,这一主要矛盾体现的是我国处在"欠发展"历史方位中的社会主要矛盾。党的十八大以后,我国社会主要矛盾转化为"人民日益增长的美好生活需要和不平衡不充分的发展之间的矛盾"。无论是从需求侧还是从供给侧来看,这都是我国在"发展起来"的历史方位中从大国走向强国所遭遇的主要矛盾。主要矛盾决定历史使命,这一时期,我们的历史使命就是实现中华民族的伟大复兴,就是实现从"富起来"走向"强起来"。改革开放是新时期最鲜明的特征,也是一个渐进发展的过程,在这一过程中我们党和国家的治理能力也从"摸着石头过河"式的大胆地试、大胆地闯,发展到自觉运用统筹兼顾的根本方法,尤其是党的十八大以来,以习近平同志为核心的党中央,注重以顶层设计来解决问题,在全面深化改革的过程中不断推进国家治理体系和治理能力现代化。此外,在发展特点上,我们国家也实现了从信心不足到自主发展的转变。改革开放初期,我们在谈论"中国特色"的时候,总是显得底气不足,主要从基本国情、初级阶段和主要矛盾来论证"中国特色"的合理性。党的十八大以来,中国特色社会主义的主体性、自主性、引领性日益凸显,人们对中国特色社会主义的道路自信、理论自信、制度自信、文化自信更加坚定。这就意味着,在对待中国特色社会主义发展问题上,我们集聚起充满自信的战略定力,已经实现了从信心不足到充满自信的重大转变。

主要参考文献

1.《习近平谈治国理政》第一卷,外文出版社 2018 年版。

2.《习近平谈治国理政》第二卷,外文出版社 2017 年版。

3.《习近平谈治国理政》第三卷,外文出版社 2020 年版。

4.《马克思恩格斯选集》第 1 卷,人民出版社 1995 年版。

5.《马克思恩格斯选集》第 2 卷,人民出版社 1995 年版。

6.《马克思恩格斯选集》第 3 卷,人民出版社 1995 年版。

7.《马克思恩格斯选集》第 4 卷,人民出版社 1995 年版。

8.《马克思恩格斯文集》第 1 卷,人民出版社 2009 年版。

9.《马克思恩格斯文集》第 2 卷,人民出版社 2009 年版。

10.《马克思恩格斯文集》第 3 卷,人民出版社 2009 年版。

11.《马克思恩格斯文集》第 4 卷,人民出版社 2009 年版。

12.《马克思恩格斯全集》第 3 卷,人民出版社 1960 年版。

13.《马克思恩格斯全集》第 20 卷,人民出版社 1971 年版。

14.《列宁选集》第 1 卷,人民出版社 1995 年版。

15.《列宁选集》第 2 卷,人民出版社 1995 年版。

16.《列宁选集》第 4 卷,人民出版社 1995 年版。

17.《毛泽东文集》第六卷,人民出版社 1999 年版。

18.《毛泽东文集》第七卷,人民出版社 1999 年版。

19.《毛泽东文集》第八卷,人民出版社 1999 年版。

20.《毛泽东选集》第一卷,人民出版社 1991 年版。

21.《毛泽东选集》第二卷,人民出版社 1991 年版。

22.《毛泽东选集》第三卷,人民出版社 1991 年版。

23.《毛泽东选集》第四卷,人民出版社 1991 年版。

24.《邓小平文选》第一卷,人民出版社 1994 年版。

25.《邓小平文选》第二卷,人民出版社 1994 年版。

26.《邓小平文选》第三卷,人民出版社 1993 年版。

27.《邓小平文集(1949—1974)》下卷,人民出版社 2014 年版。

28.《邓小平年谱(1975—1997)》上册,中央文献出版社 2004 年版。

29.《江泽民文选》卷三,人民出版社 2006 年版。

30.《建国以来重要文献选编》第十册,中央文献出版社 1995 年版。

31.《建国以来重要文献选编》第十一册,中央文献出版社 1995 年版。

32.《中国共产党历史》第二卷下册,中共党史出版社 2011 年版。

33.《中共中央文件选集》第十一册,中共中央党校出版社 1991 年版。

34.《刘少奇选集》上卷,人民出版社 1981 年版。

35.《十四大以来重要文献选编》(上),人民出版社 1996 年版。

36.《十六大以来重要文献选编》(上),中央文献出版社 2004 年版。

37.《十七大以来重要文献选编》(上),中央文献出版社 2009 年版。

38.《十八大以来重要文献选编》(上),中央文献出版社 2014 年版。

39.《十八大以来重要文献选编》(下),中央文献出版社 2018 年版。

40.《中国共产党第十七次全国代表大会文件汇编》,人民出版社 2007 年版。

41.《中国共产党第十八次全国代表大会文件汇编》,人民出版社 2012 年版。

42.《认真学习党的十八大精神人民日报重要言论汇编》,人民日报出版社 2012 年版。

43.《习近平新时代中国特色社会主义思想学习纲要》,人民出版社 2019 年版。

44.《习近平总书记系列重要讲话读本》,人民出版社 2016 年版。

45. 习近平:《之江新语》,浙江人民出版社 2007 年版。

46. 习近平:《摆脱贫困》,福建人民出版社 1992 年版。

47. 习近平:《在庆祝中国共产党成立 95 周年大会上的讲话》,人民出版社 2016 年版。

48. 习近平:《在哲学社会科学工作座谈会上的讲话》,人民出版社 2016 年版。

49.《党的十九大文件汇编》,党建读物出版社 2017 年版。

50.《中国共产党第二十次全国代表大会文件汇编》,人民出版社 2022 年版。

51. 陈先达:《马克思主义和中国传统文化》,人民出版社 2015 年版。

52. 王树荫:《马克思主义中国化史》第 2 卷,中国人民大学出版社 2015 年版。

53. 肖贵清:《马克思主义中国化史》第 3 卷,中国人民大学出版社 2015 年版。

54. 贺麟:《儒家思想的新开展》,《文化与人生》,商务印书馆 1988 年版。

55. 黄福寿:《马克思主义中国化的历史逻辑》,上海三联书店 2013 年版。

56. 石仲泉:《中国共产党与马克思主义中国化》,中国人民大学出版社 2011 年版。

57. 张维为:《中国震撼:一个"文明型国家"的崛起》,上海人民出版社 2011 年版。

58. 韩庆祥:《中国特色社会主义基本原理》,人民出版社 2015 年版。

59. 韩庆祥:《强国时代》,红旗出版社 2018 年版。

60. 韩庆祥:《论"四个伟大"》,北京联合出版公司 2018 年版。

61. 金忠严:《马克思主义与中国传统文化融合论》,河北人民出版社 2012 年版。

62. 韩庆祥等:《读懂新时代》,中国方正出版社 2018 年版。

63. 韩庆祥等:《中国道路能为世界贡献什么》,中国人民大学出版社 2017 年版。

64. 田克勤等:《邓小平与中国特色社会主义》,中国人民大学出版社 2016 年版。

65. 张维为:《中国特色社会主义》,上海人民出版社 2020 年版。

66. 陈学明:《中国共产党与中国特色社会主义》,上海人民出版社 2019 年版。

67. 陈先达:《文化自信与中华民族伟大复兴》,人民出版社 2017 年版。

68. 楼宇烈:《中国文化的根本精神》,中华书局 2016 年版。

69. [美]怀特:《文化科学》(曹锦清等译),浙江人民出版社 1988 年版。